# 数据四重性及其合规系统

陈 福◎著

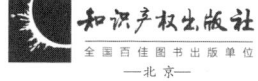

图书在版编目（CIP）数据

数据四重性及其合规系统/陈福著. —北京：知识产权出版社，2022.11
ISBN 978-7-5130-8403-1

Ⅰ.①数… Ⅱ.①陈… Ⅲ.①数据保护—科学技术管理法规—研究—中国 Ⅳ.①D922.174

中国版本图书馆 CIP 数据核字（2022）第 191408 号

责任编辑：刘 睿 刘 江　　　　　　　责任校对：谷 洋
封面设计：杨杨工作室·张冀　　　　　责任印制：刘译文

## 数据四重性及其合规系统

陈　福　著

| 出版发行： | 知识产权出版社有限责任公司 | 网　　址： | http://www.ipph.cn |
|---|---|---|---|
| 社　　址： | 北京市海淀区气象路50号院 | 邮　　编： | 100081 |
| 责编电话： | 010-82000860 转 8344 | 责编邮箱： | liujiang@cnipr.com |
| 发行电话： | 010-82000860 转 8101/8102 | 发行传真： | 010-82000893/82005070/82000270 |
| 印　　刷： | 天津嘉恒印务有限公司 | 经　　销： | 新华书店、各大网上书店及相关专业书店 |
| 开　　本： | 720m×1000m　1/16 | 印　　张： | 20 |
| 版　　次： | 2022年11月第1版 | 印　　次： | 2022年11月第1次印刷 |
| 字　　数： | 302千字 | 定　　价： | 108.00元 |

ISBN 978-7-5130-8403-1

**出版权专有　侵权必究**
如有印装质量问题，本社负责调换。

# 序

　　科技的发展，催生了网络空间；信息的流通，则以网络空间为基础形成了大数据。大数据在各行各业的广泛应用以及5G商用的进展催生了许多人工智能企业，从而驱动了第四次工业革命的进一步发展。与此同时，当人们在享受互联网技术所带来的便利时，为了获得更加便捷的服务，通常需要下载APP、注册账户并提供个人信息；而许多企业则择机收集个人信息，将其加工为企业数据，再存储于网络空间，并对相关数据进行整合分析与使用。必要时，企业还会进行数据交易，从而使企业数据成为企业的新类型核心资产。必须指出，在数据流通与交易的过程中，有些敏感数据涉及公共利益甚至是国家安全，稍有不慎，就会造成危害个人信息安全、危害公共利益甚至国家安全的严重后果。数据已然成为当代新的生产要素；数据保护，刻不容缓。但是，以何种合法合规的方式来对数据进行有效的保护，则成为业内的难题；个人信息、企业数据、公共利益或国家安全的保护发生冲突时应该如何处理，也成为业内讨论的热点。

　　本书作者陈福博士认为，现有理论对数据保护的视角比较单一，要么从个人信息角度考虑，要么从企业数据角度考虑，很难建立完整的数据保护体系。因此，数据保护需另辟蹊径，从更高的层次来考虑数据保护问题。有鉴于此，本书作者提出：与物体具有固态、液态、气态（如冰、水、汽或离子）三种不同状态一样，数据在不同流通阶段分别具有个人信息、企业数据、公共利益和国家安全等四种不同属性；并进一步指出：首先，要明确数据法律关系是指，在网络空间环境下，调整自然人、企业、政府、国家之间与数据相关的法律关系的总称；其次，要理解数据以网络空间为基石，数据具有个人信息属性、企业数据属性、公共利益属性和国家安全属性四重性，涉及自然人、企业、政府和国家四个主体；再次，从具体法律法规层面上看，要以网络空间法为基本法律，然后再配套《网络安全法》《数据安全法》《个人信息保护法》《电子商务法》《关键信息基础设施安全保护条例》以及数据交易法等法律法规，构建完整的数据保护体系；最后，从逻辑层次上看，要以网络空间为基石，从个人信息层面、企业数据层面、政府层面和国家层面，构建完整的数据保护体系。

互联网发展到今天，数据已经成为新时代发展的"新资产""新能源""新血脉"与"新事物"。新事物总会产生新问题，5G时代的到来使得数据量呈指数级增长，数据保护更是成为当下最热门的议题。本书系统地梳理数据保护的法理研究现状以及立法与司法现状，总结我国当下在数据保护方面所存在的问题，指出网络空间是信息数据的基石，只有持续维护国内外网络空间的良好发展秩序，开拓网络空间国际法新疆域，才能降低国内外网络空间治理中存在的危害国家安全风险。此外，本书还根据数据流通的不同阶段以及数据存在的不同形式，进一步阐述数据分别具有对应自然人作为法律关系主体时的个人信息、对应企业作为法律关系主体时的企业数据、对应政府作为法律关系主体时的公共利益和对应国家作为法律关系主体时的国家安全这四种不同属性，表明作者基于此种逻辑对数据进行深入分析，并借以探究数据保护之本质的独到研究方法。进一步地，本书梳理对比欧盟、美国、日本、印度等国外数据保护制度，分析我国数据法律保护方面所存在的不足、企业作为数据流通交易的重要主体所存在的泄露个人信息、危及数据安全的极大风险，探究在个人信息、企业数据、政府和国家层面建立企业数据合规体系的可行性方案与路径，并在以上研究分析的基础上，创设性地提出我国按照数据的四重性，以网络空间为基石，在个人信息、企业数据、政府和国家层面构建数据分类保护体系的具体建议。

可以预期：本书的问世，将对于从事企业数据、个人信息、网络空间相关工作的企业或个人大有裨益！

是为序。

许浩明　法学博士（德国·明斯特）

中国政法大学国际法学院教授、博士生导师

中国政法大学欧盟法研究中心主任

德国弗莱堡大学、明斯特大学暨法兰克福大学法学院特聘/客座教授

德国法学会外籍（中国籍）正式会员

2022年10月12日　于北京西城

# 目　　录

## 第一章　数据保护现状 …………………………………………… 1

### 第一节　数据保护的研究现状 ………………………………… 2
一、以大数据方法检索数据保护的研究现状 …………………… 2
二、检索结果及分析 …………………………………………… 3

### 第二节　数据保护的立法现状 ………………………………… 7
一、我国数据保护相关的法律法规 …………………………… 8
二、国际上数据保护相关的法律法规 ………………………… 13

### 第三节　数据保护的司法现状 ………………………………… 17
一、明确判断个人信息的规则 ………………………………… 18
二、企业享有的数据权益边界 ………………………………… 21
三、企业享有劳动者个人数据隐私权的边界 ………………… 26
四、否认"被遗忘权"的权利类型 …………………………… 31
五、以不正当竞争的方式保护企业相关数据权益 …………… 34
六、以国家安全方式保护我国人类遗传资源、生物识别等
　　敏感数据 …………………………………………………… 39

### 第四节　国际数据信息保护现状 ……………………………… 42
一、个人隐私与数据保护 ……………………………………… 43
二、国际上对商业秘密的保护 ………………………………… 45
三、对我国的启示 ……………………………………………… 47

## 第二章　数据以网络空间为基石 ·········· 50
### 第一节　网络空间概述 ················ 51
一、网络空间的概念与特征 ············ 52
二、网络空间的发展方向 ·············· 58
三、网络空间的未来畅想 ·············· 60
### 第二节　网络空间国际法新疆域 ·········· 62
一、深海、极地、外空、网络空间国际法新疆域 ·· 63
二、网络空间国际法新疆域概述 ········· 69
### 第三节　网络空间治理中数据涉及国家安全 ···· 75
一、网络空间新疆域治理中国际法适用问题 ··· 75
二、网络空间新疆域治理新规则制定问题 ···· 77
三、数据主权 ······················ 79

## 第三章　数据的四重性 ················ 88
### 第一节　个人信息属性 ················ 92
一、个人信息属性之定义特征 ·········· 93
二、《个人信息保护法》新规出台 ······· 94
三、个人信息保护之域外经验举例 ······· 98
四、个人信息属性——典型案例解析 ····· 99
### 第二节　企业数据属性 ··············· 101
一、数据处理 ····················· 104
二、数据管理 ····················· 105
三、数据交易 ····················· 110
### 第三节　公共利益属性 ··············· 115
一、GPL 协议与数据的公共利益关系 ···· 115
二、API 与数据的公共利益关系 ······· 116
三、数据的公共利益属性 ············· 118
### 第四节　国家安全属性 ··············· 120

一、数据本身具有国家安全属性 …………………………… 120
二、以数据为内容的网络空间治理具有国家安全属性 ……… 122

## 第四章 数据法律关系的主体 …………………………………… 125
### 第一节 自然人 …………………………………………………… 126
一、数据行为能力 ……………………………………………… 126
二、自然人对数据的控制权 …………………………………… 129
### 第二节 企业 ……………………………………………………… 132
一、法人的权利能力 …………………………………………… 133
二、企业作为数据法律关系主体的权利 ……………………… 133
三、企业作为数据法律关系主体的义务 ……………………… 135
### 第三节 政府机关 ………………………………………………… 139
一、数据监管部门 ……………………………………………… 140
二、政府机关的监管职责 ……………………………………… 143
三、政务数据 …………………………………………………… 146
### 第四节 国家 ……………………………………………………… 147
一、数据领域的国家基本权利 ………………………………… 148
二、数据领域的国家治理责任 ………………………………… 150

## 第五章 域外数据保护制度之比较 ……………………………… 153
### 第一节 欧盟数据保护制度 ……………………………………… 153
一、欧盟数据保护制度概述 …………………………………… 154
二、欧盟数据保护制度亮点分析 ……………………………… 165
三、欧盟数据保护制度缺陷分析 ……………………………… 177
四、欧盟数据保护制度的立法启示 …………………………… 181
### 第二节 美国数据保护制度 ……………………………………… 186
一、健康数据保护方面的立法 ………………………………… 187
二、金融数据保护方面的立法 ………………………………… 189
三、其他方面的数据保护立法 ………………………………… 193

第三节　日本数据保护制度 …………………………………… 195
　一、《日本个人信息保护法》立法概括 ……………………… 196
　二、个人信息保护委员会监管个人信息保护、使用与交易的
　　　全流程 ………………………………………………………… 199
　三、日本个人信息保护与合理使用经验的立法启示 ………… 200
第四节　印度数据保护制度 …………………………………… 201
　一、印度数据保护立法背景 …………………………………… 202
　二、《印度个人数据保护法案》的主要内容 ………………… 202
　三、《印度个人数据保护法案》的典型特点 ………………… 206
第五节　GPL 协议与数据保护 ………………………………… 208
　一、GPL 协议的核心思想与要求 …………………………… 209
　二、关于 GPL 协议中的"使用"的理解 …………………… 211
　三、关于 GPL 协议"传染性"的问题以及法律风险 ……… 211
　四、GPL 协议软件用于商业 ………………………………… 216
　五、GPL 开源软件项目法律合规业务中需要重点关注的
　　　几个问题 ……………………………………………………… 217
　六、GPL 协议的法律性质分析 ……………………………… 219

## 第六章　企业数据合规体系 …………………………………… 221
第一节　数据合规监管体系 …………………………………… 222
　一、中央网络安全和信息化委员会 …………………………… 223
　二、国家互联网信息办公室 …………………………………… 223
　三、市场监督管理局 …………………………………………… 225
　四、工信部 ……………………………………………………… 226
　五、公安部 ……………………………………………………… 228
　六、各行业主管部门 …………………………………………… 229
　七、违反数据合规监管的后果 ………………………………… 230
第二节　企业数据合规管理体系 ……………………………… 232
　一、组织架构 …………………………………………………… 232

二、合规责任人 ……………………………………………… 233
　　三、数据合规管理部门 ……………………………………… 235
　　四、数据保护官（DPO） …………………………………… 237
　　五、数据合规管理协调机制 ………………………………… 239
 第三节　数据合规制度体系 …………………………………… 240
　　一、数据分类分级保护制度 ………………………………… 242
　　二、数据风险识别制度 ……………………………………… 244
　　三、数据风险评估与处置制度 ……………………………… 258
 第四节　数据合规保障体系 …………………………………… 262
　　一、合规咨询机制 …………………………………………… 262
　　二、发现机制 ………………………………………………… 263
　　三、激励和惩罚机制 ………………………………………… 263
　　四、培训机制 ………………………………………………… 264
　　五、信息化建设机制 ………………………………………… 264

第七章　按属性构建数据分类保护体系 ……………………… 265
 第一节　数据保护理论的现状及争议 ………………………… 266
　　一、以财产权方式保护数据权益 …………………………… 267
　　二、以侵权法方式保护数据权益 …………………………… 268
　　三、以知识产权法保护数据权益 …………………………… 269
　　四、以人格权的方式保护数据权益 ………………………… 270
　　五、以反不正当竞争法来保护数据权益 …………………… 271
 第二节　以网络空间为基石 …………………………………… 273
　　一、网络空间配套法律体系建构 …………………………… 274
　　二、从技术层面规范网络行为 ……………………………… 274
 第三节　个人信息层面的保护 ………………………………… 279
　　一、我国个人信息保护现状 ………………………………… 280
　　二、个人信息保护之域外经验 ……………………………… 284
　　三、构建个人信息保护的多元化法治体系 ………………… 286

### 第三节　企业数据层面的保护 …… 288
一、企业数据保护现状 …… 288
二、推动构建个人信息保护与企业数据保护融合发展的法律体系 …… 295

### 第四节　政府机关层面的保护 …… 297
一、公共利益数据保护现状 …… 298
二、积极构建公共利益数据保护体系 …… 299

### 第五节　国家层面的保护 …… 301
一、国家安全相关数据保护现状 …… 302
二、构建国际数据保护法律体系 …… 303

## 参考文献 …… 304

# 第一章　数据保护现状

在数字经济时代背景下，数据信息已经成为第一生产要素，数据保护对于个人、企业、行业甚至国家来说，其影响是巨大而深远的，且早已上升到国家安全的层面，同时数据的收集、使用、存储、加工、传输、提供、公开也成为影响数据安全的最大挑战。数据信息既是互联网时代不可或缺的生产要素，个人数据在去识别性之前也是一种具有人身属性的人格权益。互联网时代，数据信息是企业重要的资源和战略性资产，以互联网企业为代表的主体大量收集、处理、存储、运用消费者或用户数据并据此制定商业使用战略措施或者与其他企业或主体共享数据，或在原有数据的基础上进行整合和进一步研发，形成数字资产。因此，数据价值日益凸显，但是前述数据流通的全流程存在巨大的信息泄露风险。

21世纪初，数据信息产业初步发展，行业内形成的自律公约组织快速发展，在初步发展阶段几乎处于无政府监管状态；新事物总会带来新问题，相对于社会其他产业，数据产业发展到一定程度仍然处于无序状态，数据相关企业为谋求发展不惜损害消费者或用户个人信息数据权益。数据产业发展到此阶段，数据信息的法律保护和政府监管是网络技术和数据信息发展应运而生的需求，更是社会民众对于数据主体权利的时代呼唤。因此，2018年5月25日生效的欧盟《通用数据保护条例》（General Data Protection Regulation，GDPR）自诞生之初就被赋予重望，此后，在 GDPR 的深刻影响下，多数国家持续推进综合性数据保护立法进程，并在此基础上不断地细化监管要求和执行标准。2021 年 11 月 1 日正式施行的我国《个人信息保护法》借鉴了 GDPR 的立法理念，作为我国首部"数据时代的基本法"，《个人信息保护法》规定了个人信息处理规则、个人在个人信息处理活动中的权利、个人信息处理者的义务、履行个人信息保护职责的部门、个人信息跨境提供的规则等内容。作为我国个人信息保护领域的专门性法律，《个人信息保护法》在《网络安全法》等法律规定的基础上，进一步确立了我国个人信息保护立法的基本框架，并与《网络安全法》《数据安全法》等法律共同构建起我国数据保护领域的监管法律体系。《个人信息保护法》的正式施行将对个人信息的使用、处理、保护产生全方位的影响，也将全面促进各大民事主体对个人信息的合理利用。同时，应注意到，基于我国社会经济发展水平尤其是网络信息科技发展现状以及我国历史文化传统的基本国情和当下法制体系待完善等多方面的原因，我国数据信息的法律保护一直呈现出明显的局限性和滞后性。

本章梳理我国数据信息保护的研究理论现状、立法现状、司法现状，结合实际案例，并与其他国家进行比较，总结出我国当下在数据信息保护方面存在的问题。

# 第一节　数据保护的研究现状

## 一、以大数据方法检索数据保护的研究现状

本书以大数据方法论来检索和研究数据保护的研究现状。检索关键词为：数据、保护、个人信息、数据保护、数据资产。检索式为：（篇名：数据）and（篇名：保护）and（全文：个人信息）and（全文：数

据保护）and（全文：数据资产）。检索的数据库为：CNKI 数据库。文献来源：北大核心期刊和 CSSCI 期刊。

## 二、检索结果及分析

利用大数据研究法来分析大数据保护现状，按照上述方法和路径，检索获得 50 篇文献。对该 50 篇文献进行分析，可以按照以下六个主题进行分类：个人信息保护问题研究、企业数据保护问题研究、数据公共利益问题研究、个人信息与企业数据关系问题研究、个人信息与公共利益关系问题研究以及个人信息、企业数据和公共利益关系问题研究。其中，企业数据保护问题研究的文章最多，达 21 篇；个人信息保护问题研究的文章有 18 篇；数据公共利益问题研究的文章有 3 篇；个人信息与企业数据关系问题研究的文章有 4 篇；个人信息与公共利益关系问题研究的文章有 3 篇；个人信息、企业数据和公共利益关系问题研究的文章最少，只有 1 篇。具体检索结果参见表 1-1。从表 1-1 可知，现有关于数据保护的文章比较松散，没有系统论述数据保护法律体系方面存在的问题。

表 1-1　数据保护相关核心论文数量分析　　　　　　　　（篇）

| 主题分类 | 文献数 | 主要研究方向 |
| --- | --- | --- |
| 个人信息保护问题研究 | 18 | GDPR 演进、要点与疑义，个人隐私保护，敏感信息保护，消费者数据保护，个人信息应用，个人信息保护路径，隐私保护与信任构建，隐私保护的行政立法，运动员个人信息保护，个人金融信息保护，用户数据保护理路，支付数据保护，个人征信信息保护等 |
| 企业数据保护问题研究 | 21 | 企业数据的财产权保护路径，数据的私法保护，数据的刑法保护，企业数据的知识产权保护路径，企业数据的竞争法保护路径，数据保护的路径选择，企业数据的权益保护路径，企业数据的侵权法保护，企业数据的财产权保护制度构建，企业数据反垄断问题研究，健康医疗大数据的保护，互联网平台数据的保护，企业产权平等保护，企业公开数据的保护，商业数据分类与保护，人工智能数据的法律保护等 |

续表

| 主题分类 | 文献数 | 主要研究方向 |
|---|---|---|
| 数据公共利益问题研究 | 3 | 数据私法保护的局限性和公共秩序构建,开放政府数据共享与使用中的隐私保护问题研究,政府在大数据中隐私保护的职能重塑 |
| 个人信息与企业数据关系问题研究 | 4 | 数据财产权与信息自决权的二分视角,企业数据权利保护的困境与突破,个人数据保护的法律与伦理考量,信息资产与征信权益保护路径研究 |
| 个人信息与公共利益关系问题研究 | 3 | 图书馆数据开放的内涵、价值、实施与隐私保护,流调与追踪中的数据法律保护,数据保护的社会维度——从美国、欧盟数据监管模式展开 |
| 个人信息、企业数据和公共利益关系问题研究 | 1 | 政府数据开放中的商业秘密保护与利益协调 |

从图 1-1 可知,检索获得的文章主要分布在 2013—2021 年,这些文章在 2014—2021 年被大量引用,而这些文章的参考文献最早的时间为 1994 年,这些数据显示在 2014 年前后大数据问题开始广泛地被研究和讨论。

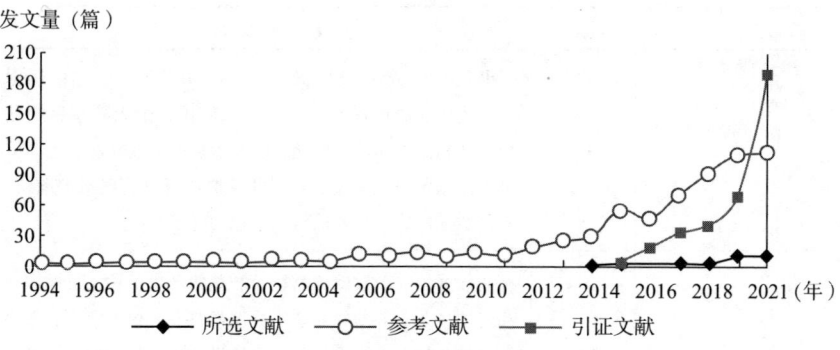

图 1-1 研究总体趋势分析

在上述检索获得的 50 篇文章中,中国政法大学、华东政法大学和清华大学位列前三,中国政法大学和华东政法大学占比均为 10%,清华大学占比均为 6%。

在上述检索获得的50篇文章中，《征信》刊登数据保护方面的文章较多，占比为8%；《东方法学》紧跟其后，占比为6%；《法律科学（西北政法大学学报）》《政治与法律》和《电子知识产权》刊登数据保护方面的文章相同，占比均为4%。

在上述检索获得的50篇文章中，有42%属于国家社会科学基金项目的成果，获得了国家社会科学基金的资助。可见，国家社会科学基金资助项目研究成果的相关文章所占的比例较大。

目前我国对于数据法律保护的研究尚处于发展阶段，从体系上看，研究方向较为分散，缺乏全面、深入的研究，没有形成数据全流程法律保护的研究体系；从时间上看，大多数论文发表于数据产业急速发展的近十年间，尤其是GDPR生效、国内外数据保护法律制度迅猛发展的四年间，在一定程度上说明，研究内容缺少前瞻性和创造性，更多专注于研究和讨论潜在或已经出现的问题，如数据泄露问题、个人信息滥用问题；从内容上说，论文发表者在同一数据保护问题上各抒己见，文章观点存在较大的差距，数据保护理论方面真正做到了"百花齐放，百家争鸣"。

在数据时代，随着互联网、自动驾驶技术、人脸识别、指纹识别等生物识别技术的发展，众多企业通过传感器收集消费者个人数据信息，个人信息及隐私问题也成为这些数据商业化发展悬而未决的问题。从研究现状也可以看出，个人信息与隐私方面的文章最多，只因直到现在个人信息保护方面的问题仍未得到有效解决。针对个人信息保护问题，国内外学者及各国机构有着不同的观点。欧盟针对消费者的个人信息隐私权进行了深入探究并指出GDPR的制定主要基于人权理念，但在数据可携带权、可传播权等权利确定上又应用了财产权规则。我国有学者认为在大数据时代，法律上赋予自然人享有个人数据的权利，[1] 该权利本身的内容既非自然人对个人数据的隐私利益，也非从个人数据交易获得的经济利益，而是保护自然人对其个人数据被他人收集、存储、转让和使

---

[1] 齐爱民. 个人信息保护法研究［J］. 河北法学，2008（4）.

用的过程中的自主决定的利益。❶ 还有的学者更加关注个人隐私数据的商品属性，提出可以引入经济激励制度，构建人格保护与利益激励相结合的"二元机制"，在坚持人格保护的原则下，通过经济激励机制有效平衡个人信息保护与信息的合理流通和利用的关系。❷ 数据技术发展到今天，数据信息已然成为互联网企业不可或缺的生产要素，虽然某些企业过度收集个人数据信息并进行了不当使用，甚至会对用户的个人数据信息安全造成一定威胁，但从整体上说，数据企业能够按照国家监管要求采取必要的数据保护措施，并且改进相关企业 APP 更好地服务于普通大众。因此，当下的数据保护理论研究应当更加注重于个人数据保护与企业数据发展的平衡机制。

当然，现阶段对于数据保护的理论研究不全面的原因是多方面的。一方面，数据信息技术正处于飞速发展阶段，技术在发展，新事物引起的问题也在不断产生，另外，法律法规以及政策监管措施也具有一定的滞后性，相应的理论研究也是如此，我们需要做的就是"见招拆招"，因此理论研究应当跟上技术发展的脚步；另一方面，数据发展到今天，本身具有一定的公共属性，除了做好数据保护研究，还应从社会整体利益出发来了解和把握个人信息属性，正确认识个人信息属性的两面性，还应意识到个人信息保护是维护民众自身合法权益，个人信息利用则是凸显其公共利益属性。❸ 从本质上说，理论研究的目的是促进相应法律法规以及监管措施的出台，以使相关主体的数据权益免于遭受巨大损害。数据隐私保护监管政策应该是将促进数据市场发育与完善、发挥个人规制主体作用作为基础，综合运用政府监管、个人规制、平台治理、数据保护技术等多种手段。就个人信息保护来说，信息不对称是造成个人信息被侵犯的根本原因，因此个人隐私信息保护监管政策需要强化以

---

❶ 程啸. 论大数据时代的个人数据权利 [J]. 中国社会科学, 2018 (3).
❷ 蔡培如, 王锡锌. 论个人信息保护中的人格保护与经济激励机制 [J]. 比较法研究, 2020 (1).
❸ 李伟民. "个人信息权"性质之辨与立法模式研究——以互联网新型权利为视角 [J]. 上海师范大学学报（哲学社会科学版）, 2018, 47 (3).

"知情—同意"规则为核心的个人数据收集、处理和交易流转的监管政策，增强消费者对个人数据信息的控制，强化数据企业履行保护消费者隐私的义务并增强透明度和可问责性。某些个人或者企业数据信息会涉及公共利益及国家安全，对这些个人或者企业的敏感信息加以全面保护，从一定程度上说，保护好个人数据信息就相当于间接维护了社会公共利益及国家安全。十三届全国人大五次会议政府工作报告也多次提到，"网络安全、数据安全和个人信息保护"是国家建设网络强国和数字中国战略的重要组成部分。

## 第二节　数据保护的立法现状

近十年来，相关企业在个人信息数据收集、数据开发使用过程中发生信息泄露等侵权事件，甚至是侵犯公民个人信息、黑客攻击破坏等网络违法犯罪活动。对社会整体来说，前述事件造成严重的社会后果和高昂的弥补成本，数据保护监管部门也逐渐意识到数据保护的重要性，在整治中不断强化并且有力推动了网络信息安全和个人信息保护相关的立法进程，大量的信息泄露等数据安全事件使数据保护从立法层面获得了局部性突破。因此，我国相继出台了多部数据保护方面的法律法规以及司法解释，从《网络安全法》到《电子商务法》，从《电信和互联网用户个人信息保护规定》到《关于办理侵犯公民个人信息刑事案件适用法律若干问题的解释》，从《数据安全法》到《个人信息保护法》，都意图在围绕个人数据收集和企业数据应用的底线——"保障安全"来规制网络空间参与主体的各种行为，且更多地强调对直接来源于自然人的个人数据的安全保护。但是，在"保障数据相对安全"这一底线之上，如何对个人数据和企业数据及有关的权利进行界定和保护，则出现了法律法规真空状态。在我国现行立法体系下，数据本身是否具有所有权，他人可否对数据行使占有、使用、收益、处分等权利，目前均存在障碍。

## 一、我国数据保护相关的法律法规

大数据时代,个人及企业作为数据的产生者与使用者,自然享有数据权益民事主体的地位。随着网络技术的发展,各个民事主体与数据之间的关系越来越密切,网络空间作为数据的基石,民事主体的信息数据分别储存于网络空间一个个具有个人属性的数据库,这些数据库具有可识别性,从数据信息就可以识别到特定个人。另外,数据信息来源于千千万万的民事主体及这些民事主体所在网络空间的生产生活行为,单一数据对其他民事主体没有价值可言,但是某一主体所有数据都集合在一起形成"数据池",再经过数据企业收集并分析后形成了有商业价值的生产要素,不可估量的数据池为企业、为社会创造了巨大的财富。反过来,企业等民事主体又将这些生产要素创造的商业价值用于提高生产效率、降低社会成本、改进自己的产品,从而进一步服务于众多民事主体的生产生活。由此可知,数据已经成为人类生产及生活中不可分割的一部分。从当下立法现状来看,对数据所有权归属和数据使用权等权益的进一步厘清,及对数据所有权、使用权、收益权和处分权的平衡,是法律需要明确的关键所在。本节以大数据研究方法对目前我国数据保护方面的法律法规及司法解释进行梳理,从中可以发现我国关于数据立法的不足之处。

本书通过大数据方法论,检索和研究我国与数据保护相关的立法现状。检索关键词为:数据、个人信息、法律、行政法规、司法解释。检索式为:(标题/全文:数据) and/or (标题/全文:个人信息) and (效力级别:法律);(标题/全文:数据) and/or (标题/全文:个人信息) and (效力级别:行政法规);(标题/全文:数据) and/or (标题/全文:个人信息) and (效力级别:司法解释)。检索的数据库为:威科先行2010—2021年的法律数据库。对检索的结果筛选如表1-2所示。

# 第一章 数据保护现状 *

表1-2 我国与数据、个人信息保护相关的法律、法规及司法解释

| 文件性质 | 颁布年份 | 名称及主要内容 |
| --- | --- | --- |
| 法律 | 2021 | 《中华人民共和国个人信息保护法》《中华人民共和国数据安全法》 |
| 法规 | 2021 | 《关键信息基础设施安全保护条例》细化关键信息基础设施的相关规定 |
| 司法解释 | 2021 | 《最高人民法院关于审理人脸识别技术处理个人信息相关民事案件适用法律若干问题的规定》 |
| 法律 | 2020 | 《中华人民共和国民法典》规定个人信息属人格权,数据可获得保护 |
| 法律 | 2019 | 《中华人民共和国密码法》保护网络与信息安全 |
| 法规 | 2019 | 《中华人民共和国人类遗传资源管理条例》保护人类遗传资源数据 |
| 法律 | 2018 | 《中华人民共和国电子商务法》保护数据信息的安全和个人信息 |
| 法律 | 2017 | 《中华人民共和国民法总则》规定个人信息属人格权,数据可获得保护 |
| 法律 | 2016 | 《中华人民共和国网络安全法》规定了数据处理的原则,保障网络安全,属于数据领域的基本法 |
| 法规 | 2016 | 《网络预约出租汽车经营服务管理暂行办法》规定了网约车平台数据处理的规则;《互联网信息搜索服务管理规定》规定了互联网信息搜索服务提供者数据处理的规则 |
| 法律 | 2015 | 《中华人民共和国刑法修正案(九)》增加了侵犯公民个人信息罪;《中华人民共和国国家安全法》规定数据安全属于国家安全的重要组成部分 |
| 法规 | 2015 | 《关于促进互联网金融健康发展的指导意见》规定互联网金融个人信息的保护规则;《侵害消费者权益行为处罚办法》规定了经营者处理个人信息的规则 |
| 法规 | 2014 | 《寄递服务用户个人信息安全管理规定》规定邮政行业保护个人信息的规则 |
| 司法解释 | 2014 | 《最高人民法院关于审理利用信息网络侵害人身权益民事纠纷案件适用法律若干问题的规定》规定要严格保护个人信息 |
| 法律 | 2013 | 《中华人民共和国消费者权益保护法(2013)》规定经营者要保护消费者个人信息 |

续表

| 文件性质 | 颁布年份 | 名称及主要内容 |
|---|---|---|
| 法规 | 2013 | 《电信和互联网用户个人信息保护规定》规范了提供电信服务和互联网信息服务过程中收集、使用用户个人信息的活动;《征信业管理条例》规范征信机构收集个人信息的行为 |
| 法规 | 2011 | 《规范互联网信息服务市场秩序若干规定》规范了互联网信息服务提供者收集、处理、使用个人信息的活动 |
| 法律 | 2011 | 《中华人民共和国居民身份证法（2011）》规定国家机关、事业单位、企业不能泄露个人信息 |
| 法规 | 2011 | 《中国人民银行关于银行业金融机构做好个人金融信息保护工作的通知》 |
| 法规 | 2010 | 《网络游戏管理暂行办法》保护网络游戏数据 |
| 司法解释 | 2010 | 《最高人民法院关于审理旅游纠纷案件适用法律若干问题的规定》保护个人信息 |

从以上检索的法律、法规和司法解释可知，我国从2013年开始频繁出台与数据、个人信息保护相关的规定，尤其是2021年连续出台了《个人信息保护法》《数据安全法》《关键信息基础设施安全保护条例》《最高人民法院关于审理人脸识别技术处理个人信息相关民事案件适用法律若干问题的规定》等与《网络安全法》相配套的法律、法规和司法解释，细化了《网络安全法》的相关规定，使《网络安全法》更加具有可执行性。表1-2与图1-1相互呼应，表1-2显示我国从2013年开始频繁出台与数据、个人信息保护相关的法律、法规和司法解释，图1-1显示我国从2013年开始出现大量与数据、个人信息保护相关的研究文章。这也说明在当今社会生活中，建立完整的数据保护体系的紧迫性和重要性。

上述法律规定的列举更加直观地体现出我国当前关于个人数据信息的保护性法律规范的特征：我国数据保护领域长期处于法律滞后、规范模糊、条文冲突、立法低水平重复的境地。就法律的适用范围而言，保护个人数据的法律条款数量较为有限、适用范围相对狭窄，没有专门的针对所有信息控制人均适用的统一的个人数据保护法；就个人数据的法律保护手段而言，重"刑事处罚"和"行政管理"，轻"民事确权"与"民事归责"，导致个人数据遭受侵害后，即使侵权行为人最终招致刑事处罚或行政处罚，数据主体的财产及非财产损失也得不到任何实质性的补偿；就法律的可操作性而言，大部分规定缺乏可操作性，许多条款仅规定了对个人数据的保密义务，而没有规定违背该义务的后果；就法律的体系性而言，现有规定之间缺乏体系上的呼应，缺乏完整、立体、结构分明的法律规范设计，不符合我国已经继受的大陆法系的法律思维，同时也不利于法律的适用；就法律条款的具体内容而言，大部分条款通常仅对个人数据保护问题轻描淡写、一带而过，往往未能揭示个人数据保护的立法理由、个人数据保护的基本原则、数据主体的权利、个人数据收集、处理、利用及传递的规则、个人数据保护的执行机制及监督机制等个人数据保护法应当具备的重要内容。就保护个人数据的观念而言，我国法律对个人数据的直接保护是近几年来的新近发展趋势，此前在较长时间内由于对个人数据保护的重要意义缺乏正确认识而仅对个人信息采取了有限的间接保护措施。

从具体颁布的法律法规来看，从2016年年底开始，我国通过出台一些单行的法律、法规、规章来对数据网络化时代的新型权利进行确认和保护，并规定了一定的责任和义务。例如，我国《网络安全法》具体规定了公民对个人数据信息的删除权和修正权，《个人信息安全规范》明确了对网络平台的严加规制，《电子商务法》的出台使互联网平台经营者的数据保护监管责任具体化，《网络信息内容生态治理规定》主要是为了整顿个人数据信息交易和规范调整算法推荐逻辑。另外，我国《数据安全法》已经在2021年6月10日通过，同年9月1日起实施；《个人信息保护法》也于2021年11月施行。

我国《个人信息保护法》和《数据安全法》的双双出台，标志着我国进入个人信息与个人隐私保护综合立法新阶段，也树立了我国数据保护新的里程碑。无论在国际还是在国内，数据泄露问题一直威胁着国家数据安全，2020年作为国际数据治理的变革之年，我国的数据信息保护立法工作也取得了重要成果，如《数据安全法》《个人信息保护法》等法律相继出台，从此我国真正实现了个人隐私与数据信息保护综合立法"零"的突破。数据保护要求更加明朗，从无到有、从原则到细化，数据保护合规指引日渐清晰，各民事主体数据保护制度日臻完善，标志着我国数据信息治理工作迈入新阶段。其中，《数据安全法》提议确立实施数据分类分级保护制度，规定落实相关主体或组织保障信息数据安全的责任和义务，以推动数据信息安全制度的建立和进一步完善。《个人信息保护法》及《民法典》专章重点规范个人数据信息处理中的各项环节。令人欣慰的是，新颁布的《民法典》将人格权保护规定独立成编，其中第六章同样是关于个人隐私权和个人信息保护的规定，《民法典》的新规定在一定程度上体现了国家对于个人数据信息保护的重视。《民法典》第1035条明确指出收集使用个人信息时应当遵循"合法""正当""必要"原则且不得过度收集共享，重点映射当下互联网企业收集个人信息后的任意使用。《个人信息保护法》中专门规定生物识别、宗教信仰、特定身份、医疗健康、金融账户、行踪轨迹以及不满14周岁未成年人的个人信息等个人敏感信息的处理规则，因为敏感个人信息一旦泄露或者非法使用，容易导致自然人的人格尊严受到侵害或者人身、财产安全受到危害。《个人信息保护法》第三章主要对个人信息跨境提供做了规定，严格个人数据信息出境以更好地适应当前数据跨区域流动的大环境，强化我国法律域外效力。

近些年来，由于数据使用场景的日趋多深化，数据承载了国家利益、个人权益和行业利益在不同维度呈现出协同、冲突等多种纵横交错的姿态，而在数据保护层面不断出现如人体基因编辑、网络性骚扰、大数据AI换脸技术等与人格权保护领域相关的新情况、新问题，亦迫切需要通过完善个人数据信息立法予以回应。我国立法机关在《民法典》专设人格权编，以明确界定个人隐私和个人信息的权益范围，从而加强对网络新型权利的保护，《民法典》人格权编具有补充宪法"国家尊重和保障人权"的基本权利清单的意义，主要是为了适应数据网络化时代经济社会发展的需要。人格权独立成编能强化对个人数据信息的保护，以彰显我国特色社会主义法律体系的制度优势。例如，我国《民法典》

第1034条规定受本条基本法律保护的个人信息包括健康信息、行踪信息，还具体规定了处理虚拟身份（第1017条）、数字肖像（第1019条）、数字声音（第1023条）等个人信息时必须遵循的原则、条件和责任义务。《民法典》第1035条规定了民事主体的数据收集和应用时应当坚持的合法、正当、必要、适度的原则；第1033条、第1038条、第1039条还分别明确了数据收集方个人数据信息安全保障义务，包括不得泄露、不得篡改以及不得非法提供个人信息；第1037条进一步完善了个人信息民事主体的权利构成，明确了权利人所享有的查阅权、复制权、更正权、删除权，并且将数据和虚拟财产都纳入法律保护范围。

另外，我国《民法典》的出台还兼顾了个人数据信息保护与其他的社会价值之间的平衡，比如，第996条的规定新增了违约精神损害赔偿的法律依据，突破了合同违约不能主张精神损害赔偿的旧制；第1009条规定了严格规范与人体基因、人体胚胎等与数据信息有关的医学和科研活动，进行有关临床试验不能违背伦理道德，不得损害公共利益，严格保守个人医疗数据；人格权编第五章在加大对名誉权及个人信息权益保护力度的同时从正面肯定了正当新闻舆论监督的价值；人格权编第六章在注重加强个人信息保护的同时充分考虑到了个人数据信息保护与数据信息自由流通之间的平衡度，以实现数据安全保护与数据流通齐头并进。

## 二、国际上数据保护相关的法律法规

相比于国内相关情况，国际上个人数据信息保护方面的法律制定与实施比我国起步要早，目前在数据保护领域比较具有历史意义的条约是2018年5月25日正式在欧盟成员国内生效的《通用数据保护条例》（GDPR），GDPR是一项旨在统一欧盟各成员国有关个人数据信息保护相关立法的欧盟条例。在其刚刚颁布时，GDPR就成为国际史上最严格的数据保护法律，其中规定只要涉及向欧盟境内的自然人或其他民事主体提供服务或监控欧盟境内的自然人的活动记录并且处理被监控者的数据信息，就要受到 GDPR 的监管和约束。具体来说，GDPR 规定了数据主体享有知情权、同意权、纠正权、被遗忘权、数据可携带权等对个人信息的控制权。《通用数据保护条例》规定所有欧盟企业必须做到：不仅要执行至今仍然有效的 1978 年的相关法律，还要执行新的规定。该条例明确了数据相关企业有责任证明自己收集数据信息合乎欧盟指令性规定，明确未成年人个人信息权利得到强化，规定了可将储存于某个部门的个人信息转移到此部门的竞争对手方的信息可携带权，确认被遗忘权的法律规定，强化了个人信息透明与当事人认可原则，加重了数据侵权制裁罚款，规定无论是作为数据控制者还是作为分包商的数据处理主体自身必须在条例规定的期限内完成相应的合规调整。在欧盟设有子公司或分支机构的各国企业尤其需要注意对收集数据的严格合规处理，否则将面临欧盟数据保护部门巨额罚款。另外，按照 GDPR 新条例的规定，对于违规企业的处罚罚金最高可达 2000 万欧元或企业全球营业额的 4%，并且选两者中数额较高的适用，在数据保护方面如此巨额罚款规定绝无仅有，相关企业不仅要面临大额罚款，还有被追究刑事责任的可能。如果未按照 GDPR 进行数据合规处理，一旦被欧盟数据保护部门处以罚款等处罚对企业品牌形象也会造成重大影响，以致失去客户甚至合作伙伴、雇员甚或供应商等企业全流程生态系统的信任。面对 GDPR 提出的个人数据保护的要求，相关业务企业需要对自身数据保护现状进行详细确认分析，制订出合规方案并严格执行。具体来说，企业首先需要对所涉及的业务做身份定性分析，确定业务相关操作是以数据控制或占有者的身份进行还是以分包商的身份进行，然后再确定企业组织架构、业务规模、主营业务等基础信息。根据 GDPR 相关要求，企业数据合规调整主要涉及四方面内容，即数据处理备案簿的制作、设立数据保护专员、责任追究的具体落实、强化个人权利保护意识。还需要注意的是，企业的数据合规调整方案制定并实施后，还需坚决执行，主动接受欧盟数据保护部门的监督与管理，在企业经营过程中既要基于自身业务变化随时调整数据保护策略，也要注意法律法规的最新规定，及时进行更新。

# 第一章　数据保护现状

法国作为欧盟发达的资本主义国家，其数据隐私与个人信息保护情况紧跟《通用数据保护条例》的潮流。法国对于数据隐私保护的要求及需求也达到了一个很高的水准，在现代网络科技快速发展的大背景下，对于个人隐私权的保护很大程度上取决于对企业信息数据的保护。1978年1月6日制订的《法国信息与自由法》于2018年6月20日重新修订，这也是为了符合欧盟《通用数据保护条例》相关规定的要求。法国负责监督执行数据信息与自由保护的权威机构是信息与自由全国委员会（CNIL），其职责包括根据欧盟《个人数据保护指令》及欧盟信息保护委员会的立场监督执行相关法规，《法国信息与自由法》包含根据欧盟《个人数据保护指令》所确定的大部分隐私保护原则。

日本作为亚洲发达的资本主义国家，其信息数据保护法律也在不断改进和完善。《日本个人信息保护法》于2005年4月施行，2017年5月30日修订，这部修订后的法律对日本民众个人信息保护作出了全面规定。日本对"个人信息"的定义与欧盟《通用数据保护条例》有一定差别。《日本个人信息保护法》有关生存的个人的信息包括：通过该信息所包含的姓名、出生日期及其他表述等可以识别特定个人的信息（包括与其他信息进行核对即可识别特定个人的信息）或者个人识别符号。个人识别符号包括人脸照片数据、认证用指纹数据、个人号码、驾照号码、护照号码、保单号码等。欧盟《通用数据保护条例》规定，网上识别要素（IP地址等）和履历数据等都属于个人信息，但《日本个人信息保护法》将没有将这些信息归入个人信息的保护范围，由此来看，仅在对个人信息的定义上，《日本个人信息保护法》和欧盟《通用数据保护条例》相比受到保护的个人信息范围大大缩小。《日本个人信息保护法》还规定了收集处理个人数据信息的企业应当遵守的义务。个人信息收集处理经营者遵守的基本规则包括，个人信息收集处理经营者应经用户同意在特定利用目的的有限范围内利用用户个人信息；在约定特定的利用范围之外予以利用时，以及向第三方合作伙伴提供个人数据（构成个人信息数据池等的数据）时，应当且必须事先经过用户本人的同意。而且，个人信息处理经营者应当收集、处理全过程采取安全管理个人数据所需的必要且恰当的保护措施；向第三方提供个人数据信息时或者收到第三方提供的个人数据信息时，应当如实记录一定范围的事项。另外，个人信息处理经营者在本人（个人数据来源方）向其请求披露持有的个人数据时，原则上应当将其持有的该个人数据向本人披露。《日本个人信息保护法》对违反数据保护的行为处罚也相当严格。首先由日本个人信息保护委员会对数据处理经营者遵守《个人信息保护法》情况进行检查和监督。数据处理经营者违反该委员会的命令，将被处以6个月以下有期徒刑或30万日元（约合1.97万元人民币）以下罚金；进行虚假报告的，将被处以30万日元以下罚金。此外员工等以谋取不正当利益为目的提供或者盗用个人信息数据库的，将被处以1年以下有期徒刑或50万日元（约合3.29万元人民币）以下罚金。

从国际上看，在数据信息立法方面主要采取了如下措施，各国各地区普遍在加强个人数据的民法保护，并加以行政惩罚或者刑事犯罪予以规制。如欧盟建立了严格的数据保护监督专员制度，通过对机构和组织搜索进行严格的管理，保证每一个数据处理的每一个环节都能够合乎法律规定，保证个人数据信息的绝对安全，使数据流通运转也能够得到有序保护。加拿大同样设置了个人数据隐私信息专员办公室，专门对个人数据信息的违法侵权情况进行监管和整改，该办公室直接向议会负责，并向议会提交个人数据信息的保护及监管情况报告。除了行政方面的监管措施，有些国家还专门制定了数据信息保护行业自律准则。如美国采用行业自律准则作为立法保护网络数据隐私权益补充的策略，其中包括从事网络业务的行业联盟自治组织发布本行业网上数据隐私保护基本准则；还包括适用于跨行业自治联盟的网络数据隐私认证，这些自治联盟还可以授权达到其提出的隐私保护规则要求的网站允许张贴其隐私认证合规标志，以便于消费者识别；行业自律组织甚至还可以为鼓励甚至协助政府机构强制推行隐私权保护提供基本的技术支撑。除以上措施以外，各国还加强数据信息保护国际协作，共同为国际网络空间信息数据安全保驾护航。各大国际组织为促进网络数据信息安全而颁布了一系列规章制度，供各成员遵照执行，其中包括经济合作开发组织理事会颁布的《关于保护隐私和个人数据国际流通的指南》、亚太经合组织建立的地区隐私保护标准、欧盟的《关于在个人数据处理过程中保护当事人及此类数据自由流通的指令》(以下简称《个人数据保护指令》)。

受国际相关法律制度的影响,我国《数据安全法》提倡信息数据分级保护机制,对不同等级不同类别的数据采用富有弹性的管理方法,这是在兼顾数据安全、数据流通和数字经济重要性之间寻求平衡的结果。从性质上,可以将数据分为原始数据与衍生数据。原始数据是数据采集时提供的、反映客观事物属性的直接记录,是不经过任何加工、创作或提取、编辑的数据。企业直接从用户端收集到的数据信息记录即为原始数据,原始数据因其数量庞大、杂乱无章而难以直接应用到实务中,商业价值和流通性受到限制,从而衍生出基于特定的商业目的、通过运用一系列技术的数据处理手段,使用这些数据处理手段对数据信息进行筛选、分析、处理、整合从而提取、总结出部分有用数据以作应用的衍生数据。如果对原始数据按一定的规则进行排列组合归类,由此形成的是一个原始数据组成的数据库;数据库形成的数据目录、索引数据被称为"元数据"。元数据本身属于衍生数据,企业可以通过衍生数据建立具有商业价值的数据库,并进行进一步商业利用。

因此,我国可以建立一套以有限控制为前提,并有效推动数据公开的激励机制和权利保护模式,对于原始数据,可以纳入《民法典》保护客体的范畴构建相应的机制加以监管,而对于衍生数据,可以适用知识产权法中商业秘密的相关规定予以保护,既可以达到保护数据主体"私权"的目的,又可以兼顾社会经济效益,促进大数据产业的流通与发展,推动数据信息的有效开发和价值创造。

## 第三节　数据保护的司法现状

大数据时代,个人信息单纯依靠私法保护已经不能满足当下数据信息泄露的危害治理要求，个人信息的法律属性实现从单一制私有化到公私复合两面性的转变。现阶段，我国《个人信息保护法》在某些方面仍不完善，无法满足大数据时代对提高个人数据信息保护力度的要求，加之《个人信息保护法》中的许多条款已经与大数据技术研发应用速度相脱节，法律的滞后性降低了个人信息权益保护边界的明确性与规范性，增加了个人信息权益保护范围的不稳定性。同时，随着网络和社会时代的变迁，人们对个人信息法律属性有了更深层次的认知和理解，提高了个人信息法律属性的发展性与变化性。数字经济同样通过生产工具的变革，将数据作为新的核心生产要素，重塑了整个互联网时代的技术和商业架构，也深刻改变了当代经济发展的运行模式。就企业数据来说，数据已然成为各大企业相互竞争的生产要素，在司法实践中，司法机关一般将企业间数据流量的争夺战归属为一种不正当竞争行为，从而习惯使用反不正当竞争法来规制数据市场秩序，反不正当竞争法将数据信息建构成一种竞争性的市场利益，还将投入流通之前的企业内部数据信息作为一种商业秘密进行保护。当然，如果援引商业秘密保护企业数据权益，也可能会导致企业进行恶意数据隐藏，形成数据垄断。此外，数据信息具有无形性、可复制性，一般存储于网络空间，在世界经济全球化的背景下，无法避免数据信息的跨国流动，一些敏感数据信息一旦流通传播到境外，对我国的公共利益以及国家安全将造成巨大威胁。下文将从司法实践角度，结合国内外具体案例，探究我国司法机关在个人信息保护、企业数据保护、公共利益信息和国家数据安全层面的争议点，对改进我国数据信息司法保护提供思路。

## 一、明确判断个人信息的规则

《中华人民共和国个人信息保护法》于2021年11月1日生效。在此之前，我国司法实践中逐渐形成以"关联+识别"作为判断个人信息的规则。"关联"的路径是从个人到信息，已知既定个人，知晓"关于"该个人的进一步信息；"识别"的路径是从信息到个人，由信息本身的特殊性直接回溯到特定个人。例如，在我国 COOKIE 隐私第一案[1]中，原告朱某发现如果用户在百度搜索引擎中检索过相关关键词，该用户在浏览相关网页的过程中，发现特定的网页上会弹出与上述检索过的关键词相关的广告。因此，原告认为百度公司侵犯了其隐私权，主要理由为，百度公司未经其知情和选择，利用网络 COOKIE 技术记录和跟踪了其在百度搜索引擎中检索过的关键词，将其工作学习生活特点、兴趣爱好等显示在相关网页上，并利用记录的关键词，对其所浏览的网站进行精准投放广告。据此，原告朱某于 2013 年 5 月 6 日将被告百度公司起诉至南京市鼓楼区人民法院。该案的争议焦点在于：（1）COOKIE 信息是否属于隐私信息，是否属于个人信息；（2）被告利用 COOKIE 技术向原告使用的浏览器提供个性化推荐服务是否侵犯原告隐私权和个人信息权；（3）被告是否保障了原告的知情权和选择权。关于第一个争议焦点，原告认为个人的电脑属于个人隐私空间，在百度搜索引擎中检索的关键词显示了个人上网的偏好、兴趣和需求，属于个人隐私范围；被告认为，在本案中 COOKIE 信息不能联系到特定的人，也不包含个人身份识别信息。关于第二个争议焦点，原告认为被告采取相关网络技术刺探、追踪网络用户操作个人终端的操作过程，并将在百度搜索引擎中检索的关键词等具有个性化内容进行商业化运作，非法获利，因此，被告的行为侵犯了原告的隐私权；被告认为未公开、宣扬原告的隐私。关于第三个争议焦点，原告认为百度搜索引擎首页中的"使用百度前必读"和"隐私权保护声明"未以显著方式告知用户；被告认为已经将"使用百度前必读"和"隐私权保护声明"明确告知用户，百度搜索引擎为用户设置了可选择的退出机制，用户可以在浏览器设置中清除 COOKIE 信息。

从该案两级法院的判决书可以看出，尽管两级法院对该案的判决推理逻辑大体一致，在个人信息保护的法律适用和理解上却大相径庭。一审法院认为个人隐私应包含个人的私人活动和私有领域。在百度搜索引擎中检索的关键词能看出用户的上网偏好，内含用户个人的私有生活基

---

[1] （2014）宁民终字第 5028 号民事判决书。

本情况，可以归类到个人隐私的范畴；被告使用COOKIE技术收集原告网上活动轨迹并加以利用，进行商业活动，公开、宣扬他人隐私信息侵犯了他人的隐私权，不当收集、利用他人隐私信息应属于侵权；被告没有尽到显著提醒说明的义务，被告虽有说明和提醒，但其设置方式无法起到规范说明和提醒的作用，用户无从知道自己的私人信息会被收集和利用。提供搜索引擎服务过程中被告采用的"默示同意"原则，不能使用户的知情权和选择权得以保障。据此，一审法院判决被告构成侵权。百度公司不服一审判决，上诉至南京市中级人民法院。经审理，二审法院认为COOKIE信息虽具有隐私性质，但这种信息一旦与网络用户身份相分离，便无法确定具体的信息归属主体，不属于个人信息范畴；"公开+造成损害"系网络侵权责任的构成要件，百度公司利用网络技术提供个性化推荐服务，其检索关键词海量数据库以及大数据算法均在计算机系统内部操作，并未直接向第三方或公众展示，因此没有任何公开行为，不构成对隐私的伤害；百度网站中的隐私权保护声明及可选择的退出机制，尊重网络用户的选择权，可以使用户的权利得到保障。原告在百度公司已经明确告知上述事项后，仍然使用百度搜索引擎服务，应视为对百度公司采用默认"选择同意"方式的认可。据此，二审法院撤销一审判决，改判百度公司不构成侵权，驳回朱某的所有诉讼请求。该案对后续案件的最重要的参考价值在于什么是个人信息，而该案发生在《网络安全法》《个人信息保护法》等法律颁布和生效前，两级法院对于该问题的认识存在的差异，究其根本，还是对"个人信息"认定标准的不同。判断是否属于个人信息，要坚持"关联+识别"的规则，"关联"的路径是从个人到信息，已知既定个人，知晓"关于"该个人的进一步信息，"识别"的路径是从信息到个人，由信息本身的特殊性直接回溯到特定个人。具体到该案中，网络用户在百度搜索引擎中检索的关键词记录，在某种程度上体现了用户的上网偏好及其在网络空间的活动轨迹，属于隐私的范畴（"关联"路径），但是只要用户个人身份与上述的上网偏好及活动轨迹相分离，就不能将这种上网偏好及活动轨迹归属于那个网络用户（"识别"路径），在此情况下，这种上网偏好及活动轨迹就不再具有个人信息属性。

## 二、企业享有的数据权益边界

司法实践中，在涉数据不正当竞争案件中，原告应首先证明其对相关数据拥有财产性权益。为此，原告须证明其对事实控制的数据信息享有合法权益，如果原告能够证明其对于涉案数据的收集整合分析付出了一定的人力物力，且非任何人可轻易获得的，即可认为原告对涉案数据信息享有财产性权益。此外，多数企业涉数据不正当竞争案中并不要求原告对涉案数据享有所有权，只要求原告享有合法的数据控制权。例如，企业对其收集的用户个人信息，以及由此所衍生的数据信息，享有合法的控制和使用权，拥有一定的财产性权益。具体而言，企业拥有的财产性权益作为数字资产大致可分为四类，分别为用户个人的信息数据、用户自身发布的数据、企业采集的数据集合、企业经整合分析衍生的数据。上述数据分类中，用户个人的信息数据和用户自身发布的数据均属于用户的单一数据，企业采集的数据集合和企业经整合分析衍生的数据基本都属于企业的数据资源整体范畴，可以称其为企业数据池。关于用户单一数据与用户数据池的关系，司法机关一般认为，企业对自身数据池享有竞争性权益，但针对单一的用户数据，企业仅享有非常有限的使用权，并且要事先经过用户同意。因此，在涉数据不正当竞争司法案件中，企业一般是基于用户数据的集合及衍生数据主张权利，据此认为其享有竞争性利益。

关于平台企业享有的数据权益边界，司法机关共识的部分是：平台合法收集并深度加工后的数据，应由平台企业享有数据权益。目前争议较大的是来源于用户的、平台未进行深度加工的、公开数据的权益边界问题，不同法院的区分标准、认定思路差别较大。

（一）淘宝诉美景案[*]——考虑平台对数据的投入度因素

淘宝（中国）软件有限公司（以下简称"淘宝公司"）开发并投入

---

[*]（2017）浙8601民初4034号民事判决书。

市场运营的"生意参谋"数据产品是在用户浏览、搜索、交易等行为痕迹信息所产生的巨量原始数据基础上，以特定算法深度分析过滤、提炼整合后形成的指数型、统计型、预测型衍生数据。安徽美景信息科技有限公司（以下简称"美景公司"）以提供软件账号分享平台的方式帮助他人获取涉案数据产品中的数据内容以谋利。淘宝公司认为，涉案数据产品中的原始数据与衍生数据均系其无形财产；美景公司的被诉行为已实质性替代了涉案数据产品，构成不正当竞争，遂诉至法院，请求判令美景公司立即停止涉案不正当行为，并赔偿经济损失及合理费用 500 万元。被告美景公司辩称，涉案数据产品系原告私自抓取、公开使用网络用户的相关信息，侵犯了网络用户的个人隐私及商户的经营秘密，具有违法行为；涉案数据产品的数据内容系网络用户提供的用户信息，其财产权归网络用户所有，原告无权主张权利。该案的争议焦点在于淘宝公司收集并使用网络用户信息的行为是否正当，淘宝公司对涉案数据产品是否享有法定权益。法院经审理认为，涉案数据产品的基础性材料均来源于用户网上浏览、搜索、交易等行为痕迹信息。这些行为痕迹信息不具备单独或者与其他信息结合识别特定自然人个人身份的可能性，属于非个人信息，依法执行"明示具有收集信息功能 + 用户同意"相对宽松的标准；会员的行为痕迹信息则比照关于个人信息保护所规定的"限于必要范围 + 明示收集、使用信息规则 + 用户同意"规则予以严格规制。淘宝公司收集、使用用户信息开发数据产品的行为符合网络用户信息安全保护的要求，具有正当性。原始数据的内容未脱离原网络用户信息范围，故网络运营者对于原始数据应受制于网络用户对其所提供的用户信息的控制，不能享有独立的权利，淘宝公司依其与用户的约定享有对原始数据的使用权，经过其大量智力劳动投入而衍生的数据内容，是与用户信息、原始数据无直接对应关系的独立的衍生数据，可以为网络运营者所实际控制和使用，这些数据可以给企业带来经济利益，应当属于无形财产范畴，淘宝公司对于其开发的数据产品享有独立的财产性权益。涉案数据产品能带来商业利益与市场竞争优势，数据产品开发者对于数据产品享有的财产权益为竞争性财产权益。美景公司未经许可也未付出劳动创造，便将其作为获取商业利益的工具，有悖公认的商业道德，已构成不正当竞争行为。从一审判决可以看出，法院认为企业投入人力物力获取的衍生数据（数据产品）享有竞争性财产权益；二审法院认为，应当区分平台对数据的投入度因素，即简单的对用户信息的转换、记录不足以使平台获得独立的财产权益，网络运营者对于原始网络数据仍应受制于网络用户对于其所提供的用户信息的控制，网络运营者只能依其与网络用户的约定享有对原始网络数据的使用权。❶

数据是数字经济时代重要的资源和财产。该案是首例涉数据资源开发应用与权属判定的新类型案件，其典型意义在于明确了衍生数据产品获取行为正当性的边界，厘清了网络运营者对于原始数据享有的权利范围，更重要的是赋予其"竞争性财产权益"这种新类型权属，确认其可以此为权利基础获得反不正当竞争法的保护，为立法的完善提供了可借鉴的司法例证。数字经济从业者可以通过该案达成对业务前景和行为规范的明确评估，有利于创新经济的蓬勃发展。

（二）微信诉群控软件案*——区分数据资源整体和单一用户数据

该案由涉案微信群控软件引发，是全国首例涉及微信数据权益认定的案件，涉及数据权益归属及数据抓取行为正当性认定等影响互联网产业竞争秩序的热点问题，引发社会广泛关注。

腾讯计算机公司、腾讯科技公司是微信软件的著作权人和微信产品的经营者。两被告开发运营的外挂技术将该软件中的"个人号"功能模块嵌套于个人微信产品中运行，为购买该软件服务的微信用户在微信平台中开展商业营销、管理活动提供帮助，具体表现在：朋友圈内容自动点赞、群发微信消息、监测、抓取微信用户账号信息、好友关系链信息以及用户操作信息（含朋友圈点赞评论、支付等）存储于其服务器，攫取数据信息等。两原告认为，两被告的行为妨碍微信平台的正常运行，

---

❶ （2018）浙01民终7312号民事判决书。
* （2020）浙01民终5889号民事判决书。

损害了两原告对于微信数据享有的数据权益。两被告认为，被控侵权软件突破了微信产品未实现的功能，属于技术创新，具有正当性，并没有妨碍或破坏微信产品的正常运行。被控侵权软件用户与其买家好友的社交数据权益应当归用户所有，用户享有个人数据携带权，其将个人数据选择以何种方式备份、存储与该数据控制者无关，两原告对于其所控制的用户信息不享有任何数据权益。法院经审理认为，网络运营者所控制的数据分为原始数据与衍生数据。对于单一原始数据，数据控制主体只能依附于网络用户信息权益，依其与用户的约定享有原始数据的有限使用权；对于单一原始数据聚合而成的数据资源整体，数据控制主体享有竞争性权益。未经许可使用他人控制的单一原始数据，不违反"合法、必要、征得用户同意"原则的，一般不应被认定为不正当竞争；未经许可规模化破坏性使用他人所控制的数据资源的，可以认定为不正当竞争。未经许可在他人既有数据资源基础上开展创新性竞争的，应当符合"合法、适度、征得用户同意、有效率"的原则。如果一项所谓的"创新性竞争成果"在市场竞争效果上是弊大于利的，应认定具有不正当性。法院强调，应当区分数据资源整体和单一用户数据，网络平台方对于数据资源整体与单一数据个体所享有的是不同的数据权益。该案判决在区分数据类型的基础上对数据权益归属规则进行了提炼，并提出判断数据抓取及使用行为正当与否的标准和方法，在强化数据权益司法保护、维护公平有序网络竞争秩序的同时，明确了数字经济"开放、共享、效率"的基本价值取向。该案判决明确了网络平台对于其所控制的用户信息享有不同性质的数据权益，同时厘清了网络平台不同数据权益间的权利边界。

就平台数据资源整体而言，其系平台投入了大量人力、物力，经过平台长期经营积累聚集而成的，该数据资源池能够给平台带来商业利益与竞争优势，平台对于整体数据资源应当享有竞争权益。就平台单一数据个体而言，例如用户发布的内容数据、用户的头像昵称等，该部分数据只是平台的原始数据，并非其所产生的衍生数据。由于网络资源具有"共享"的特质，单一用户数据权益的归属并非谁控制谁享有，使用他人控制的用户数据只要不违反"合法、正当、必要、不过度、征得用户同意"的原则，一般不应被认定为侵权行为。对于互联网行业而言，该判决体现了行为自由与权益保护的平衡，为互联网企业实施科技创新划定了界限。

（三）大众点评诉百度地图案*——关注数据流通、使用的利益平衡

原告大众点评诉称，百度公司未经许可在百度地图、百度知道中大量抄袭、复制大众点评网的用户点评信息，不仅数量巨大，而且大部分都以全文显示，百度地图产品并非单纯提供搜索引擎服务，而是向用户提供内容，百度地图的上述做法已构成对大众点评网的"实质性替代"。此举让百度公司迅速获得用户和流量，给自己造成巨大损失。百度公司之行为违背商业道德和诚实信用原则，构成不正当竞争。百度公司的网站还使用了大众点评网的图文标识，使公众对服务来源产生误认，属于擅自使用知名服务特有名称的不正当竞争行为。被告百度公司辩称，第一，大众点评网为用户提供以餐饮为主的消费点评、消费优惠等业务，同时提供餐厅预定、外卖等服务，而百度公司提供的是搜索服务，双方不存在直接竞争关系。第二，百度公司认为，用户点评等信息不属于著作权法保护的作品，即便用户点评属于作品，其著作权人也非大众点评，而是网络用户，故原告主张没有法律依据。第三，百度的抓取行为完全符合大众点评网的 Robots 协议。如果原告认为百度侵权，完全可以修改网站 Robots 协议，禁止百度访问，但原告并未这样做。

法院认为，百度地图和大众点评在为用户提供商户信息和点评内容的服务模式上近乎一致，双方存在直接竞争关系。大众点评网的用户点评信息是原告的核心竞争资源之一，能给大众点评网带来竞争优势，具有商业价值。百度公司大量、全文使用涉案点评信息，实质替代大众点评网向用户提供信息，对大众点评网造成损害，其行为违反了公认的商业道德和诚实信用原则，构成不正当竞争。百度公司的搜索引擎抓取涉

---

\* （2016）沪 73 民终 242 号民事判决书。

案信息虽未违反 Robots 协议，但这并不意味着百度公司可以任意使用搜索引擎抓取信息，百度公司应当本着诚实信用的原则和公认的商业道德，合理控制来源于第三方网站信息的使用范围和使用方式，理想状态下应当遵循"最少、必要"的原则，百度公司通过搜索技术抓取并大量全文展示大众点评网的信息已经超过必要限度，该行为已经实质替代了大众点评网的相关服务，其欲实现的积极效果与给大众点评网造成的损失并不符合利益平衡的原则，同时也可能使得其他市场主体投入和参与市场竞争的意愿受挫，破坏正常公平的市场秩序，最终还是可能损害消费者的利益。另外，法院在判决中进一步指出：即使平台可以对用户发布的公开内容数据进行权益主张，但是考虑产业发展和互联网环境所具有的信息共享、互联互通特点，需要兼顾信息获取者、信息使用者和社会公众三方的利益——在利益平衡的基础上划定行为的边界。然而，大量案件中，法院并未对数据进行分级划分，认为即使是用户发布的原始数据、公开数据，仍具有可以为平台带来现实或潜在、当下或将来的经济利益的属性，属于平台可主张的《反不正当竞争法》保护权益范畴。但是在该案中，法院对这类数据流通、使用的利益平衡问题进行了特别关注。随着新兴信息技术和互联网行业的发展，在大数据时代的背景下，数据产生的巨大价值达到了前所未有的高度，越来越多的市场主体，投入巨大的精力、技术在数据的收集、整合和数据产品开发上，如果不加节制地允许市场主体任意使用他人耗费巨大投入所获取的信息，将不利于商业投入、产业创新和诚信经营，最终还是会损害公平竞争的市场秩序。因此，市场主体在使用他人获取的信息时，仍应秉承克制的态度，遵循公认的商业道德，在相对合理的范围内，尽可能坚持"最少、必要"的原则。从这个角度看，该案的判决虽然是 2017 年做出的，但对于今天的互联网行业和市场主体，仍然有其重要的借鉴意义。

### 三、企业享有劳动者个人数据隐私权的边界

我国现行立法中没有对隐私的概念做出界定，只是在具体法律中对

多种隐私权益予以保护，这种做法实际上是受"隐私权实际是不能划清边界"思想的影响。❶ 传统的隐私权的内涵可以归纳为与特定人利益紧密联系且不愿为他人知晓的私人生活信息和私密空间等个人生活的安宁。在大数据时代，隐私应被重新定义为既包括私人空间、私密领域等未进入陌生人关系的隐私数据信息，也包括经合同或行政行为等进入陌生人关系的隐私信息。❷ 当然，大数据时代发生在网络空间的个人隐私侵权现象是最常见的。在劳动关系中，用人单位基于生产安全、产品质量、财产安全和商业秘密等理由，利用人力资源管理的优势，收集和处理员工的个人信息，一直是用工管理中的普遍做法。

我国在劳动立法方面，《劳动合同法》第8条规定招聘阶段用人单位只能获取与工作直接相关的隐私信息且劳动者需如实说明，但其未对劳动者隐私的内涵做出界定，也未列举出隐私的具体类型。根据用人单位与劳动者的劳动关系，可分为缔结、存续、终止三个阶段，《劳动合同法》仅规定了劳动合同缔结阶段的劳动者个人信息收集，但对于缔结和存续阶段用人单位对劳动者个人数据隐私权的收集和使用未予涉及。然而《网络安全法》第41~42条分别规定了个人信息收集的原则和禁止不当侵害。大数据技术的不断发展，加上专门性劳动者隐私法律的缺位，我国现阶段劳动者隐私保护法律体系已经不能满足劳动者隐私权保护的需要。在劳动用工领域，指纹、面部打卡、地理位置、工作场所中的监控、服务器，甚至配发并监控办公用电脑或手机也十分普及。用人单位出于安全生产和质量，提高生产效率，或者保障用人单位商业秘密不被泄露等目的而实施劳动管理，从而在日常的用工管理中，采集员工的生物识别信息、活动影像信息、地理位置、通信信息等在通常情况下会被认为属于隐私信息的个人信息。依据《个人信息保护法》，这些信息视为个人敏感信息，并且要求信息处理者需要取得"单独同意"方可处理。目前我国的司法实践中，还是以"同意"与"合理"作为两大主导原则，以平衡用人单位的管理权

---

❶ 陈甦, 谢鸿飞, 朱广新. 民法总则评注（下册）[M]. 北京：法律出版社, 2017：774.
❷ 房绍坤, 曹相见. 论个人信息人格利益的隐私本质 [J]. 法制与社会发展, 2019 (4).

和劳动者的隐私权。

（一）江某与上海宏精医疗器械公司案*——未经同意恢复工作设备数据信息

在江某与上海宏精医疗器械有限公司劳动合同纠纷一案中，江某于2019年7月14日入职上海宏精医疗器械有限公司，工作内容为医院放射类医疗设备的售后及保修业务的开发。双方签订有劳动合同。公司员工手册规定，员工"飞单""干私活"的，按成交价的40%追究赔偿责任。2019年9月底，江某提出离职。公司认为江某存在"飞单"行为，于2020年7月23日向上海市金山区劳动人事争议仲裁委申请劳动仲裁，要求江某赔偿其商业经济利益损失，并通过恢复江某工作手机的数据信息，提交了通话录音、微信聊天记录等证据证明员工在职期间存在"飞单"行为，利用职务之便谋取私利。仲裁委裁决江某支付公司商业经济利益损失。江某不服，诉至法院。

公司通过恢复员工工作手机的数据获取通话录音，是否侵害员工个人数据隐私权，该证据是否具有合法性、能否被法院作为证据使用？法院经过初审和二审都认为用人单位未经同意获取员工工作手机的通话录音侵犯了员工个人数据隐私权，该证据不具有合法性，不能作为证据使用。法院认为，除法律另有规定或者权利人明确同意外，任何组织和个人不得实施窃听他人私密活动、处理他人私密信息等行为。公司对劳动者履行工作职责进行管理监督，无可厚非，但公司应当在合法合理的限度内行使权利。该案中公司的确享有工作手机的所有权，但是其并未证明其已明确告知江某其会对运用该手机的通话予以录音并恢复数据，或已就恢复其通话信息取得了江某的明确同意，所以二审法院对其该证据的合法性不予认可。用人单位享有工作手机的所有权，劳动者享有工作手机的使用权，但工作设备上的数据和信息，尤其是通信信息属于个人隐私。用人单位未经许可任意获取、使用手机上的数据是非法的。实践

---

* （2021）沪01民终3040号民事判决书。

中，很多企业在员工手册和企业规章制度中明确规定企业对配发的劳动工具具有监控管理的权利，且要求员工不得将有关个人信息和个人隐私的内容存储于该等设备中，前述规定确实更加清晰地限定了企业权利，但仍无法避免员工在实际使用过程中因个人目的而使用和存储，因此企业在实际获取相关信息时应特别注意企业监管权和个人隐私权的边界。

（二）张某某与深圳市领达小额贷款有限公司案*——办公场所安装监控摄像头

张某某主张领达公司在办公区域安装了多个高清摄像头，其中一个摄像头位于张某某的头顶。张某某认为公司高管系男性，而该摄像头的位置易于拍摄到其隐私，且容易走光，于是在工位上撑伞十多个工作日。领达公司认为张某某的行为系为了逃避公司日常管理而故意用两把雨伞将工位全部遮挡，导致公司无法掌握其上班的实际情况，抑或是否从事其他与工作无关的事情。且该行为对领达公司的其他员工造成严重的负面影响，影响了正常的办公环境，违背作为一个劳动者应遵守的最基本劳动纪律和行为准则。领达公司在两次警告后，因张某某拒不改正，遂以严重违纪为由解除了与张某某的劳动关系。

法院认为，领达公司安装监控摄像头的目的是保证工作场所人、财、物的安全，安装的区域是多人工作的公共场所，非劳动者的私人生活区域，且安装的位置也通常在墙角上方，领达公司安装监控摄像头属正常行使用人单位监管权，其行为具有一定的合理性，并无不妥之处。

应注意的是，前述案例发生在《个人信息保护法》实施之前，过去的司法实践普遍认为，用人单位安装监控摄像头属于企业在履行其管理权，但根据《个人信息保护法》第26条规定："在公共场所安装图像采集、个人身份识别设备，应当为维护公共安全所必需，遵守国家有关规定，并设置显著的提示标识。所收集的个人图像、身份识别信息只能用于维护公共安全的目的，不得用于其他目的；取得个人单独同意的除

---

\* （2020）粤民申8843号民事判决书。

外。"根据该条规定,安装监控摄像头应当出于"维护公共安全的目的",同时,应当"设置显著的提示标识",在上述案件中,用人单位安装监控摄像头虽然是出于"维护公共安全的目的",但也是在行使其对员工监管权,法律未明确规定此种情况。进一步说,用人单位在办公场所安装摄像头,收集员工个人图像,是否要取得员工单独同意,目前也尚无与此案件相关的裁判观点或司法解释,仍需进一步关注。

用人单位通过智能化与技术化的手段实现更高效、便捷的监管,也使得劳动者的工作场景信息与个人数据形成交叉关系。劳动者使用工作手机进行工作活动,用人单位有权进行监督,但是劳动者在此过程中形成的通话录音与聊天记录,属于其隐私权的范畴,未经其明确同意,用人单位不得侵害个人数据隐私权益。数据技术的进步大大丰富了用人单位的监督管理方式,也因其高效和便捷性,被广泛地运用到企业的用工管理中,于无形中威胁着劳动者的个人信息隐私权。用人单位日益强势的监管能力不断挤压着劳动者的个人空间,用人单位的管理权和劳动者的隐私权矛盾将更加突出,用人单位的监督管理权确实触及劳动者的隐私权时,则必然受到限制。

放眼域外,企业侵犯劳动者个人隐私权益如果发生在欧美国家,则该企业将面临严重的处罚。阿迪达斯公司要求员工自愿分享有关其种族、国籍、性别认同和性取向的个人数据,美其名曰将之作为改善公司多样性努力的一部分。阿迪达斯公司人力资源主管阿曼达·拉基库马尔披露了这一数据收集项目,并说参与将是自愿的,信息将被用于"衡量进展",而不是做出决定,但她说,跟踪数据行为的变化意味着职位上的变化,因为它将最终影响晋升机会和职业道路。❶ 另外一个案件(Frlekin et al v. Apple Inc.)是,苹果公司因搜查员工设备数据被要求索赔近3000万美元,这些员工声称他们在下班时被迫接受搜查。苹果公司零售员工于2013年对苹果公司提起集体诉讼,认为公司应该为他们

---

❶ 阿迪达斯要求员工分享个人数据以促进多元化 [EB/OL]. [2022-09-25]. https://www.jiemian.com/article/6792161.html.

的行李和设备被安全检查所花费的时间支付报酬。这起诉讼中的集体包括加利福尼亚州1.5万名现任和前任苹果公司零售店员工，2022年8月苹果公司与员工达成和解。❶

阿迪达斯公司要求员工分享个人数据以促进多元化，并以此作为对劳动者综合评价的手段，苹果公司例行搜查员工的行李和设备数据，这些都严重侵犯了劳动者个人数据隐私权益，他们都将面临严峻的处罚。在用人单位无特殊理由而侵入劳动者隐私领域并以此为由解雇劳动者的，该解雇违法，劳动者可以请求经济赔偿。当劳动者确有过错时，用人单位对劳动者的处分也应符合过错程度原则，否则用人单位对劳动者的处分无效。除此之外，还可以探讨用人单位侵害劳动者隐私权的行为与反歧视法之间的衔接。在满足一定条件下，若用人单位收集、监控劳动者个人隐私信息并以此为由解雇劳动者或者不予雇用求职者，应将其行为纳入我国未来反就业歧视法框架，加重用人单位的法律责任。在用人单位法律责任免除上，相关立法部门可以根据各行业特点探讨和制定各行业关于侵害劳动者隐私权的"避风港规则"，若用人单位遵守本行业关于隐私权保护的政策，则免除其侵害劳动者数据隐私权的法律责任。

## 四、否认"被遗忘权"的权利类型

"互联网是有记忆的"，在被信息洪流淹没的互联网时代，记忆因数字化被铭记，而遗忘却成为例外。基于技术手段，个人信息主体发布于互联网的数据可以被永久存储、访问、复制、传播，个人信息主体去世后，这些公开的数据仍可以被保留和评判。"被遗忘权"（right to be forgotten）是互联网时代发展到一定阶段所衍生的一种新型权利类型，涵盖个人对于其个人信息进行支配和管理的权利，其权利行使方式为删

---

❶ 苹果向1.5万名员工赔偿2亿元［EB/OL］.［2022-09-25］. http://news.sohu.com/a/577423324_121364414.

\* 数据四重性及其合规系统

除网页、自媒体等信息源头上与权利个人信息相关的信息,更多表现为要求搜索引擎服务提供者为代表的信息处理主体在检索结果中将信息或链接屏蔽,以达到权利个人信息不被进一步扩散,逐步被遗忘的效果。"被遗忘权"真正被关注的是 2014 年欧洲法院在"谷歌诉西班牙数据保护局和 González"案件("谷歌案")中确立了个人对其个人信息享有"被遗忘权"。❶ 谷歌案中,法院直接援引欧盟《个人数据保护指令》的规定,认为搜索引擎的运营者有义务在网页中删除不准确、不充分、不相关或超出最初目的(inaccurate, inadequate, irrelevant or excessive)的信息,包括第三方发布的与个人相关的信息,并明确指出个人信息主体享有被遗忘的权利。2018 年生效的欧盟《通用数据保护条例》第 17 条首次明确规定了"删除权(被遗忘权)",GDPR 下的被遗忘权指的是个人信息主体对已发布在网络上的,有关自身不恰当的、过时的、继续保留会导致其社会评价降低的数据,要求数据控制者予以删除的权利,既包括个人信息主体自己公开发布的信息,也包括第三方公开发布的信息。但是在《中华人民共和国个人信息保护法》生效(2021 年 11 月 1 日)前,我国司法实践中,一般认为,我国法律中并没有关于"被遗忘权"的权利类型的法律规定,"被遗忘权"不能作为我国此类权利保护的法律渊源,同时"被遗忘权"没有被法律保护的必要性,不能成为正当法益免受侵权法的保护。例如,在被遗忘权第一案(个人信息保护)❷中,原告任某玉职业为国家高级人力资源师,其知名度主要体现在教育及管理领域,原告发现被告百度公司的百度搜索引擎中搜索任某玉,搜索结果显示"陶氏教育任某玉""无锡陶氏教育任某玉"等字样的侵权内容及链接。原告认为,自己未曾在陶氏教育公司工作过,由于陶氏教育在业内具有负面评价,"陶氏教育任某玉""无锡陶氏教育任某玉"等字样让相关公众认为原告与陶氏教育存在特定联系从而给原告的名誉造

---

❶ Karen Eltis. Breaking Through the "Tower of Babel": A "Right to be Forgotten" and How Trans - systemic Thinking Can Help Re - conceptualize Privacy Harm in Age of Analytics, Fordham Intellectual Property [J]. Media and Entertainment Law Journal, 2011 (Autumn): 69.

❷ 一审:(2015)海民初字第 17417 号;二审:(2015)一中民终字第 09558 号。

成伤害；被告行为侵犯了原告的人格权，给被告在就业、工作、生活等方面造成负面影响；陶氏教育与原告无关，此类信息应当"被遗忘"。因此，原告于 2015 年 3 月将被告起诉至北京市海淀区人民法院，主张被告应当停止侵权并赔偿原告的损失。被告百度公司认为，涉案的相关搜索结果是用户在百度搜索引擎中搜索的存在于网络空间的客观内容，被告在提供搜索引擎服务时未对搜索结果提供人为干预或调整，仅是将网络用户的搜索行为对应的搜索结果客观地展现出来供用户参考，因此，被告客观上并未侵害原告的姓名权和名誉权，原告的主张没有事实和法律依据；另外只有人生污点等内容才涉及被遗忘权，而该案不涉及人生污点，因此不适用被遗忘权；原告没有举证证明存在精神损害和经济损失，更没有证据证明被告提供搜索引擎服务与原告主张的所谓损害结果之间存在因果关系。经审理，一审法院认为，我国现行法律中并没有关于"被遗忘权"的权利类型的法律规定，"被遗忘权"仅存在于外国有关法律及判例中，因此"被遗忘权"不能作为我国此类权利保护的法律渊源；在百度搜索引擎页面的"相关搜索"栏目中显示陶氏教育和任某玉与类似的学习方法是众多网络用户搜索相关关键词与检索频率的客观显示，被告提供的是客观、中立的技术平台服务，被告的行为不违法也不存在侵害原告所主张的权益的过错。据此，一审法院作出判决，驳回原告所有的诉讼请求。任某玉不服一审判决，上诉至北京市第一中级人民法院。二审法院经审理，驳回了任某玉的上诉，维持一审判决。在该案发生时，我国现行法律中并没有关于"被遗忘权"的权利类型的法律规定，因此，任某玉所主张的"被遗忘权"没有法律依据，也没有被法律保护的必要性，不能成为正当法益以受侵权法的保护，法院不支持任某玉的主张。

《个人信息保护法》规定了个人信息主体的删除权，其内涵与欧盟 GDPR 的删除权（被遗忘权）基本一致。《个人信息保护法》第 47 条规定："有下列情形之一的，个人信息处理者应当主动删除个人信息；个人信息处理者未删除的，个人有权请求删除：（一）处理目的已实现、无法实现或者为实现处理目的不再必要；（二）个人信息处理者停止提供产品或者服务,或者保存期限已届满;(三)个人撤回同意;(四)个人信息处理者违反法律、行政法规或者违反约定处理个人信息;(五)法律、行政法规规定的其他情形。"从上述规定可知,基于《个人信息保护法》的个人信息主体的删除权,应符合以下任一条件:(1)符合目的限制原则;或(2)具有其他合法性基础。

### 五、以不正当竞争的方式保护企业相关数据权益

企业数据处理的全流程包括数据收集、存储、使用、加工、传播等环节。其中,数据收集是包括数据储存使用在内的其他数据处理行为的前提和基础。因此,在数据不正当竞争案件中,被控侵权人通常会实施数据获取和数据使用两个行为。其主要表现为在自己的网络应用产品中大量使用与原告网络应用产品相同或相似的数据,而为了使用这些数据,被控侵权人必然需要通过某种方式获取原告数据。

对于以不正当竞争的方式保护企业相关数据权益案件,法院通常会依据原告的诉讼请求,结合《反不正当竞争法》的规定,对涉案数据的收集行为和使用行为分别作出评价。具体言之,如果相关数据收集行为被认定为不正当,则后续使用行为很可能因为缺乏正当来源也被认定为不正当;如果相关数据收集行为本身不具有不正当性,则法院可能结合后续使用行为是否会对原告网络产品形成实质性替代、涉案数据规模等因素,进一步对相关行为的正当性作出判断。由此,数据获取行为与数据使用行为在法律评价上相对独立。尽管数据获取行为是否正当在很大程度上会影响后续使用行为的正当性,但不正当的数据获取手段并非相关行为构成不正当竞争的必要条件。即便通过正当手段获取数据,只要后续使用方式不当,损害了他人利益、竞争秩序,相关行为仍有可能构成不正当竞争。

(一)非法抓取并使用平台用户数据

在我国司法实践中,一般认为非法侵害他人数据权益者不劳而获,

使权利人失去竞争优势，违反商业道德及破坏诚信，损害公平竞争的市场秩序，构成不正当竞争行为，因此，通常依据《反不正当竞争法》第2条关于自愿、平等、公平、诚实信用的原则，保护企业相关数据权益。例如，在新浪微博诉脉脉企业数据保护案❶中，原告微梦公司经营新浪微博，被告淘友技术公司和淘友科技公司共同运营管理脉脉软件。原告认为，脉脉软件和新浪微博均属于社交软件，二者构成竞争关系。二被告通过脉脉软件实施了四项不正当竞争行为：第一，非法抓取并使用新浪微博平台用户数据；第二，非法获取脉脉软件用户的手机联系人手机号码，并通过手机号获得这些联系人与新浪微博用户的对应关系；第三，抄袭新浪微博加 V 的用户认证方式；第四，对原告进行商业诋毁。二被告的不正当竞争行为阻碍了新浪微博的正常经营，误导用户认为原告泄露了用户信息，从而导致用户活跃度下降、用户流失的后果，严重损害了原告的合法权益。据此，原告于 2015 年年初，将二被告诉至北京市海淀区人民法院，主张二被告应立即停止侵权并赔偿原告的损失。二被告认为，其遵守《开发者协议》，原告非法将二被告的微博接口关停；二被告与原告之间不构成竞争关系；新浪微博开放平台授权二被告可以获取新浪微博用户的相关信息，二被告未绕开平台开放接口抓取用户数据，未被授权获取用户联系方式中的邮箱、手机号等联系方式不是从新浪微博获得；原告提出二被告取得的非授权用户信息不是全部从新浪微博获取，二被告从新浪微博平台获取的未授权用户数据是基于与原告的合作关系，且已经取得用户的同意，不存在不正当竞争行为；二被告未抄袭原告的设计及展示方式，也未诋毁原告的商誉。经审理，一审法院认为，原告和被告均使用相关用户的社交信息，在此方面存在竞争利益，构成竞争关系；二被告在与被告合作期间无论采取任何技术手段抓取原告用户的职业信息、教育信息等均构成不正当竞争；二被告未经用户同意也未获得原告的授权，非法获取脉脉软件用户手机通讯录中非脉脉软件用户的手机号码，并通过这些手机号获得这些联系人与新浪微

---

❶ 一审：(2015) 海民（知）初字第 12602 号；二审：(2016) 京 73 民终 588 号。

博用户的对应关系，违反商业道德及破坏诚信，严重扰乱了开放平台运行规则，损害了公平竞争的市场秩序，构成不正当竞争行为。据此，一审法院做出判决，判令二被告立即停止不正当竞争行为并赔偿原告的经济损失。淘友技术公司和淘友科技公司不服一审判决，上诉至北京知识产权法院。二审法院经审理，驳回了淘友技术公司和淘友科技公司的上诉，维持原判。虽然此案中，法院以《反不正当竞争法》第2条"自愿、平等、公平、诚实信用的原则"，从不正当竞争的角度维护了原告的数据权益。但非常遗憾，在此案中原告并未主张以商业秘密的方式来保护其拥有的数据。

（二）擅自获取其他短视频平台视频和评论并向公众提供

原告微播公司诉称，微播公司是抖音 APP 的开发者和运营者，通过投入高额的运营成本、提供优质的原创内容在同类产品中形成竞争优势，对该平台上的短视频及评论享有合法权益。创锐公司作为同业竞争者，大量抓取抖音 APP 的短视频文件及评论内容，并在其开发、运营的刷宝 APP 上展示、传播，涉案短视频数量达5万余条。上述行为削弱了微播公司的竞争优势，违反了《反不正当竞争法》第2条的规定，构成不正当竞争。

被告创锐公司辩称，其未运营刷宝 APP，刷宝 APP 由成都力奥文化传播有限公司运营。创锐公司与微播公司之间不存在竞争关系，且微播公司主张的权益基础存在瑕疵。涉案短视频均由用户上传，刷宝 APP 属于网络服务提供者，且已经尽到合理的注意义务。涉案短视频的时长短，制作成本低，涉案行为未给微播公司带来经济损失，其主张的赔偿数额没有依据。

法院认为，微播公司的抖音 APP 所展示的短视频内容与用户订有协议，短视频内容具有合法的授权依据，并通过经营短视频资源吸引用户观看、评论、分享，带来了相应流量。短视频内容、用户评论等资源均是经营者通过正当合法的商业经营所获得，并由此获得经营收益、市场利益及竞争优势，上述合法权益受反不正当竞争法的保护。创锐公司的刷宝 APP 未通过正常运营短视频 APP 产品来吸引用户、培育市场、建立竞争优势，并获得经营利益，而直接采用技术手段或人工方式获取其他公司的视频资源、评论内容。创锐公司在未投入相应成本的情况下，直接获取上述资源，并以此与其他公司争夺流量和用户，削弱其他公司的竞争优势，此种行为违反诚实信用原则和公认的商业道德，构成不正当竞争。❶

（三）抓取网络平台数据并加工整理形成数据分析报告

微梦公司是"微博"平台的运营者及服务提供者，对微博数据享有受《反不正当竞争法》保护的权益。蚁坊公司在其经营的"鹰击"系统中，未经许可擅自抓取大量微博数据，在鹰击系统中全文展示，并经加工分析形成数据产品并有偿售卖给用户。微梦公司主张，蚁坊公司该行为系非法获取、存储、展示和使用微博数据的不正当竞争行为，其应当承担相应的法律责任。

微梦公司对微博平台数据享有合法权益，平台数据可分为公开数据与非公开数据。非法抓取已设置访问权限的非公开数据，具有明显的不正当性；抓取平台数据后进行存储，可能导致用户个人信息的泄露和被侵害，损害平台对相关数据的权利，构成不正当竞争；因抓取、存储平台数据的行为存在不正当性，故将这部分数据用于展示和分析的后续使用行为，因数据来源不合法而不具有正当性之基础。此外，如不能证明其系通过正常途径抓取平台公开数据，则抓取公开数据的行为亦构成不正当竞争。❷

在众多网络数据不正当竞争纠纷中，数据的抓取依靠的是爬虫技术，一般法院在判决中会对爬虫进行法律评价。爬虫技术作为一种大规模高效获取数据的手段，很多司法案件都涉及爬虫技术正当性的讨论。

---

❶ （2019）京 0108 民初 35902 号民事判决书。
❷ （2019）京 73 民终 3789 号民事判决书。

然而，爬虫技术并不当然具有或不具有正当性，个案中，通常以被告是否突破平台方的技术限制为标准，如果权利方设置的重重障碍最终被侵权人所击破，当然具有不正当性；也有案件考虑是否违背权利人意志，违背意志是较为抽象的，权利人与司法机关的自由裁量权都很大。对于爬虫行为是否和用户访问行为应予区分，个案中法院评价不一。通常情况下认为：网络平台在无合理理由的情形下，不应对通过网络爬虫获取和用户浏览公开数据区别对待。网络平台对他人抓取公开数据应负有容忍义务。这种观点认为网络爬虫等技术手段虽系自动抓取网络数据的算法程序或脚本，但如其遵守通用的技术规则，亦无须访问权限即可访问上述网络平台公开数据。因此，无论是通过用户浏览或网络爬虫获取该部分数据，其行为本质均相同，相关企业在无合理理由的情形下，不应对通过用户浏览和网络爬虫等自动化程序获取数据的行为进行区别性对待。然而，与此相反，有多个判决认为，爬虫技术会给数据平台服务器正常运行产生额外的网络负担，加大运营成本，从而成为认定爬取行为不正当的因素之一。还有法院在此基础上进一步认定：被告突破原告平台针对爬虫采取的异常账号封禁和 IP 访问限制策略，破坏了原告平台的访问登录服务运行，导致原告只能投入更多的成本与其对抗，或使用更加严格的限制措施，施加技术壁垒，这会存在误伤正常用户的可能，还会对原告平台产生不真实的用户行为数据，对原告平台的真实用户行为数据形成干扰，从而认定爬取行为具有不正当性。由此可见，法院对爬虫技术是否具有正当性的认定不一，在一定程度上会损害司法裁判的权威性，而且个案中对爬虫性质的认定会因涉案产品服务特性的差异而有所不同且高度依赖原告的举证能力。

另外，在司法实务案件中与爬虫技术相对应的是对违反 Robots 协议的法律评价，几乎每个涉及爬虫方式获取数据的案件都会讨论 Robots 协议。Robots 协议的法律评价最初出现在 360 公司和百度公司的一系列不正当竞争案件中。法院对 Robots 协议的起源、适用范围、Robots 协议设置的合理性进行了评价，其中体现出一种微妙的平衡，即《互联网搜索引擎服务自律公约》以及 Robots 协议作为信息网络行业的特定行业惯例或行业公约，可能被法院认定为商业道德。然而，Robots 协议限制搜索引擎爬虫的抓取亦应有正当理由，否则可能构成歧视并具有不正当性。此后，在多个案件中，均认定 Robots 协议既是互联网行业公认商业道德的具体体现，也是互联网行业在生产经营活动中遵守诚信原则的具体表现。然而，北京高院在针对今日头条和新浪微博设置 Robots 协议唯一黑名单限制字节跳动公司抓取相关网页内容，是否存在歧视性一案❶中，认为：《互联网搜索引擎服务自律公约》仅可作为搜索引擎服务行业的商业道德，而不能成为互联网行业通行的商业道德。Robots 协议客观上可能造成对某个或某些经营者的"歧视"，但在不损害消费者利益、公共利益和竞争秩序的情况下，应当允许网站经营者通过 Robots 协议对其他网络机器人的抓取进行限制，这是网站经营者经营自主权的一种体现。该案被诉行为应被认定为微梦创科公司（微博）正当行使企业自主经营权的行为，但这并不意味着对于互联网企业所设置的任何 Robots 协议均能够基于企业自主经营权而当然地认定其具有正当性。随着大量爬虫应用在非搜索引擎场景，Robots 协议的效力和对行为正当性的评价问题仍未达成共识。

## 六、以国家安全方式保护我国人类遗传资源、生物识别等敏感数据

我国人类遗传资源数据涉及公共健康、国家安全，根据 2019 年生效的《中华人民共和国人类遗传资源管理条例》的规定，人类遗传资源包括人类遗传资源材料和人类遗传资源信息。人类遗传资源材料是指含有人体基因组、基因等遗传物质的器官、组织、细胞等遗传材料，人类遗传资源信息是指利用人类遗传资源材料产生的数据等信息资料。向境外提供我国人类遗传资源数据进行合作研究时，应由国务院科学技术行政部门批准，未经批准，直接将遗传资源数据转移出境将会受到相应的

---

❶ （2021）京 73 民终 281 号民事判决书。

处罚，情节严重的还要承担刑事责任。将人类遗传资源信息向境外提供或者开放使用，不得危害公众健康、国家安全和社会公共利益，可能影响我国公众健康、国家安全和社会公共利益的，应当通过国务院科学技术行政部门组织的安全审查。例如，在数据出境第一案中，中华人民共和国科学技术部于2015年9月7日作出国科罚〔2015〕1号行政处罚决定书，认定某大学的附属医院与深圳某基因公司未经许可与英国某大学开展中国人类遗传资源国际合作研究，该医院未经相关部门审批直接将部分中国人类遗传资源信息从网上传递出境。上述行为违反了《人类遗传资源管理暂行办法》（现修改为《中华人民共和国人类遗传资源管理条例》）第4条、第11条、第16条规定，因此，对医院作出处罚如下：立即停止执行该项研究工作；销毁与该项研究工作相关的所有未出境的遗传资源材料及其数据；停止该医院所有与我国人类遗传资源研究相关的国际合作项目，在整改合格并通过验收后，才能开展相关国际合作项目。中华人民共和国科学技术部于2015年9月7日作出国科罚〔2015〕2号行政处罚决定书，认定深圳某基因公司与某医院未经相关部门审批许可，就直接与英国某大学开展研究中国人类遗传资源的国际合作项目，深圳某基因限公司未经相关部门审批通过互联网将部分人类遗传资源信息传递出境。深圳某基因公司的数据跨境传输行为违反了《人类遗传资源管理暂行办法》第4条、第11条和第16条的规定，因此，对深圳某基因公司作出处罚如下：立即停止执行与该研究相关的所有工作；并销毁与该项研究工作相关的所有未出境的遗传资源材料及其数据；停止深圳某基因公司所有与我国人类遗传资源研究相关的国际合作项目，在整改合格并通过验收后，才能开展相关国际合作项目。该案涉及人类遗传资源数据出境问题，我国人类遗传资源数据安全属于国家安全，遗传资源数据出境必须经国务院科学技术行政部门批准。可见，人类遗传资源数据属于国家安全的范畴，应以"国家安全"的方式来保护。

近年来，生物识别成为全球数据保护立法及司法规制重点领域。2020年，针对生物识别服务的应用，美国国会和多个州出台相关法律，包括美国国会出台的2020年《国家生物识别信息隐私法案》、加利福尼亚州的《人脸识别法》和华盛顿州的《美国华盛顿州人脸识别服务法案》。近几年，人工智能的快速发展使生物识别技术的使用愈加便捷，个人身份认证和社会活动启动必须将这些生物识别技术作为通行证，人脸、指纹、虹膜、指静脉、掌纹和声纹等生物识别特征信息被传感器收集，实现指令控制、金融交易、安防管理等多种场景应用的便捷和高效，但相关技术的应用也引发一系列争议并带来一定风险。例如，美国一家名为"明视"的科技公司通过社交网站、视频网站等多种渠道收集了约30亿张个人照片，在未提前告知个人的情况下，私自利用公民的生物识别信息识别个体身份并建立自己的数据库，还与美国部分执法机构合作，出售人脸识别应用服务。针对这些严重违法侵权行为，消费者已向伊利诺伊州法院提起诉讼。

在我国，人脸识别等生物识别技术的应用有利于提高相关部门的工作效率，降低工作成本，生物特征数据作为个人独一无二且基本不会改变的身份标识，可以唯一地标识和定义到个人，根据我国《个人信息保护法》的规定，属于敏感个人信息，在应用过程中如不进行政府监管则会呈现滥用趋势，引发复杂的个人数据信息安全问题。我国目前生物特征数据从信息收集、认证、存储和使用方面存在一定的风险和问题，亟待解决和完善。首先，涉及生物特征数据行业的准入门槛较低，缺乏有力的监管。越来越多的生物特征数据正在被不同平台和应用程序以较低的门槛广泛收集，设备终端或者手机应用程序可以十分容易地获取个人的指纹、人脸或声音等个人数据信息，而研发、生产和制造设备终端或手机应用程序的企业、个人或其他组织并非都有收集个人生物特征数据的资质。此外，这类企业的生命周期并不长，企业破产、转让或注销后其此前收集的生物特征数据可能面临泄露或违法交易。相关监管部门应当对从事生物特征数据采集的企业进行严格审核和授权经营，通过设定较高的安全标准和技术准入门槛，提高我国生物特征数据的安全性。其次，生物识别终端的技术和安全性应予以提高和完善，同时，鉴于生物特征数据的使用场景和其重要程度，应注意提升生物特征数据的存储技术，防止被黑客攻击而遭到泄露。由于深度学习技术存在固有的缺陷，安全研究人员攻破人脸识别技术的新闻可以说是屡见报端。比如，在拉斯维加斯举办的 2019 全球黑帽（Black Hat）安全大会上，腾讯公司的研究人员发现苹果公司官方脸部认证方式（Face ID）活体检测扫描戴眼镜用户的方式不同（当 Face ID 识别到用户戴着眼镜时，就会自动跳过对眼部区域 3D 信息的提取），并利用该漏洞，攻破苹果 Face ID，解锁用户手机。再如，国内某快递柜被爆出存在系统漏洞，采用打印照片，也可以通过人脸识别验证，取得快递柜中的包裹。另外，三星手机指纹识别也被爆出安全漏洞。当三星用户在安装指纹识别系统后，手机就出现了错乱。没有在手机中录入的指纹也可以对其进行解锁、登录银行软件等操作。众所周知，生物特征数据与其他普通个人信息数据相比，因其使用的场景往往为身份识别、验证、财产安全等，其重要性不言而喻，因此对该类数据的存储技术和安全要求更高。黑客窃取网络数据的案例层出不穷，生物特征数据被采集和存储后，也面临黑客攻击和数据泄露的问题。目前，相关企业存储生物特征数据的安全意识和能力可能存在较大差异，使生物特征数据面临泄露风险。最后，是生物特征数据使用权限需要明确界定，完善数据销毁机制。企业获取个人生物特征数据时，应明确数据用途。明确进行身份认证的数据，不能被用来进行其他如个人跟踪、深度学习算法训练等。另外，生物特征数据作为个人不可更改的身份信息，完善数据销毁机制，可以保护个人更长久和安全地使用自己的个性化身份数据。

在未来一段时间，关于人脸识别技术在不同场景中应用的立法及司法机制也需逐步建立并完善，以最大限度避免敏感个人数据的泄露与滥用。

## 第四节　国际数据信息保护现状

大数据时代，全球海量数据应运而生，随之衍生出大量与数据收集、储存、处理、分析、应用、传播有关的商业模式和经济手段,这些商业模式和经济手段在为全球社会创造财富价值、提供便利的同时,不可避免地产生不少国内或者跨境数据纠纷,甚至在各国引起部分不容忽视的社会问题,给法律监管带来巨大挑战。国际上数据保护方面,随着国际上网络数据应用的广泛深入和数据容量的不断膨胀,数据全球化在创造巨大经济财富和价值的同时,也引发了一系列的国家数据安全问题。数据安全成为全球治理的重要议题,构建国际数据安全规则也随之成为世界主要国家的关注重点。

## 一、个人隐私与数据保护

在个人隐私数据保护方面,除欧盟《通用数据保护条例》外,西方国家对侵犯个人隐私数据的企业也采取严厉的惩罚措施。就案例来说,比如谷歌在英国赢得了一场关于苹果手机收集用户信息的上诉案。英国消费者组织"谷歌你欠我们的"("Google You Owe Us")代表苹果手机用户,向英国高等法院提起诉讼,指控谷歌在 2011 年 8 月至 2012 年 2 月,绕过 iPhone 版 Safari 浏览器的隐私设置,收集用户信息,并对它们进行分类,然后提供给广告主。谷歌虽然在英国赢得数据隐私上诉案,但其被指秘密收集 440 万苹果手机用户信息,这一判决很具有迷惑性,向来对个人数据安全采取严厉惩罚措施的西方国家在个人隐私泄露如此严重的谷歌公司面前还是弯了腰。无独有偶,2021 年 7 月,卢森堡国家数据保护委员会裁定亚马逊公司对用户数据保护不力,违反欧盟《通用数据保护条例》,由此对亚马逊公司处以 7.46 亿欧元的罚款,这是迄今欧盟对违反《通用数据保护条例》的企业开出的最重罚单。因违反欧盟数据保护条例被重罚 7.46 亿欧元后,美国电商巨头亚马逊公司 2021 年 7 月 15 日正式向卢森堡行政法庭提起上诉。脸书(Facebook)因为不当使用用户数据,也曾在意大利被罚 700 万欧元,发生在西方的类似案件还有很多,在一定程度上制止了企业资本不顾用户隐私权益而吸金的行为。

在个人数据保护方面，我国企业在国际上被其他国家或组织采取惩罚措施的例子也有许多，比如 TikTok 在欧洲被指控，曾在多国因未成年人隐私数据等被起诉或处罚，因被投诉违反欧盟消费者法，且未能保护儿童免受变相广告和不当内容的影响，欧盟要求 TikTok 在一个月内，就欧盟消费者团体的多项投诉做出回应。对此，TikTok 在一份声明中表示，已经采取了一系列措施来保护年轻用户，包括将所有 16 岁以下用户的账户默认为私人账户，并禁用私讯功能。此外，TikTok 还表示，将与爱尔兰消费者保护委员会和瑞典消费者组织推出整改措施。TikTok 也曾因违反个人数据规定被韩国处以罚款。现今，跨国企业总部不再有一个可以集中保护的数据库，其大部分数据都保存在云上，这意味着其拥有全球分布的数据基础设施。因此，跨国企业必须详细掌握不同国家或者组织司法管辖区的数据主权问题，跨国企业也必须与其客户更紧密地合作，以管理数据主权并遵守各国不同的数据保护规则。

为避免跨国公司对本国数据安全造成威胁，国际上较多国家呼吁建立数据主权制度，数据主权将给跨国企业数据管理带来更大的复杂性。随着跨国企业在国际范围内发展并互相联系，因此围绕各国数据隐私的规则变得更加复杂。例如，一家德国公司可能会使用亚马逊或谷歌等美国公司来存储和传输数据。这家德国公司的数据在法律上归属何处，受什么规则的约束。这些问题的答案是复杂而不明确的，这可能需要国家签订双边协议或者加入同一个数据保护国际组织，全球的互联网、法律和人力资源专家正在热烈地讨论"如何解释不断发展的数据处理"这一现实问题。空间调查公司（Dimensional Research）进行的一项全球调查显示，86% 的互联网决策者表示他们的组织已经受到不断变化的数据隐私合规要求的影响。所以跨国企业的数据合规问题变得异常艰难，在数据合规中谋求发展在数据为王的时代对一个企业来说至关重要。关于数据主权应对，国际上很多国家采取了大量应对措施，比如在本国收集数据的跨国企业只能将数据存储在国内，否则跨国企业将面临巨额罚款。之前俄罗斯曾对谷歌提起行政诉讼，因其未按要求存储用户数据；俄罗斯主管部门要求脸书和推特实现本国用户数据本地化，否则将面临相关部门的严重罚款。当今社会数据化在不断推进，随着网络工作方式的发展，国际网络黑客的攻击面也在持续扩大。攻击面范围大到包括攻击者进入企业的信息设备和网络并锁定或泄露企业数据的所有可能方式。当下越来越多的个人在多个设备上远程工作，为网络犯罪分子实施网络攻击制造了更多切入点，导致攻击面进一步扩大。由于攻击面不是由单一问题造成的，往往是由多个碎片化的问题组合形成的威胁，这也导致攻击面不断发生变化，对国际网络空间的控制也变得越来越复杂。

## 二、国际上对商业秘密的保护

面对国际上数据全球化，一些跨国企业不得不考虑自身保密数据的安全问题，因为这些保密数据可能会涉及商业秘密。在数据涉商业秘密国际保护方面，商业秘密的国际保护是主权国家遵照国际知识产权条约对其设定的国际义务，通过国内商业秘密法律制度实现的。[1] 目前对商业秘密的法律保护还不完善，国际社会上采取的法律形式也不尽相同，还有许多国家没有专门对商业秘密进行法律保护。但是随着技术信息、经营信息在国际贸易间重要性的不断提升，商业秘密专有权作为一项知识产权应受到法律保护已成为国际共识。任何国家和地区只要加入了世界贸易组织，在知识产权的协调方面就应该遵守 TRIPS 协议相关条款的规定，因而 TRIPS 协议第 39 条实际上完成了商业秘密保护国际化的任务。TRIPS 协议将商业秘密保护纳入知识产权保护协议，确立了商业秘密的知识产权属性。权利人采取了合理保密措施以保持其秘密性且具有商业价值的非公知信息，都可以作为商业秘密进行保护，统一了商业秘密的国际保护标准。在我国司法实践中，很多企业将收集的数据作为自身的商业秘密进行保护，一些司法案例确实也将符合商业秘密保护要件的企业数据适用商业秘密的相关规定。国际上将数据作为企业的商业秘密进行保护也有一定的进展。在商业秘密保护制度初期，各国对商业秘

---

[1] 苏梅花. 论商业秘密的国际保护 [J]. 经济研究导刊, 2011 (19).

\* 数据四重性及其合规系统

密进行保护的法律手段较为单一，进入 20 世纪之后，各国开始注意综合运用民事、行政和刑事等法律手段加强对商业秘密的保护。1909 年制定的《德国反不正当竞争法》，开始给予商业秘密的受侵害人以私法救济，并可依法对商业秘密侵权人科以行政责任。美国法律也使得商业秘密侵权人可能依法承担民事、行政或刑事责任，其 1996 年《反经济间谍法》就是一部经济刑法，侵犯商业秘密首当其冲。我国《反不正当竞争法》是民事、行政手段综合运用的典范，加之刑法规定的侵犯商业秘密罪的刑事处罚，形成较为完备的保护商业秘密的法律手段体系，经实践检验，这种综合手段是行之有效的。

以 TRIPS 协议为核心的国际条约是国际上对商业秘密最广泛的保护。目前国际上已经签订了许多关于商业秘密保护方面的条约，包括双边、多边协议，如日美知识产权谅解备忘录、世界知识产权组织反不正当竞争示范法。在立法习惯上，属于大陆法系国家的德国和日本一直是主要通过反不正当竞争法立法方式对商业秘密进行保护，同时德国也在刑法典中对侵犯商业秘密的刑事责任给予规定；以美国为代表的通过专门的商业秘密保护法和判例法来保护未披露过的信息，美国对商业秘密保护有两种方式：判例法和成文法。❶ 综观商业秘密的国际保护现状，虽然各国都已经意识到商业秘密保护的重要性，并且都尽量在 TRIPS 协议下开展国内的相关立法活动，随着世界经济的发展，技术贸易和技术秘密流动的增多，生产力水平发展的不平衡导致的国家间的利益冲突也会加剧。因此应该注重对不同国家之间利益的协调，TRIPS 协议未采取如专利权那样对商业秘密规定严格的标准，也为各国进行适宜自己本国发展水平的商业秘密保护立法创造了条件。在数据时代，数据商业秘密的国际保护也面临新的新挑战。

一方面，数据非法盗取技术手段致使企业商业秘密泄露，在国际贸易中，随着电子技术在交易中得到广泛运用，很多交易通过电子商务交易的形式得以实现。在这种情况下，一些与电子相关的交易凭证随之出

---

❶ 于金葵. 知识产权制度的本质 [M]. 北京：知识产权出版社，2011：46 – 47.

现，这些与企业商业秘密相关的电子文件由于网络不稳定性因素的影响，往往会面临更大的风险。在传递过程中黑客可利用电子技术进行公司资料以及单据的拦截窃取，利用这些单据提货或者提款，进行诈骗，或者将公司资料使用于商业竞争中或转让给竞争对手，都能够给企业带来巨大的经济损失，给企业的信誉带来负面影响。[1]

另一方面，国际商贸非法交易行为致使企业商业秘密泄露，国际贸易中商业交易产品诸多，各行业之间的竞争激烈，随着贸易交易技术不断提高，为了能在国际上占有领先的竞争位置，企业之间的间谍活动频繁出现。通过非法获取商业秘密来获取商业地位，导致商业行贿交易不断出现，主要表现为国外贸易主体对国内贸易人员实施商业贿赂。在进行国际贸易商业交易时，相关的工作人员会直接与贸易提供商、客户进行交谈，获取相关的商业信息，逐渐积累公司各方面的资料信息与客户信息。[2] 一旦这些工作人员离开公司，极有可能为新的企业提供自身掌握的原公司的各种资料，提高新的企业的竞争力，或者直接与原企业进行相同行业竞争，给原企业带来巨大的经济损失。

## 三、对我国的启示

综上我国数据保护理论研究、立法保护、司法保护现状，反思我国当下数据保护制度，为兼顾公共利益、国家安全、个人数据安全以及企业数据流通，确保制度的"适应性""适度性"和"凝聚力"，当前数据保护制度建设有以下着力点。

国际上已经出台 GDPR 配套制度，以满足不同场景的数据保护需求，完善现行法律框架，推动数据保护制度措施的落地，面对企业数据处理和传输过程中不断涌现的应用新场景，现有的法律及配套制度虽能暂时提供一定指导但时效性不强，因此需要针对不同数据应用场景的实

---

[1] 黄自飞. 关于反不正当竞争法在对商业秘密保护的应用［J］. 经营管理者，2011 (16)．

[2] 何赟. 论国际技术转让中对商业秘密的保护［J］. 宁波教育学院学报，2006 (1)．

际情况出台相应法律法规。虽然我国出台并修订了相关法律法规以完善现行个人数据信息保护框架,但法律法规从出台到落地往往需要适应一段时间,例如在突发公共卫生事件期间的个人信息处理上,更多地受到此前已落地的法律法规和临时性通知政策的影响与规制。因此,我国未来一段时间应加快推进相关法律法规的实施和执行,以促进《个人信息保护法》等法律规章制度的修订与执行。

我国应重点关注生物识别信息的保护以及移动网络应用的治理。随着生物识别技术在多场景中的应用落地,我国需要完善相关法律法规,以保障公民的个人数据信息安全,避免相关隐私数据的滥用。从域外经验来看,美国国会及各州密集出台数据保护方面的法规,体现了对生物识别领域数据保护的重视。我国新出台的《个人信息保护法》第27条规定,采集人脸识别信息只可用于维护公共安全。另外,我国应进一步加强移动网络应用的规范与治理,规范应用运营者收集数据并滥用的行为,保护消费者个人隐私权益,在数据强监管的时代,做好数据合规就等于已获取了一半收益。例如,由于我国"人脸识别第一案"的影响,工信部发布的《APP收集使用个人信息最小必要评估规范:人脸信息》规范网络应用收集人脸信息等行为,明确要求相关主体在处理数据的过程中必须遵守"最小必要"等原则。

为及时高效地应对突发公共卫生事件,我国应当做到现行法律、临时政策及紧急措施协同实施数据信息治理。针对新冠肺炎疫情期间的各种特殊情况,相关部门积极出台相关指南和通知,以体现我国现行法律框架的灵活性。数据保护制度的不完善和保护措施不到位,极易导致数据的泄露和隐私过度侵害。同时,过度强调数据的保护有时也会降低相关部门的工作效率。一方面,现行法律框架中的相关规定为疫情中个人信息保护提供了基本依据。例如欧盟的GDPR、《中华人民共和国传染病防治法》以及《美国残疾人法》《美国康复法案》等,在具体实践过程中依然执行个人数据保护的相关规定,在法律上构建起保护数据的基本框架。但是在具体实行过程中存在许多问题,比如数据泄露问题层出不穷,因此,公众要拿起拿法的武器维护自身隐私信息权益。另一方面,我国还在已有法律框架的基础上出台一些临时通知和数据保障措施，在利用个人信息的同时对其加强保护，深入具体场景规定个人数据处理的原则，以及数据存储和共享处理的安全举措，为突发公共卫生事件期间个人数据信息安全筑起堡垒。此外，寻求突发公共卫生事件中个人数据的利用与保护之平衡，以实现个人利益保护与公共利益最大化，是数据保护立法时的重要考量，这也会极大地考验我国数据治理的能力与智慧。

## 第二章　数据以网络空间为基石

人类的发展史就是一部数据传递史。在古代，人们传递数据信息的方式体现了古人的智慧。世界上最早的灯塔始建于公元前 7 世纪，位于当时的达尼尔海峡的巴巴角上，它像一座巨大的钟楼矗立在海面上。那个时候当地的人们在灯塔里燃烧木柴，利用冲上天际的火光指引船舶航向。灯塔起源于古埃及的信号烽火，无论是灯塔还是烽火都是传递信息的一种方式，古埃及人将烽火用于引领航向，在差不多同时期的我国，却将之用于军事战争。传说在春秋时期，鲁国巧匠鲁班曾模仿鸟的造型"削竹木以为鹊，成而飞之，三日不下"，鲁班这种以竹木为材料制成的能在天上飞的"木鹊"，是现代风筝的前身。到了东汉，蔡伦改进了造纸术，古人又用竹篾做架，再用纸糊之，便成了当时所谓的"纸鸢"。到了唐代以后，风筝才逐渐成为一种供人们娱乐的玩具，并在民间流传开来。五代时勤劳的人们在做纸鸢时，在上面拴了一个竹哨，风吹竹哨，声如筝鸣，"风筝"这个词便由此而来。最初的风筝是为了军事上的需要而制作的，它的主要用途是用作军事侦察，或是用来传递信息和军事情报。因此，在技术受限的古代，数据信息是以最基本的物理工具来传递的，这些传递数据信息的方式虽然是古人智慧的象征，但是传递效率远远赶不上现实发展需要，直到 20 世纪互联网的诞生，数据信息的传递效率才大大提高。

在互联网出现之前，人类活动产生的各类信息存于纸等各种有形载体中，这些传递方式不仅传播速度慢，而且信息传播量非常少。网络空间诞生以后，一方面数据传播速度大大提升，另一方面数据传递速率提升而导致数据量呈指数式增长。由于数据承载方式的不同，古代和现代的信息数据在定义等方面表现出很大区别，现代的数据主要是指基于网络空间而存在的，能通过常规软件进行搜索、管理和处理的大量各类信息的集合。互联网技术突飞猛进发展到今天，网络空间已然成为数据的载体，而信息数据又可以称为网络空间的内容。随着数据量的爆炸式增长，网络空间与数据之间的关系也变得越来越密切，可以说数据脱离了网络空间就会失去其真正的价值。因此，现代的信息数据依赖于网络空间而存在，数据以网络空间为基石。前文所述的我国数据保护的理论现状、数据保护的立法现状和数据保护的司法现状均未考虑将网络空间作为数据的基石，未将网络空间作为数据保护的出发点。我国如果不重视对网络空间的治理，信息数据保护就无从谈起。

从国际层面来看，经济全球化使得各个国家紧密联系在一起，虽然国家疆域、经济贸易往来有国界，但是互联网上的国界很难分得清楚。随着互联网技术的发展，网络空间鱼龙混杂，处处暗藏危机，当下的网络空间逐渐成为国家间竞争的"武器"，同样也逐渐成为国家疆域的延伸。从国际法上说，哪个国家的网络技术先进，谁的网络技术赢得了全球的认可，谁就可以制定相应的网络空间国际规则，谁也就掌握了国际网络空间活动的话语权。因此，网络空间成为国际法上的新疆域。而作为网络空间内容的数据自然成为各国为了争取网络空间主权而重点关注的核心内容。另外，从国家主权的角度看，由于数据为网络空间主权的核心内容，数据必然涉及国家安全。

## 第一节 网络空间概述

中国互联网信息中心（CNNIC）发布的第 49 次《中国互联网络发

展状况统计报告》❶ 显示，截至2021年12月，我国网民规模达10.32亿，互联网普及率达73.0%。其中，网络支付用户规模达9.04亿，较2020年12月增长4929万，占网民整体人数的87.6%。越来越多的普通大众走进网络空间，它代表着我国社会的整体进步，这也是我们人民群众美好生活的一部分。群体过大往往伴随新的问题，10亿网民可以提供一个庞大的数据库，数据库给很多方面的社会治理提供了基础和条件，比如新冠肺炎疫情期间的健康码，但同时也给社会治理提出了新的困难和挑战。

随着经济的发展和科技的进步，信息数据将与资源、资本、劳动力等要素一样，成为国家重要的战略资源，与此同时，随着5G时代的到来，网络空间的发展必将更加迅猛，不断变化的网络空间使得信息数据正以新的表现形式呈现在人们面前。在网络空间持续发展的大背景下，网络数据具有无形性增强、专有性削弱、时间性缩短、地域性淡化等新特征，这也使得数据治理面临巨大挑战。完善数据治理制度，促进网络空间治理，有效促进国家治理现代化，信息数据已经成为各国备受关注的战略性资源，同时，数据治理也是国家治理的重要组成部分。网络空间并不是孤立的治理单元，网络空间在实际应用中还关联工业、农业、制造业、电子商务、教育文化等多个行业，在整个国家治理体系中具有重要战略价值。在当代，通过优化数据治理政策，完善网络空间保护制度，已经成为我国推进国家治理现代化的关键一招。

## 一、网络空间的概念与特征

网络空间是由互联网设备和网络按既定的规则和程序组成的、可供人们工作、沟通交流、可存储数据的虚拟空间。❷ 在网络空间出现之前，人类信息交流较少，相关信息记载于骨、竹简、纸张等有形载体中，由

---

❶ 中国互联网信息中心报告：我国网络支付用户达9.04亿［EB/OL］.［2022-03-25］. https://www.163.com/dy/article/H34RF3F30519QIKK.html.

❷ 谢永江. 网络空间的法律属性［J］. 汕头大学学报（人文社会科学版），2016（4）.

第二章　数据以网络空间为基石　∗

于信息量较少，也不存在保护个人信息的必要，更不存在企业数据、数据公共利益和数据国家安全。如今，个人信息、企业数据、涉及公共利益的数据、涉及国家安全的数据等均基于网络空间而存在，离开网络空间，个人信息、企业数据、涉及公共利益的数据、涉及国家安全的数据就无从谈起，也没有存在的必要，因此，可以说网络空间是数据存在的基石和前提条件。

在一定程度上，网络空间改变了我们的社会结构。关于网络空间的定义及重要程度，学者们有不同的观点。冯晓青教授认为：网络空间创造了人类活动的新领域；同时，其中的参与者具有生产者、消费者和当事人等多种身份。❶ 方滨兴教授认为：网络空间是"构建在信息通信技术基础设施之上的人造空间，用以支撑人们在该空间中开展各类与信息通信技术相关的活动。其中，信息通信技术基础设施包括互联网、各种通信系统与电信网、各种传播系统与广电网、各种计算机系统、各类关键工业设施中的嵌入式处理器和控制器。信息通信技术活动包括人们对信息的创造、保存、改变、传输、使用、展示等操作过程，及其所带来的对政治、经济、文化、社会、军事等方面的影响"。其中，"载体"和"信息"在技术层面反映出"网络"（cyber）的属性，而"用户"和"操作"是在社会层面反映出"空间"（space）的属性，从而形成网络空间。❷ 孔令全教授认为：网络空间中的数字经济是信息技术发展中出现的一种新的经济形态，扩展了新的经济发展空间，并逐渐融入每一个产业中，是驱动社会转型升级、振兴实体经济、服务民生事业的重要力量。❸

网络空间的特征是了解、治理这一空间的关键所在，网络空间同时拥有技术方面的特征和社会层面的特征，具体来说包括以下几个方面。

第一，网络空间具有开放性、包容性。其实互联网从本质上说就是一种无形的信息传播工具，从古代烽火传军情、飞鸽传书等有形的信息

---

❶ 冯晓青. 网络环境下的著作权保护、限制及其利益平衡 [J]. 社会科学, 2016 (11).
❷ 方滨兴. 定义网络空间安全 [J]. 网络与信息安全学报, 2018, 4 (1).
❸ 孔令全. 数字时代的数字劳动和数字治理 [J]. 厦门特区党校学报, 2017 (4).

※ 数据四重性及其合规系统

传播工具发展到现代利用电信号如电话、网络等无形的信息网络传播工具。网络空间穿越了时空限制，使得人类生活更加方便快捷，因此，网络空间使世界联结为一个整体。随着互联网时代的到来，网络的开放性为人们的生活带来了极大的便利，开放性是计算机网络的突出特征之一。计算机网络的开放性为计算机系统提供了一个多对多的开放性空间，实现了信息的交互设计以及网络中多点之间的联系，计算机网络实现了信息的共享。新时期强调信息和资源共享，在信息更新速率极快的时代背景下，更加需要有高速的网络传播途径为信息的发布提供支持，因此这就要求网络需要具有开放性、包容性，搭建起各个计算机终端之间的信息和资源交换，从而提高资源利用效率，起到交互沟通的作用。信息化高速发展的时代，计算机网络直接影响着人们的工作和生活。由于计算机网络的开放性，也使得计算机网络暴露于黑客等恶意分子的视野之下，使得许多潜在的网络安全威胁暴露了出来。

第二，网络空间实现了虚拟性和现实性的统一。全球首个"虚拟数字网络元宇宙平台"（VDN Metaverse）预告推出，该平台的发布也宣告了元宇宙虚拟空间与现实空间互通时代正式开启。"虚拟数字网络元宇宙平台"倡导用户以最熟悉、最喜欢的方式成为元宇宙的参与者，通过平台上众多的游戏、社交、生活相关软件，让用户感受元宇宙魅力。"虚拟数字网络元宇宙平台"创新性为用户提供奖励机制，以使用户在元宇宙中实现创造价值。科学在进步，技术也在发展，未来有可能在元宇宙平台上社交、游戏、购物，从而脱离现实世界而生活沉迷于虚拟世界，这样网络空间和现实世界在某种程度上具有了合一性，从另一方面来说，像元宇宙这样的网络虚拟空间本质上是现实社会的真实反映。

第三，网络空间有较大自主性。用户与企业自由度高，在某种意义上降低了国家力量的管制。网络空间不是法外之地，用户对于自己的账户数据与隐私缺乏自主选择的权利，对某项产品的授权使用"进入容易退出难"虽然频频见诸新闻媒体，但很少真正有互联网企业能愿意将这个用户退出自主权让渡给用户。从企业的角度出发，不给或尽可能给用户的选择权和知情权增加一定的障碍，可以有效防止用户数据流失。在流量数据为王的今天,用户流量数据是一个互联网企业的命脉,也正是如此,我们在现实生活中遇到了智能电视无法一键关闭广告,需要先观看广告;电脑助手无法一键关闭弹窗;社交软件更无法关闭广告推送,这些其实都是企业不愿意让渡用户选择自主权的真实案例。企业和用户在网络空间均具有较大的自主性,用户作为弱势一方,其在互联网平台上产生的数据和信息任由企业"摆布",而国家法律又具有滞后性,以至于监管部门不能及时处理相关侵权案件,在一定程度上削弱了国家对网络空间的管制。

第四,网络空间具有"去中心化"特征。互联网具有扁平化趋势,因而内生平等性,网络空间这种去中心化的工具模式没有统一的全球网络管理平台,互联网用户不受统一的网络监管规制。每个人在网络空间都有平等发表自我言论的权利,这就容易滋生出一些涉嫌网络暴力的言论,某些不法分子针对具体的人的激烈言论容易造成受害人"社会性死亡",受害者因网络暴力被宣告"社会性死亡",甚至受害者承受不住巨大的舆论压力而导致一些极端事件发生,这令人痛心。网络空间里,"社会性死亡"对当事人或许是致命打击,"按键"伤人尚需系统法律规制。目前,网络空间中存在形式多样的网络暴力,严重侵犯了网民的名誉权、肖像权等人格权,严重影响着社会秩序和安全,尤其是影响着青少年一代的健康成长。和"网暴"有着密切联系的另一乱象,是网络谣言滋生、信息市场混乱。由于信息发布和传播的分散性、随意性和盲目性,经常会在有意无意中形成谣言。而谣言的危害早已有目共睹,轻则对当事人造成损伤,引发"网暴";重则还可以误导民众、重创企业、干扰市场。

第五,网络空间数据生产具有无限性。这是基于数据的无限复制功能,同时,网络空间主体具有走向碎片化格局的特征。阿里巴巴的淘宝购物网站被一家中国软件开发商的网络爬虫抓取了8个月,在此过程中收集了11亿份消费者数据。《华尔街日报》在一份法院判决中披露了这种数据收集行为。判决称,开发商将数据交给了他的雇主,一家为淘宝卖家管理促销活动的公司。数据收集始于2019年,收集的信息包括用户网络地址、电话号码和消费者评论。网络空间数据被无限复制，互联网企业利用这些被复制的数据进行多次交易，给企业自身带来巨大收益，所以基本上所有的互联网应用服务都是免费使用以换取用户流量的交易模式，用户在无意中付出了代价，不知不觉中交出了自己的数据信息，这也是网络空间复杂的地方。数据收集者将这些碎片化的用户数据重新整合分析，堂而皇之地进行数据交易，由于数据的可复制性和无限传播性，目前我们无法监控数据的交易，这也是互联网时代我们短期无法解决的关键问题。

第六，网络空间具有公共性。人人拥有对网络信息的自由发布、访问、选择和消费的权利。就我国网络视频行业来说，网络视频给人们的生活娱乐带来了巨大便利，消费者可以根据自身需求选择会员服务或者超前点播服务。中国互联网协会发布的《中国互联网发展报告（2021）》显示，2020年，我国网络视频市场规模达到2412亿元，同比增长44%，数字音乐产业市场规模达732亿元，同比增长10%。网络视频活跃用户规模达到10.01亿、网络音频娱乐市场活跃用户规模达到8.17亿，同比分别增长2.14%、7.22%。庞大而复杂的网民群体，公共的网络空间使得人人享有对网络数据的自由访问、选择和消费的权利，在方方面面形成了不可忽视的巨大市场，言论市场是其中重要的一极。网络空间大众化、平民化的趋势不可阻挡，现阶段政府能做的只有为用户个人信息、企业数据护航。

第七，网络空间是以人为中心的"权利和义务相统一"的空间体系，而非一个无主的以技术为中心的空间体系，在当下网络空间应当指向整体性的公共秩序的建立和维护。[1] 网络空间的发展是一把"双刃剑"，网络开发者应当坚持"科技向善"，以人为中心避免人类切身利益遭受损害，这也是网络时代人类必须要守住的道德底线。此前于2019年首批被查处的大数据科技公司中，杭州魔蝎科技公司非法收集2000万条数据，相关案件迎来了一审判决结果。根据最高人民法院、最高人

---

[1] 李传军.网络空间全球治理法治化问题探究[J].广东行政学院学报，2019（5）.

民检察院《关于办理侵犯公民个人信息刑事案件适用法律若干问题的解释》，非法获取、出售或者提供行踪轨迹信息、通信内容、征信信息、财产信息 50 条以上即可入罪。法院最终认定魔蝎科技公司犯侵犯公民个人信息罪，判处罚金 3000 万元；公司法人周某某被判处有期徒刑三年，缓刑四年；技术总监袁某被判处有期徒刑三年，缓刑三年。在大数据时代，网络空间要以人为中心，相关企业不仅需要让网络技术保持快速良好发展，保证网络空间更好地服务于人类，更应该在享有互联网发展带来的巨大红利的同时，还要切实履行网络社会责任、守住道德底线来利用网络空间获取收益。

第八，网络空间具有数字化特征。网络空间所有信息都是数字化信息，以数字 0 和 1 来表达数据之间的逻辑关系。基于流动与弹性特征，网络空间使社会组织及生活处于流动状态，新的越来越具有弹性的社会、政治、经济和文化阶层依据流动性而不断地形成和重建，在一定程度上成为社会对网络空间被滥用的担忧，❶ 完善相关的法律法规是我国现在面对该问题的关键。最高人民检察院于 2022 年发布数据称，我国刑事案件量重新呈上升趋势，经济和网络犯罪达近年最高值。❷ 这其中涉及较多数据方面的网络犯罪。我国出台的《数据安全法》《个人信息保护法》等是以法律的方式，将来还会有算法公平等的技术规则来保证网络空间不被恶意使用。面对数据方面的违法犯罪，我们要将技术手段和法律手段结合起来，让法律法规变为技术标准，再将技术标准通过技术手段嵌入技术系统，通过检验确认网络空间合规及安全等级。其中不能忽视的一点在于，所有这些都是企业在做，企业在设计、实施、测验、使用。所以企业在智能时代或数字经济时代，不仅需要有效地使用数字化工具，而且应该负责任地、有道德地使用网络空间这个工具。

---

❶ 陈宗章. 网络空间正义及其实现 [J]. 探索，2018（1）.
❷ 最高检：刑案量重新呈上升趋势，经济和网络犯罪达近年最高值 [EB/OL]. [2022 - 03 - 25]. https://j.eastday.com/p/162719498577011882.

## 二、网络空间的发展方向

现在的大数据已经发展到即使利用已经公开的用户数据，网络空间也会自动分析整合，成为掌控、影响用户观念想法、工作生活的工具，网络空间现已发展到比使用者的朋友、家人甚至使用者自己更了解自身的阶段，比如利用用户在社交平台点赞或者评论过的动态数据进行分析整合，可以清楚地了解到该用户的性格、爱好甚至是职业选择倾向，有人说这是侵犯了用户的隐私权，但这是完全利用的已经公开的信息，可以说现在的技术手段已经超越了法律对隐私侵犯的规制，这是网络空间变相的心理侵犯、思想侵犯。在网络空间里，数据是无形的，用户无法发现企业在收集用户数据是否滥用的问题，即使发现了，要求企业立即销毁有关数据，可是企业真正销毁了吗？数据是一种特殊的无形资源，没有任何手段可以有效地监督数据的销毁，因此，数据一旦发出，就永远无法真正再次收回或者销毁。

当下，网络空间的内涵和外延随着技术创新的加速仍然在不断扩展，特别是元宇宙概念的横空出世更是向世界展示了数字技术融合创新的广泛应用前景，这也意味着构建网络空间命运共同体需要统筹协调国内更广泛的力量和资源。[1] 与其他领域相比，网络空间治理本就具有多主体、多领域、多维度的特征，在网络空间里，人们就像随身带着定位仪，定位信号记录了一个人行走的轨迹。网络空间就像是一个含有大量个人信息数据的投影，记录着一个人每天的生活工作等行为，而且每天都在更新数据，这些数据被人工智能查阅分析，从而形成独特的"个人画像"。在网络时代，每个人都像是在"裸奔"，稍有不慎就会被网络黑客们所利用，黑客们的不法行为极有可能对个人的心理和身体造成严重伤害。

科技改变生活，人类社会进步是科技创新的结果，特别是近年来互

---

[1] 郎平. 数字革命视域下网络空间治理路径探究 [J]. 人民论坛，2022（4）.

## 第二章 数据以网络空间为基石 ✱

联网、计算机、大数据和人工智能的迅速发展,让我们的生活和工作也变得快捷多彩,假设没有科技,我们的生活仍旧处在慢时代。如今,没有网络空间是无法想象的事情,哪怕网络技术只有一天不工作,我们的城市也将全面瘫痪。人们会无法出行,因为无论是私家车还是公交车,都要靠网络才能工作。即使我们可以步行或者骑自行车出门,也进不了办公大楼,因为大楼的门禁也是用网络技术控制的。如果砸开了门进入大楼,那么也不得不爬十几层,甚至几十层楼才能到办公室,因为电梯也是由网络技术控制的。至于上班办公,更是离不开网络空间。没有网络技术,整个通信系统也会全面瘫痪,我们无法和外界取得联系。因此可以毫不夸张地说,我们今天的生活已经完全依赖网络空间。在过去半个世纪里,世界进步背后最根本的动力可以概括为网络技术的应用。今后由大数据引发的智能革命也将是以一种与前面几次技术革命类似的方式展开,我们可以用简单的公式来概括:现有产业+大数据=新产业。❶按照这个公式,将互联网、大数据、人工智能和实体经济深度融合,做大做强实体经济,促进产业转型升级、新旧动能转换和经济可持续发展,是推动国民经济实现高质量发展的重要支撑。

古代的马车走过长安繁华的街道,车轮的轨迹几天之内就会风化消失殆尽;现代我们乘坐高铁来到充满古韵的首都,基本不会留下脚印,但是我们乘坐高铁所用的实名制车票凭证把我们的行踪记录在了云端。古代的钱币一般为金属制品,历经几度变迁,从金属到纸币,从信用卡到电子支付,从有形实体到储存在云端的无形支付手段,纸质账簿逐渐被淘汰,取而代之的是网络空间的电子消费记录,电子支付实名制制度让每一笔消费都有了自己的主人,而这些消费记录被保存到云端的数据库。如果消费者维权还可以将这些云端的消费记录快捷地调出作为证据使用。因为有了互联网空间,今天我们每个人的衣、食、住、行,每时每刻都在被记录,都在实时被转换为数据信息。在这些数据中间,是姓

---

❶ 吴军. 智能时代——大数据与智能革命重新定义未来[M]. 北京:中信出版社,2016:184.

名、电话、身份证号、家庭住址、银行账号、密码、生理性信息等个体性的标识。因为这些个人特殊标识的存在，数据可以被连接，从而形成一个个独特的数据个体，每个人都拥有属于自己的数据空间，而这一切都是以网络空间为基石的。如果缺少了网络空间，数据空间就无从谈起。

### 三、网络空间的未来畅想

网络空间是数据的基石，数据是网络空间发展的动力，网络空间得益于庞大的数据支持才发展得越来越快。《头号玩家》的火爆让人联想到未来的网络世界是否像该电影展现的那样，未来的网络空间真的是像"元宇宙"中描述的那样神奇吗？这一切都是未知数。随着5G技术的发展，网络技术催生出的虚拟现实（VR）产品也吸引着全球的目光。实际上"VR"产品映射的就是虚拟现实和元宇宙。如果没有5G技术的发展，是不可能出现元宇宙和VR的，5G带来的网络速度提升使得一个新的网络时代到来。

以后的这个世界，传统的一些产品使用方式可能都会发生改变。如以未来的出行新方式——自动驾驶汽车为例。现在以及以前的汽车只是一个普通的交通工具，首先需要一个司机来驾驶它，我们可能坐在车里什么都干不了。以后的汽车可能是处于全自动驾驶状态，当我们输入目的地之后，带上VR眼镜，在车里我们可以做任何想做的事情，通过VR里面的虚拟空间，可以召开会议，就像真的坐在会议室里面对面开会一样。这时候车就变成了一个封闭的载体，它涉及接收信息的一个新方式，车里面会有各种传感设备，可以把我们计划要处理和接收的信息数据提前录入，然后系统自动会进行仿真处理。在外面的人看来自动驾驶汽车就像一个一个的铁盒子一样跑来跑去。所以随着信息技术的发展，它会引起革命性的变革，这种变革是很难用具象的语言去描述的，我们只是预测了未来的各种可能，这些可能在未来都是可以实现的。当然这样的网络虚拟空间什么时候到来还是一个未知数，但前期仍然需要大量的数据进行模拟训练，探索不同的算法进行程序设计，另外那种"令人向往"的虚拟世界是否也会受到现实社会法律的规制也是值得探究的问题。

在网络虚拟世界中，我们可以认为一个明显的现实社会法律中违法的问题，在虚拟世界可能是不违法的。逻辑基础很简单，在去中心化的自治组织里，如果某件事情在现实社会中是违反基本公平和正义的，但是在虚拟世界中大部分人是支持的，在这种情况下，当不违反第三方利益时，在这个虚拟世界就不会受到现实社会中那样的制裁，甚至还会有奖励。在网络虚拟世界中，如果教条地执行落后的法律规定，对这个网络社会就会产生负面影响。那时我们现实世界和虚拟网络世界是相互平行的两个不同的空间，现实世界中存在国际法的规制，网络空间可能就不存在国际法，未来的网络空间实际上是一个去中心化的社会，在这个社会中每个人都是立法者、执法者、监督者，人们不需要政府的行为规制，网络空间完全是一个自治组织一样的社会，虚拟世界的规则经大多数人讨论通过就可以执行，不用经过政府的认证。网络技术的发展在一定程度上会影响到国家法律的制定，甚至可以改变现实社会根深蒂固的落后的传统观念。

此外，元宇宙、虚拟人（数字人）等基于深度合成技术的理念也伴随着商业热度滚滚而来，要求法律与监管部门不能忽视这一生机勃勃的技术，这也暴露出我国在新兴技术的监管方面存在的问题。从基于深度合成（deep sythesis）技术的"深度伪造"（Deepfake）出现开始，深度合成技术一直就饱受争议。从ZAO的换脸引起公众警觉，到"假靳东"的诈骗案件，不断降低的深度合成技术使用门槛让传统的"有图有真相"发展到"有视频都未必有真相"，这给监管执法部门带来了严峻挑战。网络空间的发展给我国的网络安全防护提出了新要求，我国监管部门也在不断出台相关法规，在不阻碍网络技术发展的情况下进行规制。工信部发文多次提到我国的网络安全，工信部官网已公开征求对《网络安全产业高质量发展三年行动计划（2021—2023年）（征求意见稿）》

的意见❶，其中提出，网络安全产业作为新兴数字产业，是维护国家网络空间安全和发展利益的网络安全技术、产品生产和服务活动，是建设制造强国和网络强国的基础保障。要发展创新安全技术，加速应用基于区块链的防护技术，推进多方认证、可信数据共享等技术产品发展。可以说该《计划（征求意见稿）》再次让区块链助力数据安全成为焦点，而国内网络安全企业近年来一直走在数据安全的第一线，并不断推出创新产品，超前布局区块链网络数据安全生态，其无疑迎来了新的时代机遇。

在元宇宙产业发展的初期，"元宇宙"商标已被多家公司及自然人申请注册，相关商标申请信息超过240条，其中不乏互联网"大厂"身影，例如腾讯科技（深圳）有限公司申请注册"QQ元宇宙""王者元宇宙"等商标；重庆爱奇艺智能科技有限公司申请注册"奇遇元宇宙"等商标。不可否认，"元宇宙"的概念是被互联网企业炒作起来的，但是未来的网络世界是否真的会成为元宇宙的世界，我们将拭目以待。

## 第二节　网络空间国际法新疆域

随着科技进步，我国取得了蛟龙下海、神州飞天、雪龙破冰、5G落地等科技领域的巨大成就，扩宽了人类在深海、外空、极地、互联网等新疆域的活动轨迹。随着各国频繁涉足深海、外空、极地、互联网等新疆域，需要形成新的国际法规则。因此，要以和平、主权、普惠、共治为原则，在深海、外空、极地、互联网新疆域加强各方合作，构建人类命运共同体。本节分别论述深海、外空、极地、互联网等国际法新疆域的规则对网络空间国际法新疆域的借鉴经验。

---

❶ 工信部官网发布《网络安全产业高质量发展三年行动计划（2021—2023年）（征求意见稿）》，并向社会公开征求意见［EB/OL］.［2022-03-25］. http：//www.cqqj.gov.cn/bm/qdsjfzj/zwxx_58673/dt_58674/202107/t20210721_9494949.html.

## 第二章　数据以网络空间为基石 *

### 一、深海、极地、外空、网络空间国际法新疆域

近年来,科学技术的迅猛发展极大拓展了人们的生存与活动空间,人类的活动触角突破传统陆地与近海疆域,逐渐延伸至四个新领域,即深海、极地、外空和网络。2017年习近平主席在联合国日内瓦总部出席"共商共筑人类命运共同体"高级别会议并在演讲中指出,要秉持和平、主权、普惠、共治原则,把深海、极地、外空、互联网等领域打造成各方合作的新疆域,而不是相互博弈的竞技场。❶自此,国际法新疆域在全球各领域竞争激烈的情况下被提出,这四大领域具有重要的战略价值,各国都想要在各大领域享有一席之地。

(一)国际法新疆域——深海

近年来科技发展突飞猛进,人类活动频繁地对深海进行探索,人类对深海的活动也从国际深海勘探逐渐转向深海资源的开发和利用。❷我国近些年来深海活动也取得了巨大进展,收获了"蛟龙下海"等科技成果。

《联合国海洋法公约》第136条规定,深海区域及其资源是人类的共同继承财产。第156条规定,在牙买加设立国际海底管理局,管理国际深海资源。

我国是参与国际深海活动的国家之一,为了规范深海海底区域资源勘探、开发活动,推进深海科学技术研究、资源调查,保护海洋环境,促进深海海底区域资源可持续利用,维护人类共同利益,我国于2016年颁布了《中华人民共和国深海海底区域资源勘探开发法》,对勘探、开发、环境保护、科学技术研究与资源调查、监督检查等方面进行了详

---

❶ 习近平.共同构建人类命运共同体——在联合国日内瓦总部的演讲[N].人民日报,2017-01-20(1).

❷ 孔庆江.深海资源开发:国际投资法新疆域[J].人民论坛·学术前沿,2017(18):22.

细规定。我国与深海相关的立法，有利于我国对深海资源开发和利用的管理，促使深海活动朝着科学、合理、安全和有序的方向发展。

《联合国海洋法公约》第153条规定，深海的勘探和开发的主体包括由企业部、缔约国及其国营企业或者由缔约国担保的自然人或法人。非国营企业打算从事国际深海的勘探和开发活动，将面临如下问题：

（1）准入问题。如何获得所在国的担保，为了鼓励更多的民营企业参与国际深海的勘探和开发活动，国家应该设立一定准入门槛，民营企业符合要求后，国家应当为其从事国际深海的勘探和开发活动提供担保，除非涉及国家安全、环境保护等特殊情况。

（2）技术转让问题。《联合国海洋法公约》第144条第1款规定："管理局应按照本公约采取措施，以：（a）取得有关'区域'内活动的技术和科学知识；并（b）促进和鼓励向发展中国家转让这种技术和科学知识，使所有缔约国都从其中得到利益。"第2款规定："为此目的，管理局和各缔约国应互相合作，以促进有关'区域'内活动的技术和科学知识的转让，使企业部和所有缔约国都从其中得到利益。它们应特别倡议并推动：（a）将有关'区域'内活动的技术转让给企业部和发展中国家的各种方案，除其他外，包括便利企业部和发展中国家根据公平合理的条款和条件取得有关的技术；（b）促进企业部技术和发展中国家本国技术的进展的各种措施，特别是使企业部和发展中国家的人员有机会接受海洋科学和技术的训练和充分参加'区域'内活动。"依据上述规定，在一定情形下，从事国际深海勘探和开发活动的企业应当将相关国际深海勘探和开发技术转让给企业部和发展中国家，这就涉及强制许可的问题。

（3）争议解决问题。参与国际深海勘探和开发活动的企业是否可以针对缔约国政府寻求国际救济，以解决在国际深海勘探和开发活动的纠纷。这就取决于该从事国际深海勘探和开发活动的企业所在国与救济针对的国家之间是否存在关于争议解决机制的双边条约。

## （二）国际法新疆域——外空

随着科技发展，人类的足迹也可以涉及外太空，现阶段各国主要通过发射卫星参与外太空活动，随着发射卫星的数量增加，人类的太空垃圾也会越来越多，这对人类利用太空造成潜在威胁。太空活动具有成本高、技术性强等特性，目前仅有综合实力较强的国家才有能力开展太空活动。太空已成为获取情报资源和共享、控制信息的新疆域，对社会各方面造成深远影响，甚至涉及国家安全。2018年6月18日时任美国总统特朗普下令美国国防部组建美国太空军，独立于空军，成为美国第六种军种。从此拉开了太空资源争夺战的新序幕。

外太空国际法包括《外层空间条约》（1967）、《关于营救宇航员、送回宇航员和归还发射到外空的实体的协定》（1968）、《空间物体造成损害的国际责任公约》（1971）、《关于登记射入外层空间物体的公约》（1974）、《关于各国在月球和其他天体上活动的协定》（1979）。[1] 这些国际条约在冷战时期形成，具有特殊的历史性，当代人类太空技术发展突飞猛进，拥有太空活动能力的国家数量猛增，太空格局已经与以前有本质区别。因此，需要在联合国和平利用外层空间委员会领导下完善规则以规范各国的太空活动，建立公开、公平、合理的太空秩序。

《外层空间条约》（1967）第2条明确规定，各国不得通过主权要求，使用或占领等方法，以及其他任何措施，把外层空间（包括月球和其他天体）据为己有。第7条规定了太空侵权责任承担方式：在地球、天空或外层空间（包括月球和其他天体）使另一缔约国或其自然人或法人受到损害，应负国际上的责任。

太空新疆域治理存在的问题：第一，利用太空资源问题，主要体现在太空频谱资源争夺和卫星轨道资源争夺两方面。目前人类可利用的无线电频谱资源是有限的，随着卫星数量的激增，卫星频谱资源将逐渐耗尽，卫星轨道资源也逐渐被抢占，各国产生了激烈的竞争。第二，太空

---

[1] 李伯. 太空战阴霾下的太空安全与国际法［J］. 武大国际法评论，2014，17（1）：33.

环境问题，主要体现为太空碎片、太空核污染、太空生物污染等问题。第三，太空安全问题，由于太空技术具有军民两用的特性，太空技术是美国的军事战略，是维持其军事霸权的基础，组建美国太空军就是一个非常好的例证，因此太空军事化、武器化在所难免，而太空军事化、武器化是太空安全的重大威胁。❶

因此，构建安全、有效、稳定的太空空间秩序引起各国广泛关注和讨论。在太空新疆域治理中，应该避免太空军事化、武器化，制定和平利用太空的原则，共享太空信息，避免太空事故的发生。

（三）国际法新疆域——极地

随着科技发展，人类可以在南极和北极频繁活动，可以对南极和北极进行开发利用，随着全球气候变暖，开通北极航道的可能性逐渐增加，一旦北极航道投入商业化使用，将会大大缩短货物航运时间，降低航运成本。

1996年9月，美国、加拿大、俄罗斯、挪威、瑞典、丹麦、芬兰和冰岛北极八国成立北极理事会，非北极国家可以成为观察员国，但没有投票权。❷北极理事会制定了《北极空海搜救合作协定》（2011）、《北极海洋油污预防与反应合作协定》（2015）、《加强北极地区国际科学合作协定》（2017）等国际条约，形成北极国际条约体系。

而与南极相关的南极条约体系包括《南极条约》（1959）、《保护南极海豹公约》（1972）、《保护南极海洋生物资源公约》（1980）、《关于环境保护的南极条约议定书》（1991）。❸其中，《南极条约》第4条规定该条约属于维持现状的条约、冻结主权的条约。第6条规定不得妨碍或以任何方式影响任何国家根据国际法对该地区内公海的权利或权利的

---

❶ 程道华，何奇松. 太空军事化、武器化及其治理［J］. 国际关系研究，2014（6）：50.
❷ 罗会钧，查云龙. 北极治理"内卷化"与中国应对［J］. 中国海洋大学学报（社会科学版），2021（4）：82.
❸ 李学峰，陈吉祥，岳奇，等. 南极特别保护区体系：现状、问题与建议［J］. 生态学杂志，2020，39（12）：4194.

## 第二章　数据以网络空间为基石

行使。

虽然对极地新疆域的管理，存在北极理事会和南极条约体系等，但北极理事会主要涉及北极八国，南极条约体系也仅涉及阿根廷、澳大利亚、比利时、智利、法国、日本、新西兰、挪威、南非等区域性国家。因此，在对极地新疆域治理中存在两对矛盾：开发利用与环境治理之间的矛盾，部分国家集团与人类共同利益之间的矛盾。

1. 极地开发利用与环境治理之间的矛盾

利益驱动人类在极地新疆域的活动，以获得相关资源和发展条件。但随着对南极和北极的开发利用，相关国家对南极大陆附近海域的鲸鱼进行过度捕杀，同时在北极地区的海豹、海狮、海象等动物也遭到滥杀，严重破坏了南极地区和北极地区的生物多样性。全球气候变暖，南极和北极的冰川融化，导致海平面升高，许多沿海城市将面临被海水淹没的风险，同时南北两极温度升高，会导致全球某些地区出现干旱、飓风等自然灾害。南极和北极的冰川融化，会使被冰封多年的微生物释放，将对人类生命健康构成威胁，这很有可能会构成公共卫生事件。因此，极地开发利用与环境治理之间存在矛盾，我们应密切关注该矛盾。

2. 部分国家集团与人类共同利益之间的矛盾

北极理事会仅包括美国、加拿大、俄罗斯、挪威、瑞典、丹麦、芬兰和冰岛等北极八国，北极八国基于地缘优势，通过北极理事会管理北极新疆域，而其他国家只能是观察国，不能参与北极管理决策事项。这就会导致如何兼顾北极八国利益和人类共同利益之间的平衡问题。同理，阿根廷、澳大利亚、比利时、智利、法国、日本、新西兰、挪威、南非、英国、美国等于1959年12月签订了《南极条约》，对南极地区进行管理，这也仅仅涉及部分国家，同样会导致如何兼顾这部分国家集团利益和人类共同利益之间的平衡问题。

### (四) 国际法新疆域——网络空间

人类技术的发展创造了网络空间,在网络沟通与交流之中逐渐形成与现实生活中不同的新形态的生产、交易、沟通、社会等活动,这些活动对传统的法律和论理提出了挑战,例如网络侵权、网络病毒、黑客攻击等,网络空间成为国际法的新疆域,不能仅仅使用现有的法律规则来调整网络空间新疆域中存在的相关活动。因此,现实社会中存在人类在网络空间新疆域活动的增加与对网络空间新疆域治理法律滞后之间的矛盾。

《中华人民共和国国家安全法》(2015)第25条和《中华人民共和国网络安全法》(2016)第1条均提出了"网络空间主权"的概念,没有网络空间的主权,就没有网络空间新疆域的自由、秩序、发展和繁荣。[1] 网络空间主权包括数据主权,应以数据主权为中心,建立一套开放性的网络空间治理生态系统,在动态开放、对等安全、有序发展的基础上追求网络空间新疆域的治理能力的提升。[2] 网络空间新疆域中的活动具有虚拟性和全球性的特征,需要全人类进行共同治理。

深海、外空、极地、网络等国际法新疆域竞争激烈抢占地盘的国际形势对全球的国家来说既是机遇又是挑战,当前,相关领域的国际规则制定和治理机制建设仍处在酝酿、起步或待完善的阶段。网络和外空相关国际法制度尚未成形,深海和极地领域虽然已有基础性的国际法制度,但配套规则并不完善,多领域都在酝酿新制度的产生。这些国际造法的空白地带为我国深度参与国际治理,争取规则制定话语权乃至主导权提供了契机。[3]

综上所述,随着科学技术的发展,人类活动开拓了深海、外空、极

---

[1] 张新宝,许可. 网络空间主权的治理模式及其制度构建 [J]. 中国社会科学,2016 (8):158.

[2] 沈逸. 后斯诺登时代的全球网络空间治理 [J]. 世界经济与政治,2014 (5):155.

[3] 张志军,刘惠荣. 当前国际法跨学科人才培养的新任务新课题——基于深海、极地、外空、网络等"战略新疆域"的思考 [J]. 人民论坛,2021 (3).

地、网络等新疆域,对这些疆域治理需要构建新的国际秩序规定,现有的国际法规则无法满足对深海、外空、极地、网络等新疆域治理的需求。在深海、外空、极地、网络等新疆域治理中面临各种困境,需要开拓新思路,要以和平、主权、普惠、共治为原则,在深海、外空、极地、网络新疆域加强各方合作,构建人类命运共同体。和平原则是国际合作的基础,在新疆域治理中不搞军备竞赛。主权原则是新疆域治理中的底线,不能以主权为借口损害全人类利益,也不得以新疆域治理为由,侵害、压缩他国的主权。普惠原则是新疆域治理的目的,通过对新疆域治理惠及全人类。共治原则是新疆域国际治理的路径,共同治理新疆域,最终实现资源共享、责任共担和合作共治。

## 二、网络空间国际法新疆域概述

网络空间新疆域中的活动具有虚拟性和全球性的特征,需要全人类进行共同治理,因网络空间安全涉及国家安全,网络空间内部的各个国家之间的"数据大战"也即将开始。

(一)网络空间新疆域治理历史发展阶段

从互联网发展的历史来看,大致可以分为三个阶段。

第一阶段为:从互联网诞生到20世纪90年代处于自我约束的自治阶段,网络空间处于初步发展阶段,新事物在没有国家法律规制的情况下得到了快速发展,在这一阶段迎来了网络空间发展的春天,技术先进的企业率先探索、制定出一套在网络空间内部实行自治的互联网规则,逐步将网络空间的发展推向高潮。在该阶段,虽然新事物的产生与发展也会相应产生新的问题,但是反对政府的管制,倡导网络空间的自由发展与自我规制体系势不可当。

第二阶段为:20世纪90年代至21世纪前十年,新事物发展到一定程度以后就会出现影响政府进行社会治理的新问题,有的甚至已经危及国家的安全治理，伴随着网络侵权、网络病毒、黑客攻击等网络空间活动的增加，各国开始加强对网络空间的管制，因此该阶段处于国家规制阶段，在该阶段，主权国家通过制定各种国内法律和政策来参与网络空间管理。

第三阶段为：2010年至今，网络互联互通已经成为互联网发展的新趋势，国际网络空间冲突越来越多，单靠某一个国家已经无法遏制网络空间违法犯罪的滋生，各国应当联合起来共同应对网络空间出现的新问题，因此当下及以后处于以主权国家治理为主、国际组织参与治理为辅的新阶段。在该阶段，主权国家通过签订协议形成网络空间治理国际组织，在最大限度上协商一致从而制定出符合大多数国家根本利益的国际法准则，参与网络空间治理国际组织的主权国家在不影响本国国家安全的情形下将国际法国内化，从而形成以主权国家治理为主、国际组织参与治理为辅的网络空间新疆域治理的新格局。

网络国际治理会涉及国际法的相关话题，国际法是各国在交往过程中形成的规则或习惯，[1] 主权国家之间针对网络空间维护方面签订协议，这份协议是各主权国家在享有平等地位的基础之上协商的结果，如果适用良好就逐步推向国际法上适用，从而形成网络空间治理方面的国际准则。现有国际法律框架在国家的长期实践和法律确信过程中逐步成为人们在处理国际关系或考察国际社会时无法忽视的存在。世界上本来就没有国家制定国际法，只是主权国家之间签订的协议产生良好的效果以推广至国际上适用，久而久之，各个国家都将此作为规制本国行为的准则。然而，国际法不是在真空中存在的，国家实力在很大程度上决定着国家对国际法的影响程度。[2] 网络空间方面的国际法也是一样，某个主权国家的网络技术先进，就有责任将该技术推向全球以造福全人类，只要该网络技术属于这个技术先进的国家，该国就有责任制定适用于先进技术的规则，从而将本国的价值观推向全世

---

[1] 周鲠生. 国际法（上卷）[M]. 北京：商务印书馆，1981：40-41.
[2] 徐崇利. 软硬实力与中国对国际法的影响[J]. 现代法学，2012（1）：151.

界形成在网络空间方面的国际法。

(二) 网络空间主权

网络空间主权是一个国家主权在网络空间的扩展与延伸,而国家主权是指一个国家独立自主地处理内外部国家事务的权利,主要表现在一个国家所拥有的独立权、管辖权、自卫权和平等权等方面的权利。对内,国家独立自主地发展、监督、管理本国互联网事务;对外,防止本国互联网受到外部入侵和攻击。

具体来说,网络空间独立权是指主权国家独立自主地对本国的网络空间进行治理的权力,其他国家无权干涉、插手主权国家的网络空间主权,主权国家在管理本国网络空间方面拥有绝对权威。管辖权是指主权国家可以通过立法、司法、执法等手段对本国领域之内或者是对本国国家安全产生危险的网络空间(源自某个人、组织或者某一事件)进行治理的权力,主权国家有权制定在本国领域内的网络空间准入规则,对与本国国家安全有威胁的网络空间进行监督和制约,并严厉打击涉及网络空间的违法犯罪现象。自卫权是指主权国家享有对危害本国国家安全或者发生在本国领域内的外部网络攻击或者网络入侵事件进行坚决打击的权力,主权国家要完善本国领域内以网络空间为基础的基础信息设施建设,防止外部网络势力的入侵,避免受到危害而导致本国网络领域处于瘫痪状态,逐步提高反抗外部网络非法侵袭的能力。平等权是指主权国家享有平等参与国际网络空间治理与针对网络空间产生的纠纷要求国际上平等对待的权力,主权国家对于网络空间享有平等的权利,根据自身国家的具体情况推动本国网络空间的建设和运营,不受其他国家的威胁与恐吓,平等地享有推动本国网络空间和国际网络空间良好发展并维持国际网络空间良好秩序的权利。

网络空间是一个很抽象的概念,之所以抽象是因为网络空间的无形性,我们看不见也摸不着,可是它就是这样真实存在的"工具"。说到网络空间主权就不得不提到主权边界的问题,现实中的国界是有形的,虚拟的网络空间无影无踪，如何去理解这个抽象的网络空间主权边界是专家学者至今在讨论热议的话题。

学界认为，网络空间主权的边界包括三个层次，即物理层、规则层和内容层。物理层是指国家对网络空间物理层面的主权权利，网络空间物理层实际上就是网络空间的载体，网络空间的传播速率、容量大小都取决于服务器的大小，这个服务器就是网络空间最底层的网络基础设施；规则层是不可见的、无形的存在，互联网最底层的逻辑就是网络算法的存在，一套良好的程序系统要想运行顺畅，算法符合逻辑是必不可少的，规则层是网络空间运行的基础，对内容层影响较大，规则层最典型的就是网络域名；内容层则主要指网络信息和数据，兼具虚拟与现实的双重属性，数据是网络空间的基石，没有信息和数据的网络空间犹如巧妇难为无米之炊，数据是现实中存在的，将其输入计算机系统就变为无形的数据信息，所以内容层兼具虚拟与现实双重属性，内容层提供数据，规则层将数据进行整合分析使得数据更具有逻辑性，二者共同构成网络空间的虚拟环境基础，对网络空间来说，二者相辅相成、缺一不可。令人欣慰的是，对于网络空间内容层的数据和信息，目前国际社会是承认数据主权的，即在本国领域内产生的数据由主权国家享有。

网络主权是国家主权在网络空间的自然延伸，是一国基于国家主权对本国网络主体、网络行为、网络设施、网络信息、网络治理等所享有的最高管辖权、平等自主权以及对外的独立权。网络主权是互联网时代进步的结果，也是各主权国家自然享有的权利。网络空间主权与网络言论自由并不矛盾，我们倡导与实践网络主权，绝不意味着封闭或割裂网络空间而与外部断绝关系，而是在主权国家享有网络主权的基础上，构建网络空间国际秩序和制定网络空间国际规则和国家行为准则。另外，网络空间的全球公共产品和全球公域的性质及通信基础设施的全球覆盖范围使监管与治理框架必须转移到国际层面，一方面，国家拥有网络空间的"核心主权"；另一方面，亦需要施行"合作主权"在国际层面分担国家责任。但在当下以美国和欧盟为代表的西方国家和地区主张网络主权非国家化，国际强权政治形势异常复杂的大背景下，网络空间国际

## 第二章 数据以网络空间为基石 *

新疆域治理将面临严峻挑战。

2015年7月1日，我国颁布《国家安全法》并首次确立网络空间主权原则。2016年11月7日，我国颁布《网络安全法》，在"总则"中再次明确了维护网络空间主权原则，并细化了这一原则的法律适用问题。我国《网络安全法》第2条规定："在中华人民共和国境内建设、运营、维护和使用网络，以及网络安全的监督管理，适用本法。"这一条明确规定了我国对网络空间数据的保护采取属地主义原则。第37条的规定相当于在管辖问题上又作了例外规定，关键信息基础设施的运营者在中华人民共和国境内运营中收集和产生的个人信息和重要数据应当在境内存储。因业务需要，确需向境外提供的，应当按照国家网信部门会同国务院有关部门制定的办法进行安全评估，即对关键信息基础设施采用"境内存储＋安全评估"这一限制性规定，该限制性规定在一定程度上可以防止他国的长臂管辖原则。我国《数据安全法》也赋予了必要的域外适用效力，具体规定了境外组织、个人开展数据传输交易等方面的活动，有损中华人民共和国国家安全、国家主权等利益的，依法追究法律责任。

我国在网络空间方面虽然出台了一些法律法规，但是各个法律规定的细节上存在很大不同，在一定程度上缺乏法律体系性，这就导致在法律适用阶段产生争议，有的时候针对某个突发事件找不到具体的规定导致问题无法解决，只能临时出台一个行政法规或者司法解释，这样大大降低了我国网络空间法律适用方面的权威性。这也与当代网络空间技术的空前快速发展有关，一方面，网络技术本身发展速度不可估量，但我们可以有一定的前瞻性；另一方面，法律具有滞后性，网络空间具体活动与当下法律法规存在逻辑上的矛盾，但相关部门可以运用法理上的法律原则先行处理，然后经过专家论证、群众意见从而提上立法的日程。

举例来说，滴滴出行在2021年7月在未经国家安全部门审查的情况下突然宣布要去美国上市，滴滴出行在我国打车租车行业占据大约80%的市场份额，在其运行过程中产生了大量的出行数据、用户数据、地图数据等，一旦去美国上市，美国必然要求滴滴出行提供业务数据，这不仅危害我国公民的个人信息安全，还有可能危及我国的国家数据安全。国家网信办发布《网络安全审查办法》的修订征求意见稿的直接修订事项就是启动对中概股境外上市事项的网络安全审查，此可谓直接由滴滴事件促生的重大规制调整。其中，该征求意见稿第6条要求"掌握超过100万用户个人信息的运营者赴国外上市，必须向网络安全审查办公室申报网络安全审查"。国家数据保护相关部门及时制止了滴滴出行的境外上市，并及时完善了我国涉数据方面的法律法规，对滴滴出行进行了制裁，这才有效阻止了我国重要的出行数据泄露到国外，维护了我国的国家数据安全。《网络安全审查办法》（2021年修订）第6条规定，掌握超过100万用户个人信息的网络平台运营者赴国外上市，必须向网络安全审查办公室申报网络安全审查。

当下国际形势异常复杂，主权国家要常怀危机意识，网络空间主权与数据主权是维护我国国家安全的基础，因此主权国家要建立稳固的网络系统自我保护机制，切实提高自身的网络空间自我保护技术能力，还要深入研发探究不受制于其他国家的网络空间技术，提高网络空间国际话语权。另外，主权国家要逐步完善本国领域内以网络空间为基础的基础信息设施建设，还要避免外部网络攻击导致国内网络瘫痪，主权国家具有设置网络空间疆域边界的权利，切实提高防止境外网络攻击、反抗非法网络侵袭的能力。

另外，维护国际网络空间以及数据安全急需成立国际网络空间组织，因为各国对网络数据定义、跨境传输、管辖等规定各有不同，导致在网络空间治理、网络空间以及数据跨境协作等方面多有摩擦。网络空间治理国际组织可以在内部制定国际准则，在最大限度上进行网络空间治理协同合作，及时制定网络空间维护及数据保护方面的国际法，各个主权国家将国际法国内化，保证各主权国家国内法律趋向同一。因此，各主权国家除应增加适合本国国情的内部立法外，还应完善国际协作，统筹网络空间治理规制，吸取各国法律规定精华，从而达成新的网络空间治理国际公约。故从降低各主权国家立法、监管及执法成本的角度来说，有必要形成国际公约，在确保各国独立平等、不干涉他国主权的情况下，争取最大公约数，确立国际公约最低原则。

## 第三节　网络空间治理中数据涉及国家安全

在国际事务中正确有效地推进制定、适用国际法，有助于打击网络空间"黑客"，争取国际上的大多数，是我国进行现代化建设必不可少的有力武器。我国正在走向世界舞台的中心，国际地位也变得越来越重要，从人类命运共同体的理念到"一带一路"倡议的提出，我国正在稳步走向全球治理的中心地带，我国应积极参与全球网络空间法治安全建设。但国际法在网络空间数据治理中的运用还面临巨大挑战。

### 一、网络空间新疆域治理中国际法适用问题

目前在网络空间新疆域治理领域鲜有运用国际法进行规制，西方国家主要强调人权法和使用武力国际法规则在网络空间新疆域治理中的适用。美国在2011年《网络空间国际战略》中提出，支撑网络空间规范的基本原则包括保护基本自由、尊重繁荣、重视隐私、免于犯罪和自卫权。北约在2013年《塔林手册》中强调诉诸武力权和战时法规在网络空间的适用。欧盟在2013年《欧盟网络安全战略》中主张国际人权法尤其是言论自由在网络空间新疆域治理中的适用。在网络空间新疆域治理博弈中，产生了以美国为首的西方发达资本主义阵营和以中国、俄罗斯为代表的新兴国家阵营。西方发达资本主义阵营在技术和话语权方面具有明显的优势，其意识到网络空间成为其宣传意识形态和价值观的重要渠道，主张互联网自由和网络空间法治，积极发展和建立对其有利的在网络空间新疆域内的相关国际秩序。新兴国家阵营在构建网络空间新疆域国际秩序中处于弱势地位，其逐渐发现网络空间治理与国家利益密切相关，甚至西方发达国家会利用网络技术对其国家领导人和国民进行

监听，涉及国家安全问题。因此，新兴国家越来越重视网络空间新疆域的国际法问题，通过国内立法和政策加强对网络空间新疆域的治理，包括我国在内的新兴国家多次在不同的国际场合中提出网络空间主权的主张。

由于各主权国家自身利益和经济技术发展现状不同，各国对网络空间新疆域治理中国际法适用问题和网络空间新疆域治理新规则制定问题存在较大的争议。而数据作为网络空间的核心内容，必然成为各国在网络空间治理中争夺的对象。所以，从网络空间治理的角度看，数据必然涉及国家安全。再以滴滴出行赴美国上市的事件为例，网络空间是数据存在的基石，数据安全与国家安全密切相关。滴滴出行占有我国互联网打车租车至少80%的市场份额，在滴滴出行突然宣布要去美国上市前夕，依据《网络安全法》第9条，滴滴出行泄露地理位置信息到境外，涉嫌威胁国家安全。网络安全审查办公室立即对"滴滴出行"启动了网络安全审查。为防范国家数据安全风险，维护国家安全，保障公共利益，依据《国家安全法》《网络安全法》，网络安全审查办公室按照《网络安全审查办法》，对滴滴出行实施了网络安全审查。为配合网络安全审查工作，防范风险扩大，审查期间滴滴出行立即停止新用户注册。滴滴出行也对该事件作出了回应，称其将积极配合网络安全审查，全面梳理和排查数据网络安全风险。

互联网时代为人们提供了各种便捷的生活方式，但不知不觉，公众的个人信息安全与国家数据网络安全也变得非常脆弱。当某个人使用了某项网络服务时，其相关个人数据信息就被自动抓取并记录了下来，我们经常在手机应用端被要求授权自己的个人数据信息，这些记录的数据早已转化为流量被分析使用，然而我们基本没有拒绝授权读取记录个人数据的选择。人们无奈地面对一个现实：自己的个人信息乃至部分隐私数据已经进入大型公司的数据库，滴滴出行似乎已经有能力对一个人的行为习惯进行"大数据分析"，这对个人来说当然构成了潜在信息泄露威胁，对国家数据安全造成不良影响。

国家网信办对滴滴出行赴美上市重申了我国的立场，企业上市必须确保国家的网络安全。长期以来，我国积极支持网信企业依法依规融资发展。无论是哪种类型的企业，无论在哪里上市，两条规范是必须符合的：一是必须符合国家的法律法规；二是必须确保国家的网络安全、关键信息基础设施的安全、个人信息保护的安全等。符合这两条规范上市就不受影响，不符合就一定会受影响。滴滴出行如果在美国上市，其排名前几位的股东必然会存在外国企业，而且业务数据一定会经过美国的安全审查，存在涉及国家安全重要数据泄露的风险。所以，国家对它的数据信息安全监管是需要更加严格的，在滴滴出行上市前对其进行安全审查，既维护了个人信息安全，也维护了国家数据安全。监管绝不意味着限制企业发展，只有在排除数据网络安全存在的风险后，国家与用户才能放心，未来的市场发展空间才会更加广阔。

## 二、网络空间新疆域治理新规则制定问题

随着社会的发展，对网络空间新疆域制定专门性国际条约的呼声越来越高。但美英等国主张以现有的国际规则适用于网络空间新疆域中，反对制定专门性的国际条约，以国际习惯来调整网络空间新疆域治理关系，因国际习惯的认定具有模糊性和大国主导的色彩，更加有利于推动和塑造对其有利的网络空间新疆域的国际秩序。以中国、俄罗斯为代表的新兴国家多次提出制定网络安全、网络军备竞赛等网络空间新疆域的行为准则，主张各国对网络空间新疆域具有主权，呼吁各国不得利用网络空间实施敌对行动、侵略行为，避免对国际和平和安全造成威胁，这些主张得到国际社会的高度重视，也有可能为今后网络空间新疆域治理相关国际条约制定提供立法基础。

在未来，网络空间将进一步开放，网络技术不断发展，网络空间国际组织负有不断更新完善网络治理准则的责任。在网络互联互通的大背景下，网络封锁将不复存在，取而代之的是网络空间的自由与安全。技术虽不断发展，但是网络猎手们一直没有停下网络侵略与攻击的步伐。

2021 年，互联网网络攻击同比增长 50%，Log4j❶ 漏洞是罪魁祸首。网络安全公司 Check Point Research 发布的 2021 年安全报告中指出，2021 年每周对企业网络的总体攻击相比于以往增加 50%。报告称，在全世界互联网上最严重的漏洞之一（每小时有数百万次攻击试图利用 Log4j 漏洞）出现不到一个月后，2021 年就网络安全而言是创纪录的一年。从 2020 年中期到 2021 年年底，网络攻击的数量呈上升趋势。这一趋势在 2021 年年底达到了历史最高水平，在全球范围内达到每个组织每周 925 次被网络攻击的峰值。❷ 主权国家要完善本国领域内以网络空间为基础的数据信息设施建设，避免受到网络黑客的攻击侵袭而导致本国网络空间领域处于瘫痪状态，防止外部网络势力的入侵，切实提高反抗外部网络非法侵袭的能力。

网络空间主权当下面临严峻挑战，有的国家对网络空间主权持否定态度，认为将网络空间确定为国家主权的一种，将会影响网络空间持续向好发展的趋势，国家主权的"限制性"与互联网空间互联互通的"开放性"相悖，因而网络空间公共领域不应属于各个主权国家管辖，应当设立国家主权和网络空间两套不同的网络空间管理体系。我国一直坚持网络空间主权归主权国家所有的原则，为了保障网络安全，维护网络空间主权和国家安全、社会公共利益，保护公民、法人和其他组织的合法权益，促进经济社会信息化健康发展，必须坚持网络空间有"国界"的原则，如果一味强调网络空间的互通互联特性，否定网络空间具有某些社会性质，这对国家安全以及网络安全存在巨大隐患。由于各国的经济技术发展、技术理解观念尚存在巨大差异，各国可以采取不同的管理模式，但是我们应当坚持网络主权原则，尊重各主权国家自己探索实践网络空间治理模式，绝不干涉其他国家网络空间管辖权。

某些国家认为网络空间像极地、深海、外空一样属于全球公有的领域，试图将网络空间打造成其维持优势特权的新领域。一方面大力鼓吹

---

❶ og for java，意为 java 的日志。Log4j 是 Apache 的一个开源项目。
❷ 白开水加糖.2021 年底网络攻击达顶峰 [EB/OL].（2022 - 01 - 12）[2022 - 10 - 08]. https：//www.sohu.com/a/516179936_827544.

"网络空间全球公域"输出本国价值观,并为自身开展网络战争寻求合理性说法;另一方面,本国政府在自身网络空间治理过程中牢牢掌握管理权,不断加强对本国互联网的管理和规制。还有一些国家认为设立网络空间主权将会影响数据信息的自由流通。将网络空间主权化会影响网络空间言论自由等基本人权的行使,在当下人权盛行的新世界观的引导下,网络自由论倡导者极力反对控制信息流动,推崇"网络自由"。我们需要保持理性地来看待所谓的"网络自由",如果过分强调自由而忽视了网络社会中的秩序就会造成网络空间的混乱和无序状态,容易导致网络空间分崩离析从而滋生网络犯罪。我们从来都坚持在现实和虚拟世界中,自由都是相对的,没有绝对的自由,否则将迎来网络空间混乱不堪甚至走向消失的一天。

### 三、数据主权

在以移动互联网、云计算、大数据、物联网、人工智能等为代表的新一代网络空间信息技术蓬勃发展的时代背景下,国际上跨境数据的管辖及规制问题催生了数据主权的概念。数据主权是指"数据应受其所收集国家的法律和治理结构的约束",是"主权国家试图让数据信息传播流通受制于国家管辖"的权力。❶"网络主权"是一般性主权,网络空间主权也是数据主权的基础和框架。数据主权属于特别主权,强调主权国家独立自主地管辖、控制本国数据传播流通的权力,对保护本国数据安全、国民个人信息权益、国家安全具有重要意义,从网络空间治理层面来说,数据主权也可以认为是对网络主权的补充。数据主权关乎国家利益,是国家主权的重要组成部分。我国应当将保护数据安全置于国家战略高度,顺应全球数字经济的严监管趋势,全力捍卫国家数据主权。

随着数据发展成为新的生产要素,关于数据的权利属性问题引起了

---

❶ 钱忆亲. 2020 年下半年网络空间"主权问题"争议、演变与未来[J]. 中国信息安全,2020(12).

广泛讨论。物权理论视角下的国家数据主权理论说认为国家数据主权是物权在国家所掌握数据资源层面的集中体现，是数据权属的一个分支，既然将数据作为一种生产要素，根据其价值属性将其归属于类似于知识产权一样的物权，除国家层面的数据主权外，还包括个人层面和机构层面的数据权力，并由此诞生了以人格权说、商业秘密说、知识产权说等为代表的数据权属学说。本书认为将数据在不同的层面、不同的属性上可以归类于不同的权利性质，比如在个人信息保护时，将其作为人格权进行保护；在涉及生产交易传播的企业数据时，可将其归属为物权。当然二者会存在交叉的情况，可以根据其重要程度等多方面因素考虑后再将其最终确定为人格权还是物权。

在现阶段我国的法律规定中，《民法典》将数据排除在知识产权之外，而将其作为独立于知识产权的一类权益进行保护。2016年7月5日公布的《民法总则（一审稿草案）》中，"数据信息"曾作为一种知识产权被加以保护。但在后续讨论中，有人主张数据是对事物属性的描述和记录，而知识产权的核心是人的智慧成果。为了避免扩大知识产权保护范围引发的体系混乱风险，在《民法总则》的最终稿中将之删除，而另辟第127条，"法律对数据、网络虚拟财产的保护有规定的，依照其规定"作为数据保护的指引性规则。[1] 我国现行法律体系中并没有法律明文规定"数据权"的权利类型概念，有些观点主张以财产权的方式来保护数据，但数据通常会包括一些个人信息，如将包含个人信息的数据划归为某主体的财产权，必将损害个人信息主体的人格权；有些观点主张以人格权的方式来保护数据，但数据具有财产属性，如将数据划归为人格权，将会限制数据的应用和交易；有些观点主张以侵权法的方式进行保护数据，但在该主张下，只有当数据权益受到损害时，数据权益人才能进行维权，不利于数据在商业活动中的流通；有些观点主张以不正当竞争的方式进行保护数据，但在该主张下，保护的是市场公平竞争的秩序，该种权益无法在现有交易平台中进行交易。正是因为数据没有明

---

[1] 张新宝. 民法总则释义［M］. 北京：中国人民大学出版社，2017：250.

确的权利边界，所以难以形成统一的交易规则来规范数据交易。

工业时代，各国对石油资源展开争夺；数字时代，数据被誉为"21世纪的石油"，围绕数据主权，各方也纷纷展开了博弈。从在互联网上闹得轰轰烈烈的特斯拉维权事件"数据到底属于谁"的争议，到特斯拉宣布在我国建立数据中心，实行数据本地储存化的运营模式，这些事件从背后都可以看出数据之争大戏愈演愈烈。

因此，我国要继续加强多边国际合作，增强数据治理话语权。网络空间的无边界性使得国家的网络行为具有高度的全球联动性，一个国家不可能完全独立于他国行使自己的数据主权，也不可能在离开他国参与下独自承担维护世界网络空间有序发展的重要责任。尽管数据主权强调国家在数据层面的绝对性和排他性权利，但是在全球化和分工合作化的时代背景下，国家数据主权的维护同样需要发展多边合作关系，从僵化的单打独斗模式转化至彼此依赖的网络空间命运共同体。因此，我国应该积极与他国开展合作，解决数据跨境流动层面的问题，与此同时不断完善现有规则中有关域外适应性的内容，修改当前的数据保护法案，对数据跨境流动和调用的管辖要求进一步细化，提升我国数据主权保护的防御能力，提升我国数据主权战略的域外规制效力。我国应积极参与国际网络空间法律体系建设，主动运用国际法维护我国网络空间安全以及信息数据安全。

（一）遵守国际法并主动参与国际网络空间法立法工作，捍卫国家网络数据安全

在非战争时期，运用国际法维护本国利益最有效的方法就是积极参与国际法的立法工作，我国应主动参与国际立法活动，为维护国家利益争得更多主动权。国际条约和习惯构成国际法的基本准则，在联合国框架下，我国履行了亚丁湾护航、打击国际犯罪等国际义务，树立了负责任大国的形象，一直以来我国都在维护国际法的权威与尊严，遵守国际法相关规定，在国际社会赢得了威望与声誉。但涉及国际网络空间主权

方面，目前我们没有形成一定的国际网络空间治理组织，我们也要掌握网络空间国际治理立法主动权，坚决谴责相关国家将国内网络安全法视为国际法来损害我国网络数据权益，坚决抵制故意将政治问题转化为网络空间相关的法律问题。面对某些国家针对国际网络数据安全问题非法的诬陷和指责，我们要坚决予以反击，积极维护我国网络主权以及其他合法权益。

当今世界格局和全球治理的总体趋势是走向法治，国际网络空间治理也是一样。联合国是当今国际社会最具普遍性的国际组织，我国作为负责任的大国，要积极发挥我国作为安理会常任理事国的特殊作用，积极发挥联合国在维护国际网络空间安全中的权威地位，要运用国际法律武器粉碎和挫败外部敌对势力对我国实施网络侵略、干涉我国网络主权和安全的行动。网络空间国际法是我国作为面向世界、面向未来的网络空间必须掌握的世界共同交往的语言和工具，国际法作为人类智慧的结晶，对我国提出了很高的要求，要求我国必须首先成为一个网络空间国际法强国。❶ 因此，我国要想在网络空间国际法立法中掌握话语权，不仅要遵守现有的国际规则和国际条约，还要成为包括网络空间国际法在内的国际法强国。如果不参与国际法的立法过程，制定出的国际法就不会体现我国的意志而最终受制于人，例如我们参与了《联合国气候变化框架公约》的起草和谈判，使得该公约不仅体现了发达国家的意志，最重要的是纳入了包括我国在内的发展中国家的意志与要求，否则后果不堪设想，该公约就可能在某种程度上制约包括我国在内的新兴国家经济技术的发展，成为发达国家制约我国经济发展的工具。

（二）用技术实力提升我国在网络空间国际法舞台上的话语权，保卫国家网络主权

技术就是实力，落后就要挨打，弱小就要受制于人。在 GDPR 首例涉中国数据跨境案中，挪威数据保护部门拟对费尔德（Ferde）公司罚

---

❶ 刘志云. 现代国际关系理论视野下的国际法 [M]. 北京：法律出版社，2006：106.

款 500 万克朗，只因该公司涉嫌向我国传输图片数据和涉嫌非法向一家我国数据处理者转移驾驶者的个人数据。根据挪威数据保护部门的调查显示，费尔德公司缺乏 GDPR 第 28（3）条规定的数据处理协议，并且在人工处理超过 1200 万张车牌图像之前没有进行风险评估，违反了 GDPR 第 32 条。此外，调查进一步显示，费尔德公司在 2017—2019 年向中国转移数据缺乏适当的法律依据，因此违反了 GDPR 第 44 条。费尔德公司违反了数据保护法律规定的多项基本义务，甚至我国也要受到该国实施的制裁。由于挪威数据保护部门没有将个人数据转移到我国的有效依据，所以这一事件也就暂时搁置了。面对无中生有的责备与诬陷，我们能做的只有不断提高我们的网络技术，切实提升网络空间技术保护能力。

网络空间的建设得益于良好互联网技术的发展，互联网技术的改进又离不开计算机领域的人才，我们要想维护好国际网络空间的良好发展趋势，维护好我国的网络空间主权，就要实现互联网科技与国际法律的理想交融，只有这样才能更加全面地维护我国的国家利益，其中最重要的一环就是我国网络空间的安全需要科技与法律"双剑合璧"的复合型国际法人才。另外，面对国际争议，选择适用对我国最有利的国际法规则是最明智的选择。世界形势复杂多变的情况下，我国不仅要在国际规则的制定中有一定话语权，还要在国际法适用上掌握话语权，积极推动网络空间科学技术创新，并有效维护我国网络空间合法权益。在处理网络空间国际关系等具体事务时，应该考虑国际法的各项规定，选择对我国权益保护最有利的国际规则制定方案。[1] 现阶段我国在国际司法、仲裁机构的地位日渐提升，越来越多地参加到国际司法活动之中，国际法没有国界，但是国际法院法官有祖国。当前，在国际法院的世界舞台上，活跃着中国国际法学家的身影，他们能够表达出我国的声音，充分表达我国对维护网络空间安全的立场。

然而当下，国际上网络攻击依然来势汹汹，我国网络空间安全仍然

---

[1] 毋雪妮. 经济全球化和传统主权国家关系研究［J］. 青年与社会，2018（27）.

面对严峻挑战。新冠肺炎疫情期间多个组织对我国网络发起攻击，使我国网络空间处于危险境地。境外黑客对我国发动的网络攻击，是对我国网络主权的严重侵犯，是对国际道义和国际法律的严重践踏，我国对此提出了严正交涉，我国一直主张独立自主、相互尊重、互不侵犯网络主权，避免将政治问题转化为法律问题。根据国际法相关原则，在主权国家的主权和切身利益遭到严重侵犯、国际法治遭到严重破坏时，主权国家有权单独或与其他国家一起采取相应的强制措施，以捍卫自己的网络空间安全。依据国际法谴责相关侵权国家，争取国际舆论，取得国际社会的理解与支持。当然要改变西方掌握网络空间国际法话语权的局面，还需要包括我国在内的广大国际社会的努力。我国要继续完善网络空间保护的法律体系，用以构建国际法律文化的多样性系统，对网络国际法治更加公平正义发展贡献中国力量。

（三）积极维护我国平等享有的深海、外空、极地、网络等公域权益

根据《联合国宪章》的规定，国家不分大小、强弱、贫富，也不论社会制度的差异，在国际社会的地位完全平等。随着科学技术的发展，人类开发和利用海洋、太空的能力也不断提高，1982年通过的《国际海洋法公约》标志着完整的现代海洋法体系的建立。1966年在联合国大会上表决通过的《关于各国探索和利用包括月球和其他天体在内外层空间活动的原则条约》对主权国家外空探索制定了一系列原则和规定。两个公约分别规定了国际法主体在海洋、外空从事各种行为所应遵循的国际法原则、规则和制度。北极航道以其丰富的资源、潜力巨大的航运价值以及独特的战略地位成为国际社会关注的焦点，但是俄罗斯和加拿大分别立法称北极航道是其内水，根据《联合国海洋法公约》规定的国际海峡判断标准，北极航道应被认定为国际海峡。[1] 有效利用北极航道是推行我国国家战略的重要组成部分，我国不仅要明确北极航道法律地位问

---

[1] 赵理海. 海洋法问题研究[M]. 北京：北京大学出版社，1996：56.

题的立场，还要积极与北极航道沿岸国合作，参与国际海洋法规则的构建，提升在北极问题上的话语权，确保我国有效利用北极航道。网络空间作为国际法的新领域，一方面，应当秉持人类共同继承财产原则，各国应该共同开发使用海洋、太空、极地以及网络空间，追求代际公平，实现海洋、太空、极地、网络空间"经济"可持续发展；另一方面，坚持维护各主权国家共同利益原则，制定各国共同接受的普遍标准和奋斗目标，保证主权国家网络主权的尊严得到充分尊重。

伴随世界多极化和经济全球化向纵深发展，网络空间领域呈现全球共治的发展趋向，我们相信将来网络空间秩序会呈现平等参与、共同发展、共享成果的时代特征。由发达国家主导国际网络空间规则制定与解释的格局渐渐走向衰落，和平利用网络空间是全球网络治理的时代共识。面对无理的外部网络攻击，我国要坚决反制以捍卫国家网络主权安全不受侵犯，以维护我国合法的网络空间权益。但在当今弱肉强食的霸权世界，只有法律而没有实力得不到公平公正的对待，因此，我国还要把提升自身科学技术放在第一位，加强互联网技术建设，坚决捍卫我国国家安全。

（四）倡导成立国际网络空间治理一体化组织，参与全球网络空间治理

随着世界经济关系的迅猛发展，网络空间发展的日新月异，任何国家想要发展自己的经济，都不能与世隔绝，必须加强同其他国家的网络空间合作与交流和贸易关系，以促进各方面的共同繁荣。

全球网络空间经常成为信息数据领域激烈对抗的平台——不正当竞争和网络攻击。2022年年初，红十字国际委员会出现了针对托管信息的计算机服务器的复杂网络安全攻击，造成超过51.5万名高度脆弱人群的个人数据和机密信息被窃取。据介绍，被窃取的信息中，包括因冲突、移民和灾难而与家人失散的人、失踪人员及其家人以及被拘留者。

\* 数据四重性及其合规系统

这些数据来自世界各地至少 60 个红十字会和红新月会。❶ 对此,我国一方面要坚定捍卫网络空间全球化和多边主义,在各种多边场合坚定守护我国国家网络安全立场,维护自身合法权益;另一方面要捍卫网络主权,尽快启动或完善国内网络空间相关法律法规,还要加速推进网络空间国际法律体系建设。建立网络空间国际法律体系,其目的是为科学研究创造有利条件,使最先进的技术解决方案能够迅速实施,同时防止潜在的安全风险,切实维护国家数据网络安全。

网络环境容易被国际恐怖分子和组织利用,对国际总体安全、全球网络安全以及对个别国家,包括其主权和国家利益,都存在许多潜在的威胁。2020 年,国际安全机构监测到中国、意大利、英国、巴基斯坦、以色列等多个国家机构遭到黑客网络攻击。国际网络黑客利用 VPN 客户端更新过程中的漏洞,用后门取代了合法的更新,黑客攻击了少量 VPN 服务器并注入恶意软件。这些攻击主要针对的是我国的驻外机构以及一些其他国家机构。❷ 事件发生后,数字化安全企业深信服科技立刻发布了一则《关于境外非法组织利用深信服 SSL VPN 设备下发恶意文件并发起 APT 攻击活动的说明》,说明了境外 APT 组织通过深信服 VPN 设备漏洞拿到权限后,进一步利用 SSL VPN 设备 Windows 客户端升级模块签名验证机制的缺陷植入后门的 APT 攻击活动过程。为防止国际网络空间被国际黑客所侵害,为了每个国家的网络空间可持续发展,为预防冲突和在全球信息空间建立互利伙伴关系,有必要"同意建立普遍的国际法律条约",进而成立国际网络空间治理一体化组织,参与全球网络空间治理。

目前,我国正在进行现代化建设,需要一个相对和平稳定的网络空间,在各国独立平等的基础上推动网络空间继续向前发展。我国如今是世界第二大贸易国,今天的成就都是在遵守 WTO 所有规则的情况下取

---

❶ 红十字国际委员会受到不明身份黑客攻击 [EB/OL]. (2022-02-20) [2020-10-08]. https://www.view.inews.qq.com/k/20220220A032B500?web_channel=wap&openApp=false.

❷ 惊雷!中国驻外机构正遭受攻击!深信服 VPN 设备成境外国家级黑客突破口 [EB/OL]. [2022-09-25]. https://www.163.com/dy/article/F9I5NKUU0538B1YX.html.

得的，当初欧美设定了一些苛刻的 WTO 规则来限制我国经济发展，曾经我国国家经济技术实力弱，但在发达国家制定的贸易规则下也取得了快速发展。如今，网络空间国际法新疆域方面绝不能再被动受到发达国家的牵制，必须主动投入国际网络大循环的发展，主动投入网络空间国际法新规则的制定中去。网络空间国际法新规则能够发挥打击国际网络黑客、解决网络空间主权争端、促进世界互联网技术发展和各国文化交流、促进各国平等参与网络治理等功能。顺应世界区域一体化潮流，在越来越多的区域经济组织相继形成的大背景下，我国也要积极倡导和参与网络空间区域一体化组织，参与制定适合时宜的网络空间国际法新规则。例如在经济层面，我国战略性地提出了"一带一路"倡议，在此基础上我国可以推动构建国际网络空间一体化组织，制定共同的网络空间国际法，消除成员国之间的网络空间主权壁垒，促进各国网络技术的协调稳定发展和公平竞争，实现各国的数据安全和社会进步。

当下我国日益重视法治建设，法治中国不可能离开国际法治。因此，我国在依法治国的过程中，还要积极参与网络空间国际法治新秩序的建设，我们要将更多中国文化、中国元素推向全世界，以开放包容的心态，拥抱全世界，运用国际法的规则坚守我国网络主权的同时，保护我国数据安全与国家安全。

# 第三章　数据的四重性

　　从数据的形成和发展过程来看，在当今大数据时代，人们为了获得便捷、高效的互联网服务，通常需要向服务提供者提供相关个人信息；提供互联网服务的企业收集用户信息，进一步分析整合并加工为数据，存储于网络空间，相关企业既可以对数据进行使用，也可以进行数据交易；涉及公共通信、交通、金融等重要领域的相关数据，一旦被泄露将会危及公共安全，此类数据关系到公共利益问题；涉及基因、人种特征、地图轨迹等相关数据，一旦被泄露将会损害国家安全，这类数据与国家安全息息相关。从数据的本质属性来看，个人信息必须与已识别或可识别的自然人相关，以电子或者其他方式进行记录，我们通常认为匿名化处理后不具有可识别性的信息不再属于个人信息；企业合法收集自然人的个人信息，并进行匿名化（脱敏）处理后就形成了企业数据，这些数据不能再由数据本身的特殊性直接回溯到特定个人，即这些数据不能再"识别"特定的个人，这些数据已经丧失了信息的个人特定属性；重大民生领域的数据，必然涉及公共利益问题；如果某项数据或某项数据处理活动涉及国家安全，应当对该项活动进行国家安全审查。因此，与物体具有固态、液态、气态（如冰、水、汽或离子）三种不同状态一样，数据在不同环境下、在不同阶段分别具有个人信息、企业数据、公共利益和国家安全四重属性。

　　人类社会经历过两次"数据爆炸"。第一次发生在古代的中国，东

# 第三章　数据的四重性 *

汉元兴元年（105年）蔡伦改进造纸术，以及北宋庆历时期（1041—1048年）毕昇发明活字印刷术，使得图书进入普通百姓家，我国古代四大发明之一的印刷术逐渐传播到世界各地，从而引发了第一次"数据爆炸"，活字印刷术在世界文明发展进程与历史记录中所起的作用不可估量。如今在互联网时代，由于计算机的深入使用，大数据技术引发了更大规模的第二次"数据爆炸"，因此又称我们所处的时代为大数据时代，大数据正在悄然影响和改变着人类社会的方方面面。从大数据的形成和发展阶段可以预测未来大数据的发展趋势。

第一阶段，运营式系统阶段。在20世纪七八十年代，用户购物时产生的消费记录被一条一条输入数据库，当时都是由这些运营系统记录生成这些数据。

第二阶段，用户原创内容阶段。21世纪初，互联网博客悄然而生，后来社会发展节奏加快微博取代了博客，再到后来为满足人们即时通信需求而产生了微信，互联网技术的发展让每个网民都成为自媒体，网民可以自己随心所欲地在网络媒体平台发布各式各样的信息及数据，这时候数据产生的速度要远远大于之前的仅仅由运营系统记录产生的数据。

第三阶段，感知式系统阶段。真正让人们感觉到大数据时代由量变到质变的，是因为数据产生的方式到了第三个阶段——感知式系统阶段。感知式系统阶段也就是物联网的大规模普及，物联网的迅速发展让大数据时代最终到来。

大数据是网络空间发展到一定阶段的必然产物，由于互联网技术在资源整合方面的能力在不断增强，互联网空间本身必须通过大规模的数据来体现出自身的价值所在，所以从这个角度来看，大数据正在充当互联网价值的体现者。随着越来越多的社会资源进行了网络化和数据化改造，大数据所能承载的价值也必将不断提高，大数据的应用边界也会不断拓展，所以在未来的互联网络化时代，大数据自身不仅能够代表价值，更能够为社会发展创造出巨大价值。

基于以上大数据发展历程，大致可以总结出未来大数据的发展趋势，或者说社会现阶段已经开始显现出这些趋势的特征。大数据的未来的发展趋势可以概括为个性化、智能化和产业化。第一个特征是大数据个性化，其主要包括个性化营销和个性化服务。以个性化营销为例，个性化营销涉及广告的点击行为预测等数据商业化模式。第二个特征是大数据智能化，智能化在整个大数据的发展过程中十分重要，是未来十年的一个发展趋势。之所以数据是网络空间的精华所在，其中可能的一个关键因素是智能化是更加底层的技术，如在算法程序中，机器学习能力是智能化的一个重点。使用大数据和复杂的模型时，需要有图形处理器（GPU）和更高效的算法支持，这样会得出一个非常强大的系统，这个系统可以支持智能化向前推进，需要说明的是这里的智能化不仅是图像识别的智能化，语音、广告等商业化模式在未来必然有智能化趋势。第三个特征是大数据产业化。产业化在未来大有可为，可以说是互联网企业未来的经济命脉，现在的广告营销就是其中重要的一环，产业化与个性化特征的关联很强，另外人工智能技术会继续向产业化方向推进，产业化的三大方向包括智能连接、人机互补（大数据辅助决策）和数据创新，产业化的核心在于提升效率。从大数据以上三个主要特征来看，大数据对于产业升级和社会整体影响巨大，对包括网络空间内的所有科学技术会有重要意义。

现阶段大数据的持续发展可以说已经进入全面兴盛时期，越来越多的专家学者对大数据的研究从基本理论研究转变到实务研究，从基本的概念、特性转到数据权益、数据产业、数据安全、思维变革等多个角度。随着互联网技术的不断发展延伸，大数据的应用也渗透社会各行各业，不断变革原有行业的落后产能与技术，并且创造性地推出新的技术，我国大数据的发展呈现出一片欣欣向荣之势。但是，我国大数据研究发展过程中仍存在一些数据安全问题与数据风险问题。其中最重要的一点是对大数据的认识还处于初步阶段，存在一知半解、不求甚解等问题，理论研究不足，落地实践仍需要继续研究探讨。

在国际网络空间安全形势日益趋紧的情况下，虽然我国已经把大数据发展上升为国家战略，以此创造更有利的条件持续促进大数据稳步发展，但是大数据在发展过程中仍然存在对数据不能正确认知的问题。我国大多数网民对大数据的认知观念还存在误区,他们以为大数据顾名思义就是海量数据的意思,从而忽视了大数据间的紧密联系及过程演化问题。简单地认为大数据就是数字化的信息,忽视了大数据是数字化信息被产生、消费的过程的记录,互联网企业悄悄地将消费者数据记录转化为自身发展的资产,消费者却浑然不知。另外,大多数网民认为大数据就是建一个数据中心用来储存大规模的数据,又忽视了"他们"将大数据进行分析、共享和交易等核心应用,互联网企业将数据进一步分析转化为资产,消费者却在庆幸自己免费使用了该企业新出的应用软件。最后,大部分人对数据开放共享也存在误解,由于历史和现实对数据不当使用等,我国现行的行政体系,特别是行政分割现象使数据信息"部门墙""信息孤岛"等问题广泛存在,在一定程度上导致数据信息无法及时共享,存在安全影响评估不到位等问题。大数据是一把"双刃剑",在给我国社会经济发展带来红利的同时,也存在很大的数据安全隐患与数据泄露风险。如网络攻击者利用大数据技术对不同来源的泄露数据进行处理和分析,挖掘其中有价值的数据信息,将会危及个人乃至国家数据信息的安全;还存在基于大数据技术的机器学习等系统自身存在的缺陷容易被网络黑客攻击等问题。

从国际上来看,大多数发达国家极其重视对数据信息的保护,对数据泄露者绝对严惩不贷。如因数据泄露问题处理不当,美国知名企业元公司(Meta)在爱尔兰被罚 1700 万欧元。爱尔兰数据保护委员会(DPC)宣布,由于脸书(Facebook)的母公司元公司违反欧盟《通用数据保护条例》,将对其处以 1700 万欧元(约合人民币 1.18 亿元)的罚款。❶ 该决定是 DPC 在对脸书提供的 12 次数据泄露说明进行调查后作出的。DPC 表示,在多次大规模个人数据泄露中,元公司未能证明其采取了适当的安全应对措施,保障欧盟用户的数据安全。欧盟向来对数据信息采取严格的保护措施,特别是《通用数据保护条例》的出台。在数

---

❶ 因大规模数据泄露,Meta 被欧盟处罚 1700 万欧元 [EB/OL]. [2022 - 09 - 25]. https://view.qq.com/k/20220316A0B000?%20web.channel = wap&openApp = false.

据信息竞争越来越激烈的背景下，各国也采取措施在国际上争得数据信息息交易流通主动权。例如谷歌宣布推动个人数据在不同平台之间迁移，为了在更大程度上促进数据信息的交易流通，计划5年内投入300万美元用于个人数据在不同平台上迁移使用。❶ 谷歌之所以推出这一策略，是因为许多国家地区的立法机构开始越来越关注阻碍互联网服务切换和互操作的障碍，并且要从市场上把这些互联互通的障碍消除掉，从而推动互联网企业之间的竞争。这一改革的手段包括新的数字行业立法、特定的竞争改革以及加强监管执法。

大数据属于新生事物，新事物的发展必然会出现新的问题，大数据发展之初由各企业间成立公约组织自行规制，随着数据规模逐渐扩大，企业之间的分歧越来越大，这时只能由政府出面调解纠纷，慢慢地形成规章制度，但是政府的介入在一定程度上限制了大数据相关企业的发展。在数据流通的各个阶段，不同的数据主体有不同的利益诉求，如人们在享受互联网技术带来便利的同时，为了获得更加便捷的服务，通常需要下载APP、注册用户并提供个人信息，为防止互联网企业将个人数据信息用于非法用途，政府出台了一系列规章制度来保护公民个人的数据权益保护诉求。因此，根据数据流通的不同阶段、数据存在的不同形式，数据分别具有个人信息、企业数据、公共利益和国家安全四种不同属性，其分别对应自然人、企业、政府、国家四种法律关系主体，基于此种逻辑对数据进行深入分析，以此探究数据保护的本质。

## 第一节　个人信息属性

个人信息与数据存在紧密联系，但个人信息与广义的数据还是有一

---

❶ 谷歌率先宣布将推动个人数据在不同平台迁移：未来5年将投入300万美元［EB/OL］．［2022-09-25］．https://finance.sina.com.cn/tech/2022-03-11/doc-imcwipih782．

定区别的：个人信息能单独或与其他符号相结合来识别出特定的自然人；数据虽能体现特定的自然人的活动情况，但该信息不要求识别出特定的自然人身份。如自然人姓名、身份证号、手机等通信方式、家庭地址、银行账号、账号密码、婚姻状况、财产情况、轨迹行踪等均属于个人信息的范畴。而现代所说的数据通常是在网络空间中存在的数据，可以在网络空间中通过收集、加工、存储、提供、传输等处理而获得的各类电子数据。基于网络空间，从数据所具有的个人信息属性来看，个人信息与数据的关系可以概括为，数据的范围大于个人信息，但在一定程度上个人信息可以认为是数据的内容，而数据是个人信息的载体。

## 一、个人信息属性之定义特征

个人信息一般是指与特定自然人具有密切联系的、能体现个人特定特征的可识别的各类信息，包括身份证号、工作情况、家庭现状、财产状况、身体健康等各方面的相关信息。[1] 因此，个人信息的重要特征包含可识别性。[2] 能识别特定个人身份的任何生物性、物理性的数据、文件、档案等资料均有可能成为个人信息。信息与数据密切相关又各有不同，信息通过数据的形式表现出来，信息承载于数据之中，数据的内涵为信息，信息可对数据的内涵进行解释。在数据传输的首要阶段，数据的个人信息属性决定了数据的人格权属性。

各国对个人信息保护的理念不同，从而采取了不同的立法例对个人信息进行保护。例如，美国以隐私权的方式对个人信息进行保护，认为个人信息属于个人隐私的范畴。又如，德国直接对个人信息进行保护，认为个人信息属于一般人格权的范畴。于 2020 年 5 月 28 日颁布的《中华人民共和国民法典》第 1034 条规定法律应保护自然人的个人信息。

---

[1] 王利明. 论个人信息权的法律保护——以个人信息权与隐私权的界分为中心 [J]. 现代法学，2016，35（4）.

[2] 陶盈. 我国网络信息化进程中新型个人信息的合理利用与法律规制 [J]. 山东大学学报（哲学社会科学版），2016（2）.

可见，我国《民法典》借鉴了德国的做法，将个人信息归属为一般人格权，个人信息具有人格权属性，强调保护的是人格。因此，个人信息具有较强的人身属性，个人信息能"识别"特定的个人，与特定的个人相"关联"。

在个人信息保护立法上，国际上比我国更积极一些。现在大约有130多个国家或国际组织都制定了个人信息保护相关的专门法律，有的还设立了统一权威的个人信息保护执法机构。所以国际上对个人信息保护的认识一直是非常明确且一致的，执法力度比较严格，这也是我国立法借鉴国际经验的一个方面。网络时代如何规范个人信息处理活动，同时又让个人信息更好地为经济社会发展赋能增效，是各国面临的共同问题。所以在个人信息保护的立法和相关制度建设上，国际上有很多类似的地方值得借鉴。如美国的《加州消费者隐私法案》，明显受到了欧盟《通用数据保护条例》的影响。国际经验是有共通性的，这也是未来国际上构筑一个共同的法律体系的基础。当然，我们不可能全部照搬国际经验，也要根据我国国情和发展阶段，要保持自己的特色。

## 二、《个人信息保护法》新规出台

数字经济时代，公民个人信息的保护显得尤为重要，不仅关系到公民人身安全，也关系到整个国家社会经济的发展。2021年11月1日《中华人民共和国个人信息保护法》的施行为我们提供了新的观察点和制度基础，在这部法律的指导下，我们对个人信息有了新的更深刻的认识。随着《个人信息保护法》的制定与出台，显示出我国公民基本权利在逐步扩大。我国宪法所确认的公民的基本权利和义务具有广泛性、平等性、现实性的特点。现行《宪法》第33—56条具体规定了公民享有的各种权利，包括政治权利与自由、宗教信仰自由、人身自由、社会经济权利和文化教育权利等。随着我国经济实力的不断增长，文化教育事业的发展、制度建设的完善，我国公民享有权利和自由的内容和范围也将逐步扩大。现行宪法规定的公民权利和自由，比前三部宪法规定的权利和自由，都增加了相应的内容和条款，这表明我国民主政治是不断健全和发展的。在宪法隐含的人权保障精神引领下，个人信息已然成为法律保护的对象，但个人信息究竟是存在于规范中的法益还是应当作为具体的权利，法律没有明确规定，我国学者对此存在争议。目前在各个国际组织的立法中，国际上主张个人信息权是一种基本人权，一种基本的人格权。

除《个人信息保护法》以外，我国其他法律中有关个人信息保护的规定也有很多。我国《宪法》规定："国家尊重和保障人权。任何公民享有宪法和法律规定的权利，同时必须履行宪法和法律规定的义务。"我国宪法中并没有明确规定保护公民的个人信息权，但时代发展到今天，公民个人信息保护权已然成为公民最基本的权利，这主要表现在我国《宪法》规定"中华人民共和国公民的人格尊严不受侵犯。禁止用任何方法对公民进行侮辱、诽谤和诬告陷害"。由于个人信息涉及指纹、面部特征、声音、视网膜等生物信息，个人信息应当属于人身权的一部分。在社会生活中，个人信息可应用于身份识别和犯罪治理，相关权力机构在合法收集个人敏感信息之后如果不积极管理，很可能会侵犯公民的隐私权与个人信息权益。因此，个人信息权益应当属于人格权的一种，在宪法没有具体规定的情况下，同样可以依据宪法保护人权的精神来保护公民个人信息不受侵犯，因为宪法的目的不在于惩罚公民，而在于限制权力，以达到维护人权的目的。

《民法典》第111条规定："自然人的个人信息受法律保护。任何组织和个人需要获取他人个人信息的，应当依法取得并确保信息安全，不得非法收集、使用、加工、传输他人个人信息，不得非法买卖、提供或者公开他人个人信息。"我国《刑法》还规定了侵犯公民个人信息罪，第253条之一规定："违反国家有关规定，向他人出售或者提供公民个人信息，情节严重的，处三年以下有期徒刑或者拘役，并处或者单处罚金；情节特别严重的，处三年以上七年以下有期徒刑，并处罚金，窃取或者以其他方法非法获取公民个人信息，情节严重的，方可追究刑事责任。"但何为"情节严重"，尚无明确的规定可循。如江苏公安机关破获的何某非法获取公民个人信息案：江苏公安网安部门侦查查明，犯罪嫌疑人何某利用为相关单位、企业建设信息系统之机，非法获取医疗、出行、快递等公民个人信息数十亿条，搭建对外提供非法查询服务的数据库，通过暗网发布广告招徕客户，出售牟取不法利益。❶ 这种情况是不是属于情节严重，我国法律尚且未有明确规定，当然现阶段利用刑罚手段保护公民的个人信息安全实属必要，但刑罚手段有其特殊的适用范围，并非一切非法获取公民信息的行为均应受到刑罚处罚。

在全国范围内具有规范效力的行政法规、部门规章和司法解释直接提及"个人信息"保护的法律条款还有很多，不再一一列举。由此看来，我国很长一段时间并不是没有认识到保护个人信息的重要性，只是从总体来看内容分布较为散乱，这种碎片化的法律体系很难适应当前大数据时代各个领域对个人信息保护的要求。近年来，网络上出现公开兜售公民个人信息的广告，社会上甚至出现搜集、出售公民个人信息的"专业户"，对公民个人隐私及人身、财产安全构成严重威胁。因此，我国迫切需要一部公民个人信息保护方面的法律，对个人信息泄露事件做出统一的规定，因此，我国《个人信息保护法》应运而生。

《个人信息保护法》不仅是一部实体法，还是一部规范个人数据信息收集的程序法。《个人信息保护法》在规定主体权利和义务的基础上再加入操作性强的相关程序规定，以更好地解决司法难题，更好地保障公民的权益。在现代互联网、大数据、人工智能背景下，商家使用人脸识别、指纹识别等系统收集公民生物信息时，应当经过消费者同意，因为这涉及公民的肖像权、隐私权以及个人信息的保护，而且应当告知消费者使用方式和范围，并确保信息安全。在法律框架下，收集信息时应当坚持必要性原则，能不收集就不收集，因此个人信息保护要注重程序法的完善，商家应当经过正当的程序收集个人信息。在这一背景下，结合我国实际情况提出公法与私法相结合的个人信息权利化保护对策，国

---

❶ 公安部公布2021年侵犯个人信息十大典型案例 [EB/OL]. [2022 – 09 – 25]. http：//www.sxzf.gov.cn/m/html/13/114401.html.

家机关收集个人信息同样要按照法律规定的程序备案或者审批。我们虽然控制不了科技发展的速度，但我们可以用制度的刚性来保证科技向善，让科技在宪法规定范围内适用于人们的生活。

《民法典》与《个人信息保护法》是部门法之间平行关系，并不存在上下位法之间的定位。《民法典》与《个人信息保护法》都已经生效并在实践中适用，为避免二者冲突，可以进一步通过司法解释进行范围划分，由《个人信息保护法》确定实体规范和程序规范，由《民法典》确定民事责任，实现两部法律的衔接。❶ 虽然民法中有个人信息保护的相关规定，但是要摒弃个人信息保护法是民法的特别法的观念，二者都是在宪法统一下的部门法，没有上位法与下位法之分，也没有主次之分。《个人信息保护法》应当以宪法为根本遵循，并与《民法典》相协调，共同保护我国公民个人信息等合法权益。《个人信息保护法》第1条规定"根据宪法"，这几个字有非常重大的意义，因为它表明个人信息保护法的立法依据是我国宪法规定的"公民的人格尊严与自由不受侵犯"，个人信息保护法可以说是个人信息保护领域的基本法。也就是说，如果出现和其他个人信息保护相关法律规定冲突的情况，应该优先适用个人信息保护法。《个人信息保护法》在第1条明确了"根据宪法"，其实就间接地回应了个人信息保护法不是民法的特别法的这个问题。

在网络时代，个人信息的价值得到凸显，整个数字经济的核心都是建立在对个人数据的处理和分析之上的。一方面，个人信息为互联网用户提供超出预期的服务和体验；另一方面，互联网企业之所以能够提供超出预期的服务，是因为掌握了大量的用户信息。互联网企业向用户呈现的可能会收集到的数据类型大致可以分为三类：用来追踪用户的数据、与用户关联的数据以及不会与用户关联的数据。所谓数据用于追踪，是指从APP收集的用户或设备数据，与不同来源（如其他企业的APP、网站或线下场所）的数据两者进行关联，用于定向广告或广告评估目的；或者这些数据被数据代理商所共享。关联数据则是指不会用于

---

❶ 周汉华. 个人信息保护的法律定位［J］. 法商研究, 2020（3）.

追踪，但与用户身份信息有关的数据，再者就是与用户本人个人信息无关的数据。这样的分级标准是基于数据对于用户个人信息的威胁性级别来说的，在这种个人数据信息分类下，用户可以快速分辨出哪些数据属于关键敏感信息应该得到保护，而哪些信息不涉及敏感信息可以透露。

相关法规规定涉及个人信息收集的企业按照个人数据信息分类级别进行分类的原因在于，企业认为所有互联网开发者对个人信息进行的数据收集和使用，都必须是公开并且透明的，这样用户才能对个人数据信息做出明智的选择。互联网企业在隐私保护方面要尽可能地努力做到个人数据信息分类级别的标准。比如用户在使用 APP 时会收到弹窗提示，如是否提供麦克风、摄像头等访问权限。另外，用户也可以对 APP 的定位信息进行模糊设置。这些都是最基本的要为 APP 注入的设置功能，以便用户更好地控制个人数据隐私信息。

### 三、个人信息保护之域外经验举例

苹果公司对于用户个人信息数据保护方面的做法值得我们借鉴。从隐私政策来看，苹果开发者会陆续接到提交新的隐私信息的要求，并在一定期限内更新其 APP。事实上，但凡 APP 的隐私惯例有所改变，开发者都可以随时更新，而不必等到 APP 的新版本发布。从许多动作可以看到，苹果公司对于用户隐私的重视程度正在前所未有地加大。从 2021 年年初开始，苹果公司推出针对用户隐私保护的新功能 APP Tracking Transparency（ATT），应用程序必须通过弹窗请求访问用户的广告商标识符 IDFA。IDFA 是一种可以被用来追踪用户数据的定位符，而那些未经允许对用户数据进行追踪的应用，将从下一年年初起被移出应用商店。当时这项新规引起了广告界的不小抵触。在当初加入智能防追踪功能时，外界也有很多声音抗议称这会对广告业产生严重影响。但事实证明网页广告依然发展得很好，同时用户个人隐私也得到了保护。

关于隐私保护方面的新规也不会让 APP 开发者做出任何重大改变，包括商业模式，只需他们在获取数据方面获得用户的许可，类似的调试

第三章 数据的四重性 ＊

他们在应对麦克风和照片访问权限、模糊位置信息等控制功能上线时已经做得非常好。有的互联网企业认为，如果对个人信息保护过于保守，这会大大限制互联网企业向前发展的速度，为了保持我国互联网经济的持续发展，在个人信息保护法律法规方面要做出让步。从苹果公司的案例中可以看出，加强用户的个人数据信息规制并不一定会导致互联网企业商业模式的下滑式改变，在某种程度上还可以取得用户的信任而获取更多的商业利益。现在很多企业已经越来越认识到，在网络环境下能够很好地保护用户的个人信息，本身就是一种核心竞争力，这样不仅可以宣传企业自身的市场品牌，还可以增加企业的商业信誉。而且有些大型互联网企业已经从执行严格个人信息保护协议得到良好的反馈，甚至他们把个人信息保护作为一种产品输出。我们可以在个人数据信息的保护与促进互联网企业良性发展间寻求一个平衡点，互联网企业要坚决以用户为中心，绝不能为了谋求数据方面的商业利益而置广大用户的个人信息保护于不顾。

## 四、个人信息属性——典型案例解析

我国个人信息保护虽然尚处于初步探索阶段，但我国司法机关一直秉持对严重侵害个人数据信息的企业严惩不贷的原则，其中最典型的就是"大数据风控入刑第一案"。[1] 魔蝎数据公司主要通过将其开发的前端插件嵌入与其合作的各网络贷款公司、小型银行的应用软件中获取个人信息，为这类合作伙伴提供需要贷款的用户的个人信息及其他信用数据。具体过程为贷款用户使用合作伙伴的应用软件借款时，首先将其通信运营商、社保、公积金、淘宝、京东、学信网、征信中心等网站的账号、密码输入魔蝎公司提供的前端插件上，然后经过贷款用户授权后，魔蝎公司就可以无须经过用户直接登录上述网站，进入其个人账户，按照与用户的约定，利用各类爬虫技术，爬取上述企事业单位网站上贷款

---

[1] （2020）浙 0106 刑初 437 号判决书。

用户本人账户内的通话记录、社保、公积金等各类数据。最后，魔蝎公司就可以提供上述信息给合作伙伴用于判断用户的资信情况。合作伙伴每一单需支付给魔蝎公司 0.1～0.3 元不等的费用。魔蝎数据公司与用户之间是基于合同关系授权，即用户同意魔蝎公司爬取其在网络平台的各类个人信息。虽然在魔蝎数据公司云服务器中留存的用户数据的所有权归属尚有争议，但法官认为该案中此类具有强人身属性的个人信息属个人隐私。

魔蝎数据公司被法院判处刑罚的原因在于未经用户同意在自己租用的阿里云服务器上采用技术手段长期保存用户各类账号和密码，而这与其与个人贷款用户签订的《数据采集服务协议》中"不会保存用户账号密码，仅在用户每次单独授权的情况下采集信息"的约定并不一致，且判决认定魔蝎数据公司未经用户同意非法保存的个人贷款用户各类账号和密码条数多达 21 241 504 条，虽未造成个人信息数据泄露或非法利用等严重后果，但根据判决书的认定逻辑，魔蝎数据公司存储大量个人信息数据的行为本身已构成"情节严重"。尽管《网络安全法》第 21 条规定，对于网络日志等数据需要保存 6 个月以上，但该案的判决逻辑为：未经用户许可持有这样大量数据本身即构成危害，危及社会。情节严重在司法判例中一般是要数据、个人信息泄露数量较大，被非法利用等造成公民个人的人身、财产安全受到严重威胁的情节要素，如著名的"数据堂案件"，❶ 但魔蝎数据公司案已经说明司法实践对个人信息数据的保护力度在不断加强。即使是"留存"用户个人信息数据，未经用户许可，亦存在法律风险，达到一定程度或造成一定后果，将构成侵犯个人信息罪。魔蝎数据公司的"触刑"对很多大数据企业在数据风险合规管理方面具有极大的警示作用和参考价值。

数据隐私保护的暴风雨已经到来，任性收集用户各种信息的"野蛮生长"时代已经过去，互联网企业必须注重用户数据隐私保护，若不谨慎对待甚至可能触犯刑法。在对待公民个人数据隐私问题上，"大数据

---

❶ （2018）鲁 13 刑终 549 号判决书。

风控入刑第一案"给相关企业的启示是：公司、企业对待个人信息、隐私数据的使用要依法依规依约，特别是在获得用户明确许可的时间及内容方面，不可存有侥幸心理，即使是留存也要保持高度的警惕和敬畏之心，对待公民个人信息、用户数据，个人信息数据合规管理做得再细致都不为过。从以上案例可以看出，个人数据信息经过相关企业脱敏处理后，数据在一定程度上可以成为被交易的对象，由此企业数据具备了财产属性。

## 第二节　企业数据属性

在互联网与大数据的信息时代，每个人既是信息的生产者，也是信息的消费者，个人在网络空间的任何行为都会留下"数据记录"，将数据挖掘、整合和分析技术应用于"数据记录"，大量的用户数据记录聚合在一起就有可能带来个人信息及隐私暴露等问题，这对信息时代的个人隐私和个人数据信息保护均提出了诸多挑战；现阶段数据信息已经是互联网时代间接的财富和社会资源，借助数据信息技术的大规模应用，可以发现许多未知信息，以创造出新的价值，当下公有领域和私有领域对于个人信息数据利用的需求也比以往任何一个时代更为迫切。这种个人信息和数据记录的保护与利用的价值之间的冲突在网络精准广告的实践中就表现得尤其突出，在我国现有法院裁判的案例中，最典型的就是"Cookie 隐私第一案——朱某诉百度隐私权纠纷案"[1]。法院在判决中维护了互联网企业对具有财产属性的企业数据的所有权。

朱某上网时用百度搜索引擎查找某个关键词后，以后使用该搜索引擎再次浏览网页时会自动跳出与搜索关键词相关产品的推荐信息和广告，这一网络推荐精准投放营销行为蕴含了以互联网与大数据技术为支

---

[1] （2014）宁民终字第 5028 号判决书。

撑的现代网络商业经营模式,体现了大数据在企业应用方面的最新成果。互联网企业界将上述广告投放行为称为"网络精准广告"或者"网络定向广告",指的是互联网企业通过对用户在网络空间行为记录的数据分析,推算出网络用户目前或潜在的消费趋势,并以此作为投放广告类型依据做出的特殊网络广告。中国广告协会互动网络分会2014年制定实施的《中国互联网定向广告用户信息保护行业框架标准》中对网络定向广告的定义为:"通过收集一段时间内特定计算机或移动设备在互联网上的相关行为信息,例如浏览网页、使用在线服务或应用的行为等,预测用户的偏好或兴趣,再基于此种预测,通过互联网对特定计算机或移动设备投放广告的行为。"网络精准广告投放依赖于服务器与浏览器之间的信息交互的cookie技术,当网络用户利用浏览器访问服务器时,服务器就会自动发送一个cookie信息存储于网络用户浏览器。通过建立cookie联系后,服务器端对浏览器浏览的网页内容等通过技术分析后,推算出浏览器一方可能的个性需求,再基于此种预测向浏览器的不特定使用人提供个性化推荐服务。

一审法院认为利用cookie技术获取用户浏览记录的行为构成对朱某个人隐私的侵犯,百度公司不服一审判决提起上诉。二审法院否定了一审法院的判决,具体理由如下。通过二审对cookie技术事实的查明,可以明确以下要点:(1)百度公司收集的cookie信息主要是识别浏览器,识别浏览器后需要与搜索服务中保存的检索日志等其他信息结合才能分析出偏好;(2)cookie信息锁定的是浏览器,不能定位网络用户;(3)百度公司系租用联盟合作网站的网页位置提供个性化推荐服务,并不向联盟合作网站出售cookie信息、检索关键词记录以及浏览网页记录等数据信息。另外,通过对网络精准广告运作原理的研究,网络精准广告的核心在于对消费人群的特征做出判断,通过数据挖掘技术对内容接触痕迹、消费行为数据、受众网络关系等数据加以分析,完成对于具备一定共性人群的同类型化(贴标签),从而实现对目标人群按照一定特征重新识别与聚合。因此,网络精准广告数据应用的实质是针对特定的"人群",而不是"特定"的能够识别到具体用户的个人信息,意在通过对不特定用户网络行为的浏览记录信息数据分析结果，预测特定精准营销的内容。

二审法院认为，个人信息是指电信业务经营者和互联网信息服务提供者在提供服务的过程中收集的用户姓名、出生日期、身份证件号码、住址、电话号码、账号和密码等能够单独或者与其他信息结合识别用户的信息以及网络用户使用服务的时间、地点等信息。即只有隐私信息与特定主体之间的相关性能够识别时，才属于受法律保护的个人隐私信息的范畴。网络用户通过使用某一搜索引擎形成的检索关键词记录，虽然反映了网络用户的网络活动轨迹及上网偏好，具有一定的隐私属性，但这种网络活动轨迹及上网偏好一旦与网络用户主体身份相分离，便无法确定具体的搜索记录数据信息归属主体，不再属于个人信息范畴。当网络服务提供者和社会公众无法确定该偏好信息的归属主体时，匿名偏好信息就属于"不可识别"的信息，无法造成原告隐私权事实上的损害。例如，一条信息说："小明和邻居家女孩早恋"，毫无疑问，这条信息具有隐私属性，但公开这条信息的人可能并未侵犯任何人的隐私权，因为"小明"可能只是个化名，或者同一个小区叫"小明"的人很多，无法识别到底是哪个小明。但在侵权判定时就需要考虑到"可识别性"的主体对应关系问题，如果公布的"隐私信息"并未找到具体的匹配对象，公布这条信息的人可能并未侵犯任何人的隐私。因此，网络服务提供者收集利用匿名化处理的信息，不符合个人隐私和个人信息的"可识别性"要求，这不属于对隐私权的侵犯。

因此，一方面，互联网企业应严格遵循网络侵权责任的构成要件，正确把握互联网技术的特征，妥善处理好个人数据信息保护保护与信息自由利用之间的关系，既规范互联网秩序，又保障互联网发展。从另一方面来说，企业可以利用收集的这些大规模的用户数据记录信息实现自身发展，以更好的服务回馈用户。企业合法收集个人信息，并进行匿名化（脱敏）处理后就形成企业数据（也可称为数据资产），这些数据不能再由数据本身的特殊性直接回溯到特定个人，即这些数据不能再"识别"特定的个人。在互联网技术充分发展的社会中，数据成为各个企业争夺的资源,与土地、劳动力、资本、技术等并列成为生产要素。企业经过收集、加工、处理等方式获得相关信息,形成企业数据,使该数据具有经济价值属性,并通过该企业数据获得竞争优势,根据劳动创造价值理论,企业对通过自身劳动获得的企业数据拥有"所有权"。个人数据一旦被企业所掌控,成为企业的数据后,就成为企业的"财产",因此,数据具有企业数据的属性。在企业数据的属性中,通常会涉及数据处理、数据管理和数据交易。我们讨论企业数据权益保护的时候,要明确它保护的是数据集合,而不是单条或者若干条数据。企业数据或者个人数据不是互斥的概念,而是不同层次的概念。只有当复制使用大量的数据达到实质的量时,才构成涉及企业数据权益的保护。

## 一、数据处理

互联网企业在收集数据时需要对个人信息数据进行匿名化处理,以保障对数据的合规运用。在大数据时代,相关企业的运营核心包括对数据的采集、存储、分析与应用。在这一过程中,数据匿名化处理成为数据可以商业利用的关键。我国现行有效的法律严格禁止非法买卖公民个人信息的行为。最新颁布的《刑法修正案(九)》也继续重申强化了出售、非法获取个人信息罪。在此背景下,将个人数据信息匿名化显得格外重要,匿名化处理有两个标准:一个是不可识别标准;另一个是不可逆标准。相关数据应用企业需要交易的数据必须满足以上两个匿名化处理标准,否则会存在合规风险和侵犯个人信息风险。

就个人数据的处理活动而言,企业对收集的个人数据进行处理活动时应当严格遵循目的限制及最小化原则的要求,仅在收集个人数据时所承诺或者明确的目的范围内进行处理活动。若企业需对个人数据做承诺之外的进一步处理,此时新的处理活动已经超出了原来的目的需求,则应当具备新的法律基础。需要注意的是,欧盟数据委员会(EDPB)指出,仅为满足执法机构的要求而进行的个人数据处理不构成《通用数据保护条例》第5条意义上的"特定、明确和合法的目的",仅在执法机构经过法律授权成为《通用数据保护条例》项下的"第三方"时，互联网企业可以根据各成员国的具体法律规定向执法机构提供个人数据主体的相关数据。另外，企业收集个人信息的活动时需充分遵循用户授权范围收集数据。在直接收集情形（多发生于现场数据采集场景）下，为满足多样化的应用需求，收集数据时要用到人工智能系统，人工智能系统实际所收集的用户个人信息范围，存在超出用户授权同意范围的情形。例如语音和语义识别，在收集必要的语音数据、设备信息的同时，可能基于个性化推荐等进一步需要，而附加收集地理位置等数据，但后者收集可能未囊括在前者隐私政策披露范围。在间接收集的情形下，例如网上爬取、外部数据源采购等，多发生于训练、测试数据采集场景下，将用户数据等用于商业目的而非科研目的，可能面临数据收集处理与用户授权范围不相一致的数据信息违规风险。

## 二、数据管理

在数据管理方面，相关企业需要从数据全周期的角度对数据进行安全管理。数据全周期包括收集、存储、使用、交易和删除五个阶段。数据企业对个人信息进行合法收集，匿名化后形成数据，然后对数据进行存储，再对存储的数据进行使用，必要时可以进行数据交易。相关企业还要应个人信息主体的要求删除其相应的数据，则数据的生命周期至此终止。此外企业还需要对数据进行分层管理。于 2017 年 6 月 1 日起生效的《最高人民法院、最高人民检察院关于办理侵犯公民个人信息刑事案件适用法律若干问题的解释》规定，只要非法取得、出卖或者提供超过 50 条高度敏感信息，就达到了构成犯罪的标准；只要非法取得、出卖或者提供超过 500 条敏感信息，就达到了构成犯罪的标准；只要非法取得、出卖或者提供超过 5000 条一般个人信息，就达到了构成犯罪的标准。依据该规定，以信息的敏感性高低为标准，可以将个人信息分为三类：第一类为高度敏感信息，第二类为敏感信息，第三类为一般个人信息。行踪足迹、通信方式、征信情况、财产状况等均属于第一类高度敏

﹡ 数据四重性及其合规系统

感信息的范畴。住宿情况、通信内容、健康状况、交易情况等其他可能会影响人身和财产安全的公民个人信息均属于第二类敏感信息的范畴。自然人姓名、身份证号、联系方式等除了第一类和第二类的其他个人信息均属于第三类一般个人信息的范畴。相应地，将高度敏感信息对应的数据归类为高度敏感数据，将敏感信息对应的数据归类为敏感数据，将一般个人信息对应的数据归类为一般数据。

就数据管理层面来说，企业对个人信息数据保护最重要的一环是个人数据信息储存的安全性。大数据背景下，依托人工智能系统收集的个人数据信息，通常存储地点分为本地现场存储（前端）、后端数据存储（数仓、底层数据池等）、云端数据库等存储系统，根据不同应用场景需求设计数据存储策略。例如，在智能安防、汽车自动驾驶场景下，需要现场对数据进行实时分析、备份、回传、处理等；在智能家居、语义识别设备场景下，常见为云端处理及存储。在这些应用场景下，数据存储媒介存在大量数据信息安全问题，包括系统安全漏洞、模型存储文件被破坏等，均可能造成个人数据信息的泄露。对于人工智能系统所依托的智能硬件、软件环境，需高度重视信息安全设施建设及风险保障问题。在个人信息数据已经泄露的危急情形下，设置一定的应急保障机制是最明智的选择。另外，在存储期限方面，储存个人数据信息的企业应在满足法律法规要求的最低存储期限的基础上，按照数据存储时间最小化的原则要求，结合业务及技术需要，合理制定数据存储期限，避免数据永久存储带来的合规风险；在存储措施方面，相关企业应做到采取业内良好的技术保障措施，包括加密存储、物理分隔存储、访问权限管控等，以及针对生物识别信息采取匿名化处理、及时删除等存储。

在大数据时代，互联网企业产品引发的数据争夺容易导致数据壁垒，由于人工智能的发展依靠大量数据的喂养，企业纷纷展开数据争抢。对于底层数据资源的竞争是人工智能企业最关键的市场竞争力体现。在这种情况下，企业、机构间不愿意共享、流通数据，而导致形成"信息壁垒"。信息壁垒在一定程度上阻碍了信息数据的流通，但是数据也是各个公司竞争的对象，从目前我国法院案例判罚情况来看，法院支持数据权益属于公司所有,恶意侵犯其他企业的数据权益就违反了《反不正当竞争法》的规定,最典型的案例就是腾讯公司与聚客通群控软件相关公司不正当竞争数据纠纷案。[1] 腾讯公司开发运营个人微信产品,为消费者提供即时社交通信服务。个人微信产品中的数据内容主要为个人微信用户的账号数据、好友关系链数据、用户操作数据等个人身份数据和行为数据。两被告浙江搜道网络技术有限公司、杭州聚客通科技有限公司开发运营的"聚客通群控软件",利用 Xposed 外挂技术将该软件中的"个人号"功能模块嵌套于个人微信产品中运行,为购买该软件服务的微信用户在个人微信平台中开展商业营销、商业管理活动提供帮助。腾讯公司向浙江省杭州铁路运输法院提起诉讼,主张其享有微信平台的数据权益,两被告擅自获取、使用涉案数据,构成不正当竞争。一审法院认为,网络平台方对于数据资源整体与单一原始数据个体享有不同的数据权益。两被告通过被控侵权软件擅自收集微信用户数据,存储于自己所控制的服务器内的行为,不仅危及微信用户的数据安全,而且对腾讯公司基于数据资源整体获得的竞争权益构成实质性损害。两被告的行为有违商业道德,而且违反了网络安全法的相关规定,构成不正当竞争。一审法院遂判决两被告停止涉案不正当竞争行为,共同赔偿腾讯公司经济损失及为制止不正当竞争行为所支付的合理费用共计 260 万元。

首先,该案中原告主张享有数据权益的涉案数据均为微信用户的个人身份数据或个人行为数据。该部分数据只是将微信用户信息作了数字化记录后形成的原始数据,并非微信产品所产生的衍生数据。其次,原告主张数据权益的微信数据,可以分为两种数据形态:一是原始数据个体,二是数据资源整体。网络平台方对于原始数据个体与数据资源整体所享有的是不同的数据权益。就微信平台中单一原始数据而言,数据控制主体只能依附于用户信息权益,依其与用户的约定享有原始数据的有限使用权。未经许可使用他人控制的单一原始数据只要不违反"合法、

---

[1] (2019)浙 8601 民初 1987 号判决书。

必要、征得用户同意"原则，一般不应被认定为侵权行为。因此，两被告擅自收集、存储或使用单一微信用户数据仅涉嫌侵害该微信用户个人信息权，原告不能因此而主张损失赔偿。就微信平台数据资源整体而言，微信数据资源系两原告经过长期经营积累聚集而成的，能够给原告带来竞争优势，原告对于微信数据资源应当享有竞争权益。如果被告未经许可规模化破坏性使用该数据资源，则构成不正当竞争，原告有权要求获得赔偿。

该案中，被诉侵权软件具有收集、存储及监控微信产品数据的功能。涉案微信数据并非相关经营性用户单方信息，还涉及作为经营性用户微信好友的其他微信用户个人身份数据，以及经营性用户与其微信好友通过相互交集而共同提供的用户行为数据。两被告擅自将该部分并不知情的微信用户的数据进行存储或使用，违反了《网络安全法》的相关规定，构成对微信用户信息权益的侵害，且势必导致微信用户对微信产品丧失应有的安全感及基本信任，减损微信产品的用户关注度及对用户数据流量的吸引力，损害原告对于微信数据资源享有的竞争性权益。两被告的行为不仅有违商业道德，而且违反了《网络安全法》的相关规定，构成《反不正当竞争法》第2条规制的不正当竞争行为。该案系涉及数据权益归属判断及数据抓取行为正当性认定的典型案件，其判决兼顾平衡了各相关方的利益，合理划分了各类数据权益的权属及边界，为数据权益司法保护提供了理性分析基础，也为防止数据垄断、完善数字经济法律制度、促进数字经济健康发展提供了可借鉴的司法例证。

数据被称为互联网时代的石油，我国司法机关也要寻求数据垄断与数据竞争之间的平衡。数据"信息壁垒"的存在一定程度上阻碍了那些迫切需要大量数据来提升AI技术、增进人民福祉的企业或机构的发展。以医疗数据为例，医疗行业的数据对于提高诊疗效率、优化诊疗方案、促进临床试验等有举足轻重的作用，因而成为医院、药品企业、药械企业争抢的对象。政府与企业之间、大企业与小企业之间、行业与行业之间，因数据确权、数据安全等问题存在诸多法律和技术上的数据壁垒，形成"数据孤岛"。这不仅极大制约了人工智能的发展，也成为滋生

"数据黑产"的主要经济动因。成熟的医疗数据要素市场尚未形成，数据合法、便捷、安全、低成本的交易流通机制仍是空白，这远远无法满足医疗行业对于数据资源的需求，因此部分企业只能铤而走险，违规购买或违规收集数据。可见，一方面互联网技术的发展需要大数据支撑，另一方面也会带来数据争夺。因此，网络空间的发展需要安全、有序的数据分享机制，否则反而会阻碍数据流动形成"数据孤岛"。

在互联网技术深入发展的情况下，某些企业采用新型技术手段非法获取数据信息的案件越来越多，"网络爬虫"技术就是其中的典型代表。某公司窃取2.1亿条简历数据，法院作出同类案件"最重"处罚。[1] 2015—2019年，该公司组建专门爬虫技术团队，在未取得求职者和平台直接授权的情况下，秘密爬取国内主流招聘平台上的求职者简历数据。检察院提出具体指导意见，从涉案数据中发现具有爬虫特征的2.1亿余条个人信息。被告单位被判处罚金4000万元，被告人王某某被判处有期徒刑7年，罚金1000万元。从以上案例中可以看出，为保护个人数据信息，我国一般对非法的爬虫抓取行为采取严厉打击的态度，法院对爬虫行为性质的认定反映出企业数据保护的复杂性和微妙性，即企业数据虽然由企业暂时控制，却关涉到公共利益和信息自由，美国法院甚至认为数据的分享与言论自由相关。侵权法对数据的保护不能忽视这一背景，但在我国现有的爬虫抓取数据的案件中，法院多认定爬虫抓取行为为不法行为，以不正当竞争规则对其进行责任追究，甚至追究当事人的刑事责任。除爬虫抓取行为外，在其他不当访问行为的认定中，除坚持获取的是非公开信息外，还应将企业是否采取了足够的安全防护措施作为侵权行为认定的必要条件。君子爱财，取之有道。通过非法获取的数据信息在数据市场上进行交易，最终得到的不是物质上的利益，而是身体上和精神上的惩罚。

---

[1] ［以案释法］科技公司利用爬虫技术窃取2.1亿条简历数据 海淀区检察院成功起诉，保护公民个人信息［EB/OL］.［2022-09-25］. https: mp. weixin. qq. com/s/cVJ53ulKTMTvFZrau81I5Q.

## 三、数据交易

企业需要对数据进行安全管理，对数据进行合规运用，在特定条件下可以对企业数据进行交易。已经匿名化处理，不能再"识别"特定的个人的企业数据可以在特定的场所以确定的规定进行交易。2020年3月30日，中共中央、国务院发布《关于构建更加完善的要素市场化配置体制机制的意见》，将数据与土地、劳动力、资本、技术等并列为生产要素，要加强数据资源的整合和保护，具体来说，就是要开放政府数据的同时要加强政务数据的保护，要提升社会资源价值同时要加强企业商业秘密的保护，在引导培育大数据交易市场的同时要加强个人信息的保护。数据合法取得和匿名化处理是数据可交易的前提。[1] 基于大数据交易本身存在的交易风险，制定相关交易规则，进一步锁定数据交易主体、范围、价格及数据质量等方面的具体实施细则，通过行政立法建立自律监管与行政监管并行的监管模式，一方面保障数据的交易安全，另一方面实现数据的自由流通。

在数据信息自由流通方面，数据本来是不需要保护的，为什么今天提出要赋权数据、保护数据？这实际上是大数据时代企业竞争模式下的一种新的需求。从古至今，大数据就是人类认知世界的一种方式，人类从远古时期都是通过收集数据、分析数据，然后得出结论，无非大数据时代有了机器和算法的加入。所以，大数据也可以看作一个生产知识的原始数据的处理系统，数据就是机器可读的、可编码的信息。只有成为机器可读的信息，数据才能够进行关联分析，数据挖掘以及各种各样的智能工具才能实现对数据的分析。这种智能工具运用的原料是原始数据，原始数据并不是说没经过处理的数据，而是说数据经过处理，处理成能够被机器算法分析的数据信息。这样的原始数据的重要特征就在于

---

[1] 李刚，张钦坤，朱开鑫. 数据要素确权交易的现代产权理论思路 [J]. 山东大学学报（哲学社会科学版），2021（1）.

它是非消耗的，它可以不断地同其他数据相结合，在和其他对象不断地关联分析中产生新的交织。

从另一方面来看，数据赋权的对象应该是这一类可机读、可重复利用的原始数据，而这一原始数据并不是天然产生的，而是被收集生产出来的。在这个过程中，数据除了被采集，还需要经过加工、汇集、清理的程序形成新的数据库，我们把数据库生成的过程看作另一种生产，也就是说通过这种收集整合分析的过程把采集出来的原始数据形成一种具有可用价值、能够为企业发展应用的数据。所以数据本身没有价值，或者说本身没有多少价值，在数据收集中观察它的关系模式才有价值产生，这样的数据是在特定的企业业务应用场景下用于解决特定问题的，数据的利用是非排他的。因此，数据采用不正当竞争保护的目的是促进数据的流通和分享，因为数据在分享过程中才能体现更大的价值。同时数据采用不正当竞争保护还有一个目的在于不能让数据的控制者或者生产者永久地绝对支配数据信息，否则会与知识产权的目的相悖。所以，法律上的逻辑就是数据能够成为可交易的东西，成为一个可交易的商品，从而成为权利的客体。从我国现阶段的司法判例中可以找出我国反不正当竞争法对企业数据保护的规律。

1. 北京微梦创科网络技术有限公司诉北京淘友天下技术有限公司、北京淘友天下科技发展有限公司不正当竞争纠纷案[*]

第三方应用未经用户同意且未经开放平台授权，获取并使用平台用户信息的，构成不正当竞争。网络平台提供方可以对在用户同意的前提下基于自身经营活动收集并进行商业性使用的用户数据信息主张权益。互联网中第三方应用通过开放平台例如 Open API 模式获取用户信息时应坚持"用户授权+平台授权+用户授权"的三重授权原则，第三方应用未经用户同意且未经开放平台授权，获取并使用平台用户信息的行为，构成不正当竞争行为。

---

[*]（2016）京73民终588号判决书。

**2. 阳光数据公司诉霸才数据公司违反合同转发其汇编的综合交易行情信息不正当竞争案**\*

未经许可获取信息提供商经过深加工的信息并为商业目的进行有偿传输的，构成不正当竞争。经过信息提供商深加工的信息源无论从信息资源本身的价值，还是开发者新的投入、市场竞争能力看，其与各交易所的信息源的实用价值和经济价值已经出现较大的区别，应当认定为不同的两种信息源。信息经过深加工后，已经产生增值的社会和经济效益。经营者未经许可获取信息提供商经过深加工的数据信息，并为商业目的向其客户有偿即时传输，违反了经营者在市场交易中应当遵循的诚实信用原则和公认的商业道德，构成不正当竞争。

**3. 饭友 APP 抓取微博数据不正当竞争纠纷案**\*\*

擅自抓取、使用他人网络数据，对他人产品构成实质性替代，分流他人潜在客户的，构成不正当竞争行为人擅自抓取、使用他人网络数据，界面设计和被抓取网络数据平台的内容基本相同，对他人产品的部分内容构成实质性替代，分流他人潜在客户，妨碍、破坏了其他经营者的正常运行，违反了《反不正当竞争法》第 12 条的规定，构成不正当竞争。

**4. 北京微播视界科技有限公司诉北京创锐文化传媒有限公司不正当竞争纠纷案**\*\*\*

擅自采用技术手段或人工方式获取短视频平台视频资源及用户评论并向公众提供的行为构成不正当竞争，短视频平台所展示的短视频内容、用户评论等资源均是经营者通过正当合法的商业经营所获得，并由此带来经营收益、市场利益及竞争优势，诸多合法权益应受反不正当竞

---

\* 审理法院：北京市高级人民法院，来源：《人民法院案例》1999 年第 2 辑。
\*\* （2019）京 73 民终 2799 号判决书。
\*\*\* 审理法院：北京市海淀区人民法院，来源：《法信精选》。

争法的保护。同业竞争者直接采用技术手段或人工方式非法获取短视频平台的视频资源及评论内容并向公众提供的行为掠夺短视频平台经营者的经营成果，损害了其他经营者的合法权益，违反诚实信用原则和公认的商业道德，构成不正当竞争。

5. 湖南蚁坊软件股份有限公司与北京微梦创科网络技术有限公司不正当竞争案*

通过非正常手段抓取、存储、展示网络平台数据，并基于这些数据进行加工整理形成数据分析报告的行为具有不正当性，破坏了网络平台服务的正常运行，构成不正当竞争。经营者开发的系统未经授权，通过技术手段破坏或者绕开网络平台所作的技术限制，抓取、存储、展示网络平台数据，并基于这些数据进行加工整理形成数据分析报告的行为具有不正当性，破坏了网络平台服务的正常运行，违反了《反不正当竞争法》的相关规定，构成不正当竞争。

6. 淘宝（中国）软件有限公司与安徽美景信息科技有限公司不正当竞争纠纷案**

不当利用他人数据产品获取竞争优势，扰乱互联网大数据市场竞争秩序的行为构成不正当竞争。开发者对数据产品享有竞争性财产权益，同行业竞争者不当利用他人数据产品获取商业利益，属于不劳而获的搭便车行为；该行为违反了诚实信用原则和公认的商业道德，破坏了正常的数据产品经济竞争秩序，损害了数据产品开发者的合法权益，属于《反不正当竞争法》第 2 条所规制的不正当竞争行为。

7. 深圳谷米公司诉武汉元光公司不正当竞争纠纷案***

利用爬虫技术盗用他人数据构成不正当竞争。经营者对合法获取的

---

\* （2019）京 73 民终 3789 号判决书。
\*\* （2018）浙 01 民终 7312 号判决书。
\*\*\* （2017）粤 03 民初 822 号判决书。

数据信息进行收集、分析、编辑，使之整合为具有商业价值并能为其带来竞争优势的大数据，该大数据受我国《反不正当竞争法》保护。他人未经许可利用网络爬虫技术盗用经营者的大数据，构成不正当竞争，应承担相应法律责任。

8. 腾讯计算机公司、腾讯科技公司诉浙江某网络公司、杭州某科技公司不正当竞争纠纷案*

第三方擅自收集、存储网络平台用户数据并进行破坏性使用的，构成不正当竞争。第三方通过涉案群控软件擅自收集、存储网络平台的用户数据，势必导致该平台用户对平台丧失应有的安全感及基本信任，减损平台对于用户关注度及用户数据流量的吸引力，进而恶化网络平台既有数据资源的经营生态，损害平台的商业利益与市场竞争优势，对网络平台既有数据资源竞争权益构成实质性损害，其经营活动明显有违商业道德，构成不正当竞争行为。

9. 上海汉涛信息咨询有限公司诉北京百度网讯科技有限公司、上海杰图软件技术有限公司不正当竞争纠纷案**

未经许可大量完整使用点评信息达到实质替代程度，明显造成对同业竞争者损害的，构成不正当竞争。对信息使用市场竞争行为是否具有不正当性的判断应当综合考虑涉案信息是否具有商业价值，能否给经营者带来竞争优势，要以请求救济方获取信息的正当性、难易程度和成本付出，竞争对手使用信息的范围和方式等因素加以评判。未经许可大量完整使用点评信息达到实质替代程度的行为明显造成对同业竞争者的损害。

从以上我国司法实践来看，对于数据确权还没有一个完整清晰路径的情况下，数据企业纷纷转向了反不正当竞争法上的权益来进行保护和

---

\* 审理法院：浙江杭州互联网法院，来源：《人民法院报》2020年6月4日第3版。
\*\* (2016) 沪73民终242号判决书。

规制。从美国、欧盟、日本不同国家和地区对于数据权益保护路径的立法及司法实践来看，其对于数据发展经济方面的考虑给予了非常重要的地位。从我国现有的情况来看，如何在规模经济的环境下更大地发挥数据的价值，知识产权保护是一个比较现实和有效的方法，从知识产权各部门法的规制来看，从著作权法到商业秘密法、专利法等，都给数据知识产权保护留有一定的空间，非常有利于数据作为一种生产要素在数字经济中的基础性地位的发挥。

从我国现有的数据交易与数据保护现状来看，在未来很长的一段时间，我国法律法规会将数据确权做一个空白的表述，留待司法实践和商业实践不断探索，正在于数据区别于其他传统的生产要素。作为数字经济生产要素的时候，它有其特殊性，主要的特殊性就在于它的可复制性与流通性质。数据恰恰在不断流动、交换、使用的过程中，才能发挥出更大的价值，而且不同主体对同一种数据资源的利用方式不同，发挥出的价值也是不同的。因此，应该基于商业模式创新的角度，而不是在初始阶段就对数据确权有一个明确的规定，这样会限制数据交易或者数据抓取类行为中数据的流动，要在司法实践中把握数据权益保护和价值发挥之间的平衡。

## 第三节　公共利益属性

在数据交易过程中，某些数据一旦被泄露将会危害公共安全，那么这些数据就涉及公共利益问题，因此数据具有公共利益属性。

### 一、GPL协议与数据的公共利益关系

GPL协议全称GNU General Public License，译为"GNU通用公共许可协议"，由自由软件基金会（FSF）制定一种开源软件许可协议。GPL

协议核心思想：如果你的软件使用了受 GPL 保护的代码，那么你的软件源代码也要公开出来。相关权利人将其软件的复制权、发行权、修改权等附条件地许可给不特定公众而形成的著作权许可合同，构成了开源协议的实质内容。开源协议属于双务性合同，被许可人应该履行开源协议中公开软件源代码的义务，否则会自动导致终止授权，从而产生侵权风险。开源软件不是免费的软件，违反 GPL 协议中开源义务的被许可人，由于授权终止从而侵犯他人的软件著作权。因此，不能以开源软件的开源性，主张企业数据也应适用类似开源软件的规则，从而认定企业数据已进入公知领域，任何人均可以免费使用。

开源软件起源于 20 世纪 80 年代美国的自由软件和开放源代码运动，是对当时大行其道的商用软件传统模式的反叛，旨在打破商业软件的垄断，加强技术的自由交流与合作。尽管开源软件推崇开放、自由和共享的理念，使用开源软件也通常无须支付费用或另行获取著作权人的许可，但并不意味着使用开源软件无须承担任何责任。开源软件基于著作权法下"版权许可"的方式，通过附随的许可协议约定使用该等软件应遵循的条款条件。遵循开源软件许可协议使用该开源软件，即已遵守著作权利人的版权许可，不侵犯著作权。也就是说，一旦使用开源软件，即视为已同意接受该开源软件附随的许可协议，遵守其中规定的条款或限制。反之，如果不遵守开源软件许可协议，则构成对开源软件著作权的侵犯。开源软件秉持开放、自由和共享的理念，同样，数据的发展也倡导自由流通，但是大数据的发展还处于初步阶段，对数据自由流通要施加一定限制，合理规制数据市场竞争关系，因此，数据目前还不允许直接进入公有领域。

## 二、API 与数据的公共利益关系

目前许多企业通过 API（Application Programming Interface，应用程序编程接口）无偿向特定用户分享自身数据，该特定用户获取数据后，企业数据权是否会丧失？API 分享不会导致企业数据权的丧失。其实通过 API 分享数据，通常会签署《开发者协议》，该特定用户接受《开发者协议》之后才能通过 API 获取数据，而《开发者协议》具有许可协议的性质，相当于企业通过 API 的方式将自身数据许可给特定用户使用，因此，API 分享不会导致企业数据权的丧失。在新浪微博诉脉脉不正当竞争案件中，新浪微博开放平台的《开发者协议》约定了双方当事人通过微博开放平台 Open API 开展合作，被告接受了提供的《开发者协议》，《开发者协议》约定"用户数据"属于微博的商业秘密。❶ 可见，不能因为脉脉通过 API 获得新浪微博的用户数据，而认定新浪微博丧失了对数据的权益。

在新浪微博诉脉脉不正当竞争案件中，数据合同对于企业数据的保护主要体现在两个场景：一是数据分享合意；二是数据交易。数据分享合意的典型形式即是通过"应用程序编程接口"（API）进行的数据共享，数据交易则是企业之间通过约定或通过数据交易所进行的数据交易行为。API 数据共享是双方约定相互应用程序编程接口进行的数据分享形式，双方基于合意就互享的形式和权限达成了一致。合意分享方式在实际中的纠纷大多来自共享方超越权限获取对方信息的行为，如上述新浪微博诉脉脉不正当竞争案，以及 2019 年腾讯就微信昵称、头像、好友关系链数据诉抖音、多闪不正当竞争案等。对于超越约定权限获取共享方数据给对方造成的不利，上述案例中当事人均选择通过不正当竞争规则来主张救济，并没有选择合同保护方式。数据交易形式目前处在探索和发展过程中，自 2015 年贵阳数据交易所建立以来，通过各类交易所成交的数据量并未如预期般形成爆发之势，其中针对数据的易于流传性和及时分享特征所做的交易安排，应当有别于传统存量资产的交易方式，并构成交易所设计的交易构架的重要部分，作为交易关系法定形式的合同协议等也应纳入交易保障的体系。

数据企业参与数据合作协议具有极大数据泄露的风险，原因在于数据的无限复制属性。当数据企业终止合作协议时，不可能真正切断数据

---

❶ （2015）海民（知）初字第 12602 号判决书。

的流通与传播，因为数据一经分享即脱离原有控制人进入流通领域，这是由信息流动的"元规则"决定的，在法律上企图强制性地要求经过交易已由相对人掌握的数据不再流动，在法律上并不具有可行性，原因在于：一是在数据交易后相对人获得了对数据的完全控制状态，这种状态与原控制人并无两样，也不可能形成某种从属的权利关系，受让方享有信息传播自由；二是数据交易并非排他性的财产交易，它本质上是一种信息服务，且可同时与多方交易，另外交易达成后原数据控制方的信息控制并不受影响。在签订协议时双方可以通过保密条款来设定交易双方的利益分配，这属于意思自治范畴，理应受到法律承认和保护。至于如何避免数据分享人擅自将数据再行交易，除非原数据控制人能够通过现实技术阻止数据再次分享，目前现实阻止技术还达不到阻止数据传播的目的，否则数据将进入公共市场流通，并形成涟漪效应，原数据控制人只能处在与分享人同样的地位，通过改进信息服务、提升数据质量和研发数据产品等进一步实现企业数据的价值。

### 三、数据的公共利益属性

如果数据涉及公共通信、交通、金融等重要领域，一旦数据被泄露将会危及公共安全，那么这些数据就涉及数据公共利益问题。关于运行的公共安全（公共利益）方面，于2015年7月1日颁布的《国家安全法》第25条规定，应当对信息网络核心技术、关键基础设施、重要领域的信息系统进行保护以确保安全；于2016年11月7日颁布的《网络安全法》第76条规定，保障网络技术系统免受攻击和可靠运行，并保障网络数据的完整性、保密性和可用性。于2021年6月10日颁布的《数据安全法》第21条规定，要分类分级保护数据，涉及公共利益的数据属于国家核心数据。从数据自身特点以及上诉法律规定来看，数据具有公共利益属性。

当下互联网各大平台为赚取利益，不惜损害社会公共利益，比如"大数据杀熟"现象层出不穷。"大数据杀熟"主要表现为电子商务平台经营者利用大数据分析、算法等技术手段，根据消费者或其他经营者的偏好、交易习惯等特征，基于成本或正当营销策略之外的因素，对同一商品或服务在同等交易条件下设置不同价格；为排挤竞争对手或独占市场，尚不具有市场支配地位的电子商务平台经营者通过补贴等形式以低于成本的价格倾销，扰乱正常的生产经营秩序，损害公共利益或者其他经营者的合法权益。面对数据企业对公共利益的严重损害，只能政府出手监管，我国市监总局拟出新规，"大数据杀熟"最高可处以上一年度销售总额5‰的罚款。违法者将被给予警告，没收违法所得，可以并处上一年度销售总额1‰以上5‰以下的罚款。

在数据公共利益层面，当下数据保护依然面临严峻挑战。对大数据企业来说，仍然面临是否合规收集生物识别信息的考问。在人脸识别、语音及语义识别应用场景下，通常需要以用户面部识别数据、声纹数据等生物识别信息作为基础的数据源。目前国内外对于生物识别信息的监管日趋严格，以国内为例，新版《信息安全技术—个人信息安全规范》对于生物识别信息的收集及后续的存储管理均有明确要求，在明确告知用户且获取其明示同意的前提下，建议仅在前端收集并使用数据，后端存储尽量仅保留数据概要或者经匿名化处理的数据。与此同时，《信息技术安全技术生物特征识别信息的保护要求（征求意见稿）》以专门标准形式，讨论规制生物识别信息的收集处理问题。整体而言，对待以生物识别信息为代表的个人敏感信息的收集处理，相关企业需保持高度的审慎性。

在司法层面，我国司法机关针对数据纠纷裁判规则不一致的问题采取了一系列措施，其中涉及一些公共数据裁判规则的问题，最典型的就是全国首个"数据纠纷合议庭"在广州挂牌，全国首个涉数据纠纷专业合议庭在广州互联网法院挂牌成立。涉数据纠纷专业合议庭将审理由该院集中管辖的涉及个人数据、企业数据、公共数据的收集、存储、使用、加工、传输、提供、公开、删除等数据处理及数据安全的第一审案件。此专业合议庭的设立有利于推动《民法典》《数据安全法》等数据权益相关立法条文落地生根，以具有社会影响力的鲜活判例填补数据权益司法实践空白，促进数据司法实践裁判规则统一。

在现阶段，网络数据化有三个特征：万物皆可编程、存在的均要互联、大数据驱动业务拓展，本质上是用数据定义世界，城市、网络、社会观念都将由数据定义。这也意味着万物数据化让整个网络安全环境更加脆弱，数据安全风险将无处不在，整个网络世界更易攻击，对社会经济技术发展造成的危害也更大。这与社会公共利益有着密切关系，因此，网络安全需要一套新战法和新框架。比如说数据网络安全在指导思想上，不能再把网络安全当作信息化数字化的附庸。另外，坚决去除固定思维，不能再依靠堆砌碎片化产品解决问题，而是直面安全挑战，以作战对抗攻防这种思维为指导，建设体系化的安全能力系统。

## 第四节　国家安全属性

数据流通的全过程总是掺杂着交易的气息，个人与个人、个人与企业、企业与企业、企业与国家、国家与国家这些数据主体无时无刻不在传递数据信息，其中最关键的就是数据在国家与国家之间的传递，这涉及数据跨境流动的问题，某些数据属于国家的机密数据，流动传播到国外会危及我们国家的生死存亡。所以在数据流动过程中，必然涉及数据的国家安全属性。从具体内容上看，数据的国家安全属性具有两个层次的含义：数据本身具有国家安全属性和以数据为内容的网络空间治理具有国家安全属性。

### 一、数据本身具有国家安全属性

在前文所述的"数据出境第一案"中，我国国内的相关主体未经国家安全审批，直接将国人的基因数据传输到境外，供境外研究机构进行研究。我国人类遗传资源中的基因数据如被其他国家掌握后，其他国家

第三章 数据的四重性 *

可能会针对中国人特定的基因研制基因武器，对我国发动基因战，如此则会对我国造成毁灭性的打击。因此，我国人类遗传资源数据安全属于涉及国家安全的一种，遗传资源数据出境必须经国务院科学技术行政部门批准。人类遗传资源数据属于国家安全的范畴，应以"国家安全"的方式来保护。此外，《数据安全法》第1条明确规定，数据处理活动需要维护国家主权；第24条明确规定，应当尽快建立国家数据安全审查制度，如果某项数据处理活动涉及国家安全的，应当对该项活动进行国家安全审查。从上述案例和法律规定可知，数据涉及国家安全时，其就成了国家安全数据，因此，这些数据本身具有国家安全属性。

基于某些数据涉及我国国家安全问题，这些数据是不能随意采集使用的，因此个人或者企业在收集数据时，要认真研判该数据是否会危及国家安全，另外，相关企业在收集数据信息时，按照法律规定收集企业可以收集的数据，对一些较为敏感的涉及国家安全的数据尽可能排除出去，如果一味地无差别地收集数据就可能危害国家安全。

当下人工智能企业在收集数据方式方面采用较为一致的自动收集数据的方式，特别是在自动驾驶汽车应用场景中自动捕捉数据信息上传至中枢系统，该系统进一步将采集到的数据信息实时分析整合研判，在综合分析后立即做出相应的指令，以使自动驾驶汽车处于实时运行的安全状态。这可谓无差别的收集数据的方式，所见即所得。人工智能系统无法识别国家某些敏感信息而统统收集到一起，特别是在大数据技术研发和场景应用中均需要常态化、持续性、高速率、低延时的跨境数据流动的情况下，危害国家安全的风险剧增。现场无差别收集是人工智能自动数据采集的重要方式，这种采集方式广泛应用于无人驾驶、智能家居、智慧城市等现实生活场景。这种自动采集方式主要通过在公开环境中部署各类传感器或采集终端，以周围的环境数据信息为对象进行无差别、不定向的现场实时采集。

自动驾驶汽车自动收集的涉及危害国家安全的数据信息，比如在智能网联汽车的无人驾驶场景中，自动驾驶汽车的传感器需要采集街景数据来支持智能驾驶系统的决策从而控制汽车行驶。但是这种无差别的街景数据采集必然会采集到行人的个人数据，甚至可能会采集到路边的重要基础设施分布、军事营区等重要数据从而给国家安全带来风险。而且在智能网联汽车领域，智能汽车产生的路况、地图、车主信息等大量数据可能回传至汽车制造商的境外服务器，进行产品优化升级和售后服务支撑。如果没有经过数据出境安全评估或网络安全审查，则可能带来个人敏感数据和重要数据出境后的安全风险。这种人工智能系统应用引发的跨境数据流动，不仅因各国日益趋严的数据安全规制和本地化要求而面临极大的法律障碍，更可能对国家安全、数据主权带来严峻挑战。

最典型的案例无疑就是2021年滴滴公司上市数据出境危害国家安全事件。这一事件引起了社会公众对数据主权、数据安全等问题的广泛关注。新一代信息技术催生了大批中国科技企业，一部分企业掌握着海量的用户敏感数据，其在国际资本市场积极追求境外上市，可能会损害国家数据安全和公共利益。数据主权关乎国家利益，是国家主权的重要组成部分。我国应当将保护数据安全置于国家战略高度，顺应全球数字经济的严监管趋势，全力捍卫国家数据主权。

## 二、以数据为内容的网络空间治理具有国家安全属性

如上所述，数据为网络空间的内容，网络空间已成为国际法新疆域。各国为了获得网络空间的话语权，积极参与国际网络空间治理，在网络空间治理的国际法适用问题和新规则制定问题上存在较大分歧。而数据作为网络空间的核心内容，必然成为各国在网络空间治理中争夺的对象，网络空间治理已经被视为涉及国家主权安全的问题来对待。《国家安全法》第25条和《网络安全法》第1条均提出了"网络空间主权"的概念。因此，以数据为内容的网络空间治理具有国家安全属性。

数字经济已经成为国际竞争的制高点，数据领域面临的国家安全风险日益突出，尤其是国家基础信息、国家核心数据日益成为境外情报窃密的重要目标。2022年4月，国家安全机关破获了一起为境外刺探、非

法提供高铁数据的重要案件。❶ 这起案件是《数据安全法》实施以来，首例涉案数据被鉴定为情报的案件。境内某信息技术公司按照国外某机构的要求购买设备，并进行安装调试。调试过程中，对方突然提出让该信息技术公司为他们开通远程登录端口的要求。对方可以远程控制这台电脑做相应的测试，也可以实时地拿到对应的测试数据，对方可能以这种形式已经将数据转移到海外。国外不法分子如果非法利用这些数据故意干扰或恶意攻击，严重时将会造成我国高铁通信中断，影响高铁运行秩序，对铁路的运营构成重大威胁；同时大量获取分析相关数据，也存在高铁内部信息被非法泄露甚至被非法利用的可能。

在数据时代，境外一些机构、组织和个人，针对我国重要领域敏感数据的情报窃密活动十分突出，这给国家安全和经济社会发展造成重大风险隐患。国际上很多国家要求跨国企业在本国收集的数据只能储存在国内的数据库，不可流动传递到其他国家，否则该跨国企业将面临严厉制裁，比如俄罗斯联邦通信、信息技术和大众传媒监督局此前已向脸书、推特和谷歌发布通知，要求这些公司提交俄罗斯用户数据库在俄国本土化的相关信息。如果这些公司不予及时回应，将会被追究责任。按照俄罗斯关于个人数据的相关法律，所有公司若要保存俄罗斯用户的数据，就必须保存在俄罗斯联邦境内的数据库中。对于外国公司在俄罗斯开展相关业务，涉及俄罗斯用户数据的，必须在俄罗斯境内实现本土化，并及时申报、上交本土化相关信息。我国也已出台类似措施，防止重要数据外泄，切实维护我国数据国家安全。

2017年，中央网信办发布《个人信息和重要数据出境安全评估办法》，据此，数据本地化要求扩展到所有网络运营商而不仅是《网络安全法》中规定的关键信息基础设施运营商，我国对数据本地化存储的要求更加严格。在《网络安全法》的框架下，我国陆续制定了《数据安全法》《个人信息保护法》等法律，出台了《数据安全管理办法（征求意

---

❶ 国家安全机关破获一起为境外刺探、非法提供高铁通信信号数据的重要案件［EB/OL］．［2022−09−25］．https：www.163.com/dy/article/H54HEM970519M002.html.

见稿)》《个人信息出境安全评估办法（2019年征求意见稿)》等一系列规章制度，要求在数据出境时对运营商进行安全评估，以防存在影响国家安全或损害公共利益的风险。实行严格的数据主权治理模式，确保了我国的数据主权保护得到落实。国家安全机关将依照《数据安全法》《反间谍法》履行好职责范围内监管数据安全的职责，依法打击危害国家安全的各类违法犯罪活动，积极预防和化解国家安全风险，坚决维护国家主权、安全和发展利益。另外，我国要平等地参与国际数据处理事务，对我国涉及范围内的网络空间的数据纠纷具有管辖权，当数据受到他人攻击时，可以行使自卫权予以反击。我国还要倡导、积极参与网络空间新疆域专门性国际条约的制定，以更好地保护本国数据。❶

---

❶ 冉从敬. 数据主权治理的全球态势与中国应对 [J]. 人民论坛, 2022 (4).

# 第四章　数据法律关系的主体

如上所述，与物体具有固态、液态、气态（如冰、水、汽或离子）三种不同状态一样，数据在不同阶段具有个人信息、企业数据、公共利益和国家安全四重属性。数据在不同阶段对应的主体也不相同。在个人信息属性阶段，主要的数据法律关系主体为自然人；在企业数据属性阶段，主要的数据法律关系主体为企业；在公共利益属性阶段，主要的数据法律关系主体为政府机关；国家安全属性阶段，主要的数据法律关系主体为国家。《网络安全法》第1条规定了立法目的，立法是为了保证网络安全，并对网络空间主权和国家安全、社会公共利益进行维护，使公民、法人和其他组织的合法权益得到保护。从该法条可知，在网络空间的环境下，网络安全活动的相关主体包括自然人、企业、政府机关和国家。基于以上分析，本书提出数据法律关系的概念，即数据法律关系是指在网络空间环境下，调整自然人、企业、政府机关、国家之间的与数据相关法律关系的总称。本章围绕数据法律关系概念，论述数据法律关系涉及的主体。

\* 数据四重性及其合规系统

# 第一节 自然人

个人信息一般是指与特定自然人具有密切联系的、能体现个人特定特征的可识别的各类信息,包括身份证号码、工作情况、家庭现状、财产状况、身体健康等各方面的相关信息。个人信息是数据(当然有些数据不涉及个人信息,如土地数据、天气数据等,本书主要研究与个人信息相关的数据)逻辑的起点。在网络空间中,自然人为了获得更好的服务,通常会把个人姓名、手机号、身份证号码、地址、通讯录、行踪轨迹等相关个人信息提供给网络平台。而网络平台的主要数据通常为用户数据,因此,在网络空间背景下,个人信息主体为自然人。

## 一、数据行为能力

在数据领域,数据行为能力同样包括民事行为能力和刑事行为能力,以下从民事行为能力、承担刑事责任的年龄和数据领域关于行为人年龄规定等方面对数据行为能力进行论述。

(一)民事行为能力

我国《民法典》第 13 条规定,自然人从出生时起到死亡时止,具有民事权利能力,依法享有民事权利,承担民事义务。自然人的民事行为能力,是指自然人通过自己的行为导致民事法律关系发生、变更和消灭,并承担相应法律后果的能力,包括取得民事权利的能力、履行民事义务的能力和承当民事后果的能力。❶ 我国《民法典》根据自然人的年龄和智力程度将民事行为能力分为完全民事行为能力、限制民事行为能

---

❶ 江平. 民法学 [M]. 北京:中国政法大学出版社,2000:105 - 106.

力和无民事行为能力。

1. 完全行为能力人

完全民事行为能力是指达到一定年龄和精神状态正常的自然人可以独立实施民事法律行为，从而获得民事权利、履行民事义务和承当民事后果的资格。我国《民法典》将年满18周岁的自然人划分为成年人，而未满18周岁的自然人划分为未成年人。年满18周岁以上的自然人为成年人享有完全的民事行为能力，可以独立实施民事法律行为。将能以自己的劳动收入作为主要生活来源的年满16周岁的未成年人，视为完全民事行为能力人，也可以独立实施民事法律行为。

2. 限制行为能力人

不完全民事行为能力是指达到一定年龄但尚未成年或已成年但有精神疾病、不能完全辨认自己行为及后果的自然人，可以从事与自己年龄、精神状况相适应的民事活动的资格。我国《民法典》将年满8周岁不满18周岁的未成年人划分为限制民事行为能力人，应由其法定代理人代理或者经其法定代理人同意、追认其所实施的民事法律行为。但是，年满8周岁不满18周岁的未成年人可以独立实施纯获利益的民事法律行为或者与其年龄、智力相适应的民事法律行为。

3. 无行为能力人

无行为能力是指未达到一定年龄的未成年人或有精神疾病的自然人，不能以自己的行为来获得民事权利、履行民事义务和承担民事后果的资格。我国《民法典》将不满8周岁的未成年人划归为无民事行为能力人，由其法定代理人代理实施民事法律行为。不能辨认自己行为的成年人为无民事行为能力人，由其法定代理人代理实施民事法律行为。

（二）承担刑事责任的年龄

我国《刑法》规定年满16周岁的自然人犯罪，应当负刑事责任。

年满 14 周岁不满 16 周岁的自然人，犯故意杀人、故意伤害致人重伤或者死亡、强奸、抢劫、贩卖毒品、放火、爆炸、投放危险物质罪的，应当负刑事责任。年满 12 周岁不满 14 周岁的自然人，犯故意杀人、故意伤害罪，致人死亡或者以特别残忍手段致人重伤造成严重残疾，情节恶劣，经最高人民检察院核准追诉的，应当负刑事责任。对未满 18 周岁的未成年人应该追究刑事责任的，可以从轻或者减轻处罚。因不满 16 周岁不予刑事处罚的，责令其父母或者其他监护人加以管教；在必要的时候，依法进行专门矫治教育。

（三）数据领域关于行为人年龄的规定

在数据领域不仅涉及民事行为能力，也涉及刑事责任年龄，刑事犯罪涉及的罪名主要包括危害计算机信息系统安全类的犯罪和维护公民信息安全类的犯罪。危害计算机信息系统安全类的犯罪包括两个罪名：非法侵入计算机信息系统罪和破坏计算机信息系统罪。而维护公民信息安全类的犯罪包括四个罪名：侵犯公民个人信息罪、拒不履行信息网络安全管理义务罪、非法利用信息网络罪以及帮助信息网络犯罪活动罪。其中，侵犯公民个人信息罪是数据领域最常见、最重要的犯罪，《最高人民法院、最高人民检察院关于办理侵犯公民个人信息刑事案件适用法律若干问题的解释》规定，非法取得、出卖或者提供超过 50 条高度敏感信息，或者超过 500 条敏感信息，或者超过 5000 条一般个人信息的，均达到了构成该罪名的标准。根据我国《刑法》规定，在数据领域的犯罪不涉及故意杀人、故意伤害、强奸、抢劫、贩卖毒品、放火、爆炸、投放危险物质等暴力类型犯罪，因此，在数据领域，承担刑事责任的年龄为年满 16 周岁。

《个人信息保护法》第 28 条规定，不满 14 周岁未成年人的个人信息属于敏感的个人信息。第 29 条规定，处理敏感个人信息应当取得个人的单独同意。第 31 条规定，处理不满 14 周岁未成年人个人信息的，应当取得未成年人的父母或者其他监护人的同意，而且应当制定专门的个人信息处理规则。从这些法条可知，处理已满14周岁但未满18周岁的未成年人的个人信息无须获得个人信息主体的单独同意，也无须获得其父母或者其他监护人的同意。言外之意，在数据法律关系活动中，已满14周岁但未满18周岁的未成年人具备了完全行为能力。这也是数据领域对行为能力的特殊规定。

## 二、自然人对数据的控制权

在数据领域，作为个人信息主体的自然人对自身的个人信息及相关数据享有控制权。这种控制权主要体现为知情权、自决权、查阅权、复制权、可携带权、更正权、删除权等相关权利。自然人对数据的控制权以自决权为基础，逐渐形成知情权、查阅权、复制权、可携带权、更正权、删除权等完整的权利体系。

1. 知情权

知情权一般体现为个人信息主体获知信息处理者处理其个人信息的基本情况的权利。信息处理者一般通过用户协议、隐私政策或个人信息保护指引等文件告知用户收集和使用的信息种类、处理信息的原则和方式、存储信息的方式、信息安全、信息共享、信息跨境转移、敏感信息的处理规则、个人信息主体对个人信息的控制权利、未成年人保护等相关内容，以充分保障用户的知情权。

2. 自决权

个人信息对人格的发展具有重要的意义，是个人自我表现和与社会环境交流的媒介，基于自决权，个人信息主体应当享有对个人信息的知情同意等权利。❶ 我国《个人信息保护法》第44条规定个人信息主体的

---

❶ Vgl. Christoph Mallmann. Datenschutz in Verwaltungsinformationssystemen [M]. München: R. Oldenbourg, 1976: S. 54.

自决权，体现了该法主要保护的是个人信息主体的自决权，并以自决权为基础形成对个人信息保护的完整权利体系。自决权主要体现为有权限制或者拒绝他人对其个人信息进行处理，可以授权同意信息处理者处理其个人信息，也有权撤回该授权同意。同时自决权也体现为对自动化决策的拒绝权，自动化决策是指通过计算机程序自动分析、评估个人的行为习惯、兴趣爱好或者经济、健康、信用状况等，并进行决策的活动。以自动化决策方式向个人进行信息推送、商业营销时，信息处理者应当向个人提供便捷的拒绝方式。通过自动化决策方式作出对个人权益有重大影响的决定（如个人征信信息），个人有权要求个人信息处理者予以说明，并有权拒绝个人信息处理者仅通过自动化决策的方式作出决定。

3. 查阅权

个人有权向个人信息处理者查阅其个人信息，个人请求查阅其个人信息的，个人信息处理者应当及时提供。个人信息处理者在处理个人信息前，应当以显著方式、清晰易懂的语言真实、准确、完整地向个人告知处理个人信息的基本情况，方便个人请求查阅其个人信息。当自然人死亡时，其近亲属为了自身的合法、正当利益，可以向个人信息处理者请求查阅死者的相关个人信息。例如，涉及继承死者遗产的，近亲属有权查阅死者的银行账户信息，银行不能拒绝，而应当向近亲属提供查询的便利。

4. 复制权

复制权是指向个人信息处理者请求复制自身个人信息的权利。个人请求复制其个人信息的，个人信息处理者应当及时提供。复制权是自决权的延伸和具体表现形式，虽然当自然人死亡时，其近亲属为了自身的合法、正当利益，可以向个人信息处理者请求查阅死者的相关个人信息，但死者生前另有安排的除外。例如，死者生前通过遗嘱等方式禁止他人复制其微信聊天记录信息的，应尊重死者意愿。

5. 可携带权

可携带权是指个人向个人信息处理者请求将其个人信息转移至其指定的其他个人信息处理者，如该请求符合相关法律规定条件的，个人信息处理者应当提供转移其个人信息的途径。自然人有权要求个人信息处理者提供电子化的其个人信息副本，而且该副本应具有可读性，方便使用，并且该副本应当无障碍地在不同个人信息处理者之间进行传递。例如，微博主体有权要求将其在微博中发布的信息，无障碍地转移到其他平台的微博中。可携带权的目的在于实现自然人对其个人信息的自决权，有利于对个人信息的控制和利用，可从其他平台转移相关数据，降低平台的运营成本，无须重新积累数据。另外，可携带权可以打破数据垄断，促进数据的流通和使用，消除个人信息主体对其个人信息自由传输的障碍，这也是互联网中互联互通的体现。

6. 更正权

更正权是指当自然人发现其个人信息不准确或者不完整时，有权请求个人信息处理者更正、补充。个人请求更正、补充其个人信息的，个人信息处理者应当对其个人信息予以核实，并及时更正、补充。更正权可以帮助自然人更好地对其个人信息权益进行管理，并做好风险防范和合理的预期。在大数据时代，互联网上会留存自然人的活动轨迹，自然人死亡后还有系列相关信息需要处理。因此，在自然人死亡后，其近亲属可以对死者的相关个人信息行使更正等相关控制权。

7. 删除权

当应当删除个人信息的情况出现时，个人信息处理者应当主动删除个人信息，自然人有权要求个人信息处理者删除其个人信息。个人信息处理者应当删除个人信息的情况主要包括：

（1）处理个人信息的目的已实现，或无法实现处理目的，或为实现处理目的不再必要；

\* 数据四重性及其合规系统

（2）个人信息处理者停止提供产品或者服务，或者个人信息保存期限已届满；

（3）个人信息主体撤回授权同意；

（4）个人信息处理者违反法律、行政法规或者违反约定处理个人信息。

从个人信息处理者的角度来看，只要应当删除个人信息的情况出现，个人信息处理者就有义务主动删除个人信息，而不以个人信息主体提出请求为前提条件。

## 第二节 企 业

在企业数据属性阶段，主要的数据法律关系主体为企业。《网络安全法》主要调整的是网络运营者与个人信息主体之间的关系。《个人信息保护法》主要调整的是个人信息处理者与个人信息主体之间的关系。《数据安全法》主要调整的是数据处理者与个人信息主体之间的关系。而网络运营者、个人信息处理者和数据处理者大多数情况下，均以企业为主。如上文所述，企业合法收集个人信息，并进行匿名化（脱敏）处理后形成企业数据，这些数据不能再由数据本身的特殊性直接回溯到特定个人，即这些数据不能再"识别"特定的个人，这些数据已经丧失信息的个人特定属性。因此，企业数据的主体为企业。企业是在网络空间环境下，数据法律关系的主体。企业包括法人和非法人组织。法人是应当依法成立的、具有权利能力和行为能力，依法独立享有权利、以其全部财产独立承担承担义务的组织。非法人组织是指不具备法人资格，但能以自己的名义从事相关活动的组织，包括个人独资企业、合伙企业、不具有法人资格的专业服务机构等。因此，本书中的数据法律关系主体包括法人和非法人组织。

# 第四章　数据法律关系的主体 *

## 一、法人的权利能力

法人的权利能力始于法人设立，终于法人消亡。法人的权利能力作为法人的主体资格，在法人存续期间，非经法律规定及法定程序，不得被限制或剥夺。❶ 当股东滥用公司法人独立地位和股东有限责任时，可以否认法人独立人格，由该股东对公司债务承担连带责任。但必须要严格限制否认法人独立人格，法人独立人格是原则，否认法人独立人格是例外。只有在股东实施了滥用公司法人独立地位和股东有限责任的行为，且严重损害债权人合法权益时，才能适用否认法人独立人格制度。严重损害债权人的合法权益，主要是指股东滥用权利使公司财产不足以清偿公司债权人的债权。而且，只有滥用公司法人独立地位和股东有限责任的股东才应承担连带责任，其他股东无须承担该连带责任。法人独立人格否认只是个案的否认，而不是全面、彻底、永久地否定法人的独立人格。

## 二、企业作为数据法律关系主体的权利

在网络空间环境下，企业合法收集个人信息，并对该个人信息进行整理、改进、加工后形成的新信息，尤其是经不可逆的匿名化处理后形成企业数据，这些数据不能再由数据本身的特殊性直接回溯到特定个人，即这些数据不能再"识别"特定的个人，这些数据已经丧失了信息的个人特定属性。在这种情形下，企业对其通过劳动而获得的企业数据拥有"所有权"，该数据成为企业的主要生产要素，提高了企业的核心竞争力。因此，相关企业需要对自身数据进行控制，避免企业的商业机密被泄露。企业作为数据法律关系主体的权利主要包括收集处理权、控制权、使用权和交易权。

---

❶ 尹田. 民法典总则之理论与立法研究 [M]. 北京：法律出版社，2010：391-393.

1. 收集处理权

企业数据来源于对用户信息的收集和处理。在数据领域，收集处理权是企业的核心权利，也是数据权益的源泉。对相关信息的收集和处理，就是企业数据创造的过程，凝聚了企业的智慧成果。企业有权收集处理相关信息，但并非没有任何限制，当企业收集个人信息时，需要通过隐私政策或个人信息保护政策来公开其收集个人信息的规则，并明示收集个人信息的目的、方式和范围，且必须经个人信息主体的同意。企业通过网络爬虫爬取相关互联网数据时，需要遵守爬虫协议（Robot 协议）和互联网自律公约等相关行业惯常行为标准和公认的商业道德。企业对收集来的信息进行整理、改进、加工后形成的新信息，构成企业数据。

2. 控制权

企业对其收集和处理获得的、凝聚其智慧成果的企业数据享有直接支配并享受相关权益，这就是企业对数据的控制权，属于可以排斥他人干涉的权利。然而与对物的控制权不同，企业数据权益具有知识产权属性，具有容易被复制以及可共享属性，其中可共享性是指企业数据可以同时被多人控制而不同控制者之间不会相互影响各自对数据的应用。因此，我们需要从知识产权的角度来理解企业对企业数据的控制权。应借鉴知识产权相关制度来制定对企业数据控制的相关规则，不能套用对物的控制权的相关规则。

3. 使用权

企业数据的使用权是指企业对其数据分析、应用、收益的权利。企业数据的使用权的表现形式为企业通过使用企业数据而获得相关商业利益的整体过程。例如，企业通过分析应用数据，以自动化决策方式向用户进行信息推送、商业营销。企业可以通过对企业数据的使用在市场上获得竞争优势，企业也可以基于企业数据给相关用户提供优质的、个性化的服务以提高客户黏性。

4. 交易权

企业对合法收集来的个人信息进行不可逆的匿名化处理后形成企业数据,这些数据不能再由数据本身的特殊性识别特定的个人。目前可以在北京国际大数据交易所、华中大数据交易所、贵阳大数据交易所、哈尔滨数据交易中心、上海数据交易中心等场所进行数据交易。不可逆的匿名化处理个人信息形成的数据才能在数据交易场所进行数据交易。但是,数据没有明确的权利边界,难以形成统一的交易规则来规范数据交易,所以目前我国虽然出现不少数据交易场所,但数据交易量不多,没有达到预期。企业可以通过交易数据的方式来获取相关商业利益,实现企业数据的价值。

## 三、企业作为数据法律关系主体的义务

目前我国《网络安全法》《个人信息保护法》《数据安全法》等规范数据领域活动的相关法律规范,更多地侧重规定数据处理者的义务,从而导致业内侧重数据合规,而忽视了对数据的保护。企业作为数据处理者,在数据法律活动中承担了很多义务。例如,应当遵守合法、正当、必要的原则,处理特殊的数据需要获得相关主体的单独同意,承担安全保障义务,开展影响评估,保障用户个人对个人信息的控制权等相关义务。

1. 应当遵守合法、正当、必要的原则

企业作为个人信息控制者和处理者,在相关数据处理活动中应当秉持合法、正当、必要的原则,可以细化为如下五个方面:

(1) 权责一致原则。企业在数据处理过程中应采取技术手段和其他必要的措施确保个人信息安全,如对个人信息主体的相关权益造成损害,应当承当相应的赔偿责任。

（2）目的明确原则。企业处理个人信息应具有明确、清晰、具体的目的，在处理个人信息前就应该明确该目的。

（3）授权同意原则。企业收集个人信息前，应明示其个人信息处理目的、方式、范围等相关规则，让个人信息主体充分知晓，并征求其授权同意。

（4）最小必要原则。企业只能处理与处理个人信息目的所必需的最少个人信息，而只要达到处理个人信息目的后，就应及时删除相关个人信息。

（5）公开透明原则。企业以用户协议、隐私政策、个人信息保护政策等相关文件的形式，明确公开处理个人信息的范围、目的、规则等，并接受相关部门和社会公众的监督。

2. 获得用户单独同意的义务

法律对特殊的个人信息处理活动（如向他人提供个人信息、公开个人信息、公共场所人脸识别、处理敏感个人信息、个人信息跨境转移等）具有更严格的要求。企业从事这些特殊的个人信息处理活动时，应该获得个人信息主体的单独同意。

（1）向他人提供个人信息的单独同意。企业向其他个人信息处理者提供其处理的个人信息应当获得个人信息主体的单独同意，而且应明确告知接收方的名称或者姓名、联系方式、处理目的、处理方式和个人信息的种类。个人信息的接收方，应该在明示的处理目的、处理方式和个人信息的种类的范围内处理个人信息。如接收方变更原有范围处理个人信息的，应当重新取得个人信息主体的同意。

（2）公开个人信息的单独同意。企业作为个人信息控制者和处理者，原则上不允许公开其所处理的个人信息（如在社交媒体中的好友信息、关注动态），如因特殊原因需要公开其所处理的个人信息的（如某平台为了提高知名度，邀请某网络达人入驻该平台，为了吸引粉丝提高该平台的活跃度，通常需要公开该网络达人的好友信息、关注动态等相关信息），应当取得个人信息主体的单独同意。

(3) 公共场所人脸识别信息的单独同意。只有出于维护公共安全的目的，才能在公共场所安装图像采集、个人身份识别设备以收集个人图像、指纹等身份识别信息，而且需设置显著的提示标识，履行告知义务。如将收集的个人图像、指纹等身份识别信息用于非维护公共安全目的之用途的，应该取得个人信息主体的单独同意。

(4) 处理敏感个人信息的单独同意。企业处理敏感个人信息的，应当取得个人信息主体的单独同意。个人敏感信息是指一旦泄露或非法使用，极易导致人格尊严受到侵害以及人身和财产安全受到危害的个人信息。个人敏感信息包括银行账户、鉴别信息（口令）、存款信息（包括资金数量、支付收款记录等）、房产信息、信贷记录、征信信息、交易和消费记录、流水记录、虚拟货币、虚拟交易、游戏类兑换码等个人财产信息，病症、住院志、医嘱单、检验报告、手术及麻醉记录、护理记录、用药记录、药物食物过敏信息、生育信息、以往病史、诊治情况、家族病史、现病史、传染病史等个人医疗健康信息，基因、指纹、声纹、掌纹、耳廓、虹膜、脸部识别特征等个人生物识别信息，身份证、军官证、护照、驾驶证、工作证、社保卡、居住证等个人身份信息，性取向、婚史、宗教信仰、未公开的违法犯罪记录、通信记录和内容、通讯录、好友列表、群组列表、行踪轨迹、网页浏览记录、住宿信息、精准定位信息等个人信息，以及14岁以下未成年人的个人信息。

(5) 个人信息跨境转移的单独同意。企业向中华人民共和国境外提供个人信息时，应当履行告知和获得个人单独同意的义务。告知义务是指，企业向境外提供个人信息时，应当向个人信息主体告知境外接收方的名称或者姓名、联系方式、处理目的、处理方式、个人信息的种类。而获得个人单独同意的义务是指，企业向境外提供个人信息时，应当取得个人信息主体的单独同意。

3. 安全保障义务

企业在数据处理活动中，应加强风险监测，建立健全全流程数据安全管理制度，根据处理目的、处理方式、数据种类以及可能存在的安全风险等采取相关安全保障措施。常见的安全保障措施包括制定内部管理制度和操作规程、对数据实行分类管理、加密技术措施、去标识化技术措施、设定操作权限、定期对从业人员进行安全教育和培训、安全事件应急预案等。当发生数据安全事件时，应当立即采取处置措施，按照规定及时告知用户并向有关主管部门报告；并且按照网络安全等级保护制度的要求进行网络安全等级保护认定，保障网络免受干扰、破坏或者未经授权的访问，防止网络数据泄露或者被窃取、篡改。

4. 影响评估义务

当企业处理敏感个人信息、利用个人信息进行自动化决策、委托处理个人信息、向其他个人信息处理者提供个人信息、公开个人信息或向境外提供个人信息时，应当进行个人信息保护影响评估。从隐私政策文本、收集使用个人信息行为和运营对用户权利的保障三个方面进行评估。其中隐私政策文本评估包括：

（1）隐私政策是否具有独立性、易读性特征；
（2）是否清晰说明各项业务功能及所收集个人信息类型；
（3）是否清晰说明个人信息处理规则及用户权益保障；
（4）是否在隐私政策等文件中设置不合理条款。

收集使用个人信息行为评估包括：

（1）收集个人信息是否明示收集目的、方式、范围；
（2）收集使用个人信息是否经用户自主选择同意，不应存在强制捆绑授权行为；
（3）收集个人信息是否满足必要性要求。

运营则对用户权利的保障评估包括：

（1）是否支持用户注销账号、更正或删除个人信息；
（2）是否及时反馈用户申诉。个人信息保护影响评估报告和处理情况记录应当至少保存三年。

5. 保障个人对个人信息的控制权

个人对个人信息的控制权主要体现为知情权、自决权、查阅权、复制权、可携带权、更正权、删除权等相关权利。企业应当制定相关政策和执行相关措施来保障用户对个人信息的控制权，而不能让用户对个人信息的控制权仅仅停留在隐私政策或个人信息保护政策的声明文件中。不应在用户协议、服务协议、隐私政策等文件中出现免除自身责任、加重用户责任、排除用户主要权利条款。应及时反馈用户申诉，原则上，向用户回复处理意见或结果不能超过15天。

6. 互联网平台的特殊义务

如企业属于互联网平台，而且用户数量巨大、业务类型复杂，那么应当履行特殊的互联网平台义务。这些互联网平台的特殊义务包括：

（1）建立健全数据合规制度体系，成立主要由外部成员组成的独立机构对数据合规情况进行监督；

（2）依据公开、公平、公正的原则来制定互联网平台规则，明确规定平台内的产品或者服务提供者处理个人信息的规则和保护个人信息的义务；

（3）如平台内的产品或者服务提供者严重违反法律、行政法规处理个人信息的，停止对其提供服务；

（4）定期发布个人信息保护社会责任报告，接受社会监督。

## 第三节　政府机关

本书中"政府机关"对应的是"authorities"，即主要管理国家对内行政事务的机关同时也包括各级地方政府。《网络安全法》第8条规定网络安全和相关监督管理工作由国家网信部门负责统一协调。此外负责网络安全和相关监督管理工作的部门还包括国务院电信主管部门、公安部门和其他有关机关，这些部门应在有关法律、行政法规的规定下在各自职责范围内开展工作。可见，政府机关对网络安全负有监控管理义务。《数据安全法》第6条第4款规定，网络数据安全和相关监管工作由国家网信部门负责统一协调。可见，政府机关对数据安全负有监控管理义务。《个人信息保护法》第60条规定个人信息保护和相关监督管理工作由国家网信部门负责统一协调。此外，个人信息保护和监督管理工作的部门还包括国务院有关部门、县级以上地方人民政府有关部门。从上述法律规定可知，政府机关在网络空间环境下，对数据保护负有监督管理、安全保障等相关义务，因此，政府机关是数据法律关系的重要主体，尤其数据涉及公共利益时，政府机关作为数据法律关系的主体应当承担维护公共利益的责任。

## 一、数据监管部门

根据相关法律的规定，在我国负责数据安全监管工作的数据监管部门主要包括国家互联网信息办公室、国家市场监督管理总局、工信部、公安部、各行业主管部门、各级地方人民政府有关部门。

1. 国家互联网信息办公室

国家互联网信息办公室负责统一协调数据安全监管工作，主要职责是落实互联网信息传播方针政策和推动互联网信息传播法制建设，指导、协调、督促有关部门加强互联网信息内容管理，在数据合规监管体系中具有核心指挥作用。国家互联网信息办公室近些年来联合其他部门颁布了《网络安全审查办法》《汽车数据安全管理若干规定（试行）》《网络预约出租汽车经营服务管理暂行办法》《互联网信息服务算法推荐管理规定》《APP违法违规收集使用个人信息行为认定方法》《金融信息服务管理规定》《国家网络空间安全战略》等法规和政策性文件，统一协调数据安全监管工作。

## 2. 国家市场监督管理总局

国家市场监督管理总局主要负责市场综合监督管理和综合执法，反垄断统一执法，依法承担强制性国家标准的立项、编号、对外通报和授权批准发布，负责市场监督管理科技和信息化建设、新闻宣传、国际交流与合作等相关工作。国家市场监督管理总局联合其他部门颁布了《常见类型移动互联网应用程序必要个人信息范围规定》《关于开展APP违法违规收集使用个人信息专项治理的公告》《网络交易监督管理办法》《数据安全管理认证实施规则》《网络直播营销管理办法（试行）》《关于深化汽车维修数据综合应用有关工作的通知》等部门规章和政策性文件，参与数据领域的监督和管理工作。其中"大数据杀熟"、数据垄断、违法收集个人信息等事项，为国家市场监督管理总局在数据领域的重点监管工作。

## 3. 工业和信息化部

工业和信息化部主要负责拟订并组织实施通信业、信息化的发展规划，推进信息化和工业化融合，监测分析工业、通信业运行态势，统计并发布相关信息，推动软件业、信息服务业和新兴产业发展，组织制定相关政策并协调信息化建设中的重大问题，促进电信、广播电视和计算机网络融合，指导协调电子政务发展，推动跨行业、跨部门的互联互通和重要信息资源的开发利用、共享等数据领域的相关工作。工业和信息化部联合其他部门颁布了《常见类型移动互联网应用程序必要个人信息范围规定》《汽车数据安全管理若干规定（试行）》《加强车联网网络安全和数据安全工作的通知》《电信和互联网行业数据安全标准体系建设指南》《关于工业大数据发展的指导意见》《大数据产业发展规划（2016—2020年）》《电信和互联网用户个人信息保护规定》等法规和政策性文件，统筹推进国家信息化工作，参与数据领域的监管工作。

## 4. 公安部

公安部主要负责打击非法侵入计算机信息系统、破坏计算机信息系统、侵犯公民个人信息、拒不履行信息网络安全管理义务、非法利用信息网络、帮助信息网络犯罪活动等数据领域的刑事犯罪行为。公安部联合其他部门颁布了《关于依法惩处侵害公民个人信息犯罪活动的通知》《常见类型移动互联网应用程序必要个人信息范围规定》《APP违法违规收集使用个人信息行为认定方法》《互联网个人信息安全保护指南》《关于开展APP违法违规收集使用个人信息专项治理的公告》等法规和政策性文件，参与数据领域的监督和管理工作。追究刑事责任是数据领域监督管理的最后一道防线，也是保障数据主权和国家安全的强大后盾。

5. 各行业主管部门

交通运输部、中国人民银行、自然资源部、国家卫生健康委员会、教育部、科学技术部等分别主管交通、金融、自然资源、卫生健康、教育、科技等行业领域数据安全监管工作。这些行业主管部门分别颁布了《汽车数据安全管理若干规定（试行）》《个人金融信息保护技术规范》《国土空间用途管制数据规范（试行）》《国家卫生与人口信息数据字典》《教育部机关及直属事业单位教育数据管理办法》《人类遗传资源采集、收集、买卖、出口、出境审批行政许可事项服务指南》等法规和政策性文件，分别负责各自行业数据的监督和管理工作。

6. 各级地方人民政府有关部门

市场监督管理局、工信局、公安局、交通运输局、卫生健康委员会、教育局、农业农村局、科学技术局、密码管理局、保密局等各级地方人民政府有关部门负责行政区域内的相关领域的数据监督和管理工作。同时，省级以上人民政府应当将数字经济发展纳入本级国民经济和社会发展规划，并根据需要制定数字经济发展规划。各级地方人民政府有关部门应加强个人信息保护宣传教育，推动形成政府、企业、相关社会组织、公众共同参与个人信息保护的良好环境。

## 二、政府机关的监管职责

在数据领域,政府机关应当建立数据分类保护制度、数据安全风险评估制度、数据安全应急处置制度、数据安全审查制度、收集与使用数据的基本原则、数据安全管理制度、网络安全监测预警与应急处置制度、网络通信临时限制措施等相关机制履行监督管理职责。

1. 数据分类保护制度

根据数据在经济社会发展中的重要程度,以及一旦遭到篡改、破坏、泄露或者非法获取、非法利用,对国家安全、公共利益或者个人、组织合法权益造成的危害程度,建立数据分类分级保护制度。将关系国家安全、国民经济命脉、重要民生、重大公共利益等数据划分为国家核心数据,实行严格的监管制度,统筹协调有关部门制定重要数据目录,加强对重要数据的保护。各地区、各部门应当按照数据分类分级保护制度,确定本地区、本部门以及相关行业、领域的重要数据具体目录,对列入目录的数据进行重点保护。

2. 数据安全风险评估制度

数据是国家的战略资源,没有数据安全就没有国家安全,因此,我国需要从国家层面建立健全集中统一、高效权威的数据风险评估机制,统筹安排协调有关政府部门加强数据安全风险信息的获取、分析、研判、预警工作。建立国家层面的数据安全风险评估制度,有利于及时发现和识别数据安全风险,并及时采取相关措施及时避免或减轻危害结果的发生。数据在其生命周期内存在外部数据安全威胁、内部数据安全风险、数据丢失风险等数据安全风险。因此,数据安全风险评估系统需要结合数据的敏感度、量级、流向、账号权限等方面进行综合分析,实时动态追踪数据安全风险。

### 3. 数据安全应急处置制度

当发生数据安全事件时，有关主管部门依据数据安全应急处置机制启动应急预案，采取相应的数据应急处置措施，防止危害扩大，消除安全隐患，并及时向社会发布与公众有关的警示信息。应急预案是指相关责任主体为依法、迅速、科学、有序应对突发事件，最大限度减少突发事件及其造成的损害而预先制定的工作方案，是一种事项预防措施。通过数据安全应急处置制度可以有效应对和处置数据安全突发事件，维护国家安全和社会公共利益，可以促进经济全面、协调、可持续发展。同时，相关主管部门需要及时、准确、客观、统一发布与公众有关的警示信息，避免造成公众误解。

### 4. 数据安全审查制度

国家建立数据安全审查制度，对影响或者可能影响国家安全的数据处理活动按照法定的数据安全审查制度进行国家安全审查，而且依法作出的安全审查决定为最终决定。数据安全审查制度的对象包括线上数据处理活动和线下处理活动，重点审查的内容在于信息技术产品和服务的安全性和可控性。数据安全审查制度可以有效预防和化解国家安全风险，但不是常态的审查，也不是对所有数据进行审查，只有在数据处理活动可能影响国家安全时才进行审查。安全审查决定为终局决定，意味着不能对安全审查决定进行行政复议，也不能提起行政诉讼。

### 5. 收集、使用数据的基本原则

政府机关应在其履行法定职责的范围内依照法律、行政法规规定的条件和程序收集、使用数据，并对履职所知悉的个人隐私、个人信息、商业秘密、保密商务信息等数据承担保密义务，不得泄露或者非法向他人提供。这是政府机关收集、使用数据的基本原则，强化了对政府机关收集、使用数据行为的约束，有利于提高政府机关处理数据的能力和水平，有利于提升政府治理能力，有利于保障政府机关开展重大活动决策、精准监管、科学立法等行政活动。政府机关使用数据的行为包括数据二次分析、数据应用、数据维护、数据共享等数据处理行为，其中数据共享引发安全风险的可能性较高，因此，需要细化政府机关使用数据的行为，使之在法律框架内开展活动。

6. 数据安全管理制度

政府机关在履行数据安全监管职责过程中，当发现数据处理者在数据处理活动中存在较大安全风险时，可以按照数据安全管理制度对数据处理者进行约谈，并要求其采取整改措施以消除安全隐患。数据安全管理制度，强化了相关主管部门的数据安全监管职责，有利于数据安全监管的落实和有效运行，平衡数据安全与数据发展的关系，保障数据产业蓬勃发展。数据安全管理制度不仅体现了服务型监管理念，也兼具一定强制性要求，当发现存在较大数据安全风险时，应当启动数据安全管理程序，对数据处理者进行约谈。

7. 网络安全监测预警与应急处置制度

政府机关应建立网络安全监测预警和信息通报制度，并统筹协调各主管部门加强网络安全信息收集、分析和通报工作，按照规定统一发布网络安全监测预警信息。尤其加强关键信息基础设施网络安全监测预警和信息通报制度管理，有效预测风险事件发生的可能性、影响的范围、危害程度，以便采取避免或减轻危害的措施。网络安全监测类型包括安全事件监测、运行状态监测、威胁监测、策略与配置监测等。

此外，政府机关还需建立健全网络安全风险评估和应急工作机制，制定网络安全事件应急预案，并定期组织演练。按照网络安全事件发生后的危害程度、影响范围等因素对网络安全事件进行分级，并设置相应的应急处置措施。通过对网络安全事件进行分析、检测、研判，然后启动相应的应急预案，快速响应以降低危害，要求网络运营者采取技术措施和其他必要措施，消除安全隐患，同时要及时通过新闻媒体向社会公众发布网络安全监测预警信息。当网络安全事件发生的风险增大时，应加强对网络安全风险的监测，对网络安全风险信息进行分析评估，预测事件发生的可能性、影响范围和危害程度，向社会公众发布网络安全风险预警，发布避免、减轻危害的措施，也可以约谈该网络的运营者的法定代表人或者主要负责人，要求其采取措施，进行整改，以消除隐患。

8. 网络通信临时限制措施

当发生重大突发社会安全事件（如恐怖袭击、暴力打砸抢群体性事件、非法游行示威等）时，为维护国家安全和社会公共秩序，经相关主管部门的批准，可以在特定区域对网络通信采取临时性限制措施。在信息通信技术充分发展的时代，策划社会安全事件的不法分子通常通过网络通信进行沟通和指挥，在特定区域对网络通信采取临时性限制措施后，可以掐断不法分子之间的沟通和指挥命令的传达，进而可以快速抓捕或歼灭不法分子。当然，对网络通信采取临时性限制措施，会对社会造成重大影响，限制了社会公众的通信自由，因此，必须对采取网络通信临时性限制措施进行严格的限制，只有发生重大突发社会安全事件时才能采取临时性限制措施，并应严格定义重大突发性社会安全事件。

## 三、政务数据

政府机关依照法律、行政法规规定的条件和程序，在履行其法定职责的范围内对相关数据进行收集和使用，从而产生政务数据。政府机关应推进电子政务建设，提高政务数据的科学性、准确性、时效性，以便提升运用数据服务经济社会发展的能力。发展电子政务数据是国家治理体系和治理能力现代化的重要保障，可以提高政府决策的科学水平、公共服务水平，促进政府管理的开放透明。政务数据是国家现代化治理的重要资源，是经济社会可持续发展的坚实基础。政务数据可以分为可开放的政务数据、限制开放的政务数据和不能开放的政务数据。

政府机关应该建立健全政务数据安全管理制度，落实政务数据安全保护责任，以保障政务数据的安全。政务数据安全风险主要体现在：政务数据在使用和流动中缺少严格的技术规范、监督机制和监管手段,政务数据平台建设和运维安全保障不足,缺少对数据泄露、篡改等问题的救济机制。[1] 政府机关通常是委托企业承建、开发和管理政务数据系统,存储、加工政务数据,因此需要设置严格的审批流程,并监督承建企业履行相应的数据安全保护义务。承建企业应依照法律、法规的规定和合同约定履行数据安全保护义务,不得擅自留存、使用、泄露或者向他人提供政务数据。

如果政务数据涉及个人信息的,应当依据职权法定原则、程序法定原则和比例原则处理个人信息,不得超出履行法定职责所必需的范围和限度,而且通常需要向个人信息主体履行告知义务。职权法定原则要求政府机关必须在法律、行政法规明确授权下处理个人信息,不得超出法定授权范围处理个人信息。程序法定原则要求政府机关依据法律、行政法规规定的程序处理个人信息。比例原则要求政府机关不得超出履行法定职责所必需的范围和限度处理个人信息。个人信息相关数据成为国际基础性战略资源,应对个人信息相关数据进行严格保护。因此,涉及个人信息的政务数据应当存在本国内,如需向境外提供该类数据的,应进行安全评估。

## 第四节 国　　家

本书中"国家"对应的是"the Government",即主要管理国家对外行政事务的主体,即中央政府。《中华人民共和国网络安全法》《中华人民共和国个人信息保护法》《中华人民共和国数据安全法》等网络信息安全相关配套法规均将维护国家安全作为立法目的之一。《关键信息基

---

[1] 陈晓勤. 需求识别与精准供给:大数据地方立法完善思考——基于政府部门与大数据相关企业调研的分析[J]. 法学杂志, 2020, 41 (11): 91–101.

础设施安全保护条例》明确规定涉及国家安全的重要网络设施才能成为关键信息基础设施。企业数据在特定情况下也涉及国家安全,如企业数据为遗传资源数据时,可能会涉及国家安全。习近平总书记指出,人类共同在网络空间中活动,应由世界各国共同掌握网络空间的前途与命运;为了网络空间命运共同体的构建,各国应在合理框架内沟通、达成共识、促进合作。❶ 在网络空间国际合作中,我们要坚持和平、主权、共治、普惠的基本原则,坚持维护网络空间主权和国家安全,促进国际秩序的构建,坚持公平处理网络空间事务,使公民合法权益得到保护,普惠共享数据经济发展带来的红利。因此,在网络空间的环境下,国家是数据法律关系的重要主体。

## 一、数据领域的国家基本权利

国家是指由定居在确定领土上并在一定的政权组织领导下的居民组成的具有主权的社会。❷ 国家必须具备定居的居民、确定的领土、政府、主权四个要素。国家享有独立权、平等权、自卫权、管辖权等基本权利,一国享有的基本权利就是其他国家所应承担的基本义务。相应地,国家在数据领域的基本权利包括数据独立权、数据平等权、数据自卫权和数据管辖权。

### 1. 数据独立权

数据独立权是指国家根据自己的意志处理本国对内、对外数据活动事务而不受任何他国控制或干涉的权利。数据独立权是国家主权在数据领域的体现。主权国家有权自主发展数据技术和数据产业,选择适合本国国情的数据发展之道路,不受任何其他国家或国际组织的干涉和控制。在数据领域,发达国家利用其技术垄断的优势,容易形成数据霸

---

❶ 习近平就共同构建网络空间命运共同体提出五点主张 [EB/OL]. [2022 – 09 – 25]. http://www.cac.gov.cn/2015 – 12/16/c_1117478213.htm.

❷ 周忠海. 国际法 [M]. 3 版. 北京:中国政法大学出版社,2017:56 – 57.

权，坚持以现有的国际法规则治理数据，对发展中国家实行数据殖民。因此，要坚持数据主权，国家要坚持独立自主的原则，选择数据自主发展的道路，充分开发利用数据资源，大力开展信息基础设施建设，以维护国家主权安全。

2. 数据平等权

数据平等权是指国家以平等的资格和身份参加国际数据治理活动，平等地享受国家权利和承担国际法义务的权利。数据平等权主要体现在以下几个方面：

（1）在数据国际合作和共享中，一国不能对其他主权国家主张数据管辖权，各国在国际数据治理活动中是平等关系；

（2）国家在与数据治理相关的国际组织和国际数据治理会议中享有平等的代表权和投票权；

（3）在国际数据治理活动，各国享有平等的缔约权，有权使用本国文字；

（4）各国在不损害他国主权的情况下可以自由地使用相关数据资源。因此，各国在参与国际数据交流和共享活动时，坚持平等的原则进行数据交换，并制定国际数据规则。各国制定本国相关数据规则时，应当遵循平等原则，不得损害其他国家的数据权益。

3. 数据自卫权

数据自卫权是指国家的数据主权遭到外来侵犯时，单独或与其他国家共同抵抗数据入侵的权利，可以以武力进行自卫，切实维护国家主权安全。在大数据时代，数据已成为国家的最重要资源，国家之间为争夺数据而展开国与国之间的斗争，当发生数据被监控、被窃取或受到攻击时，主权国家可以行使自卫权来维护国家利益。现代战争信息化程度较高，高度依赖于数据，发起数据攻击极易破坏作战指挥系统，比传统的军事打击更具有杀伤力，因此，当数据主权遭到外来侵犯时，主权国家可以行使数据自卫权。

∗ 数据四重性及其合规系统

4. 数据管辖权

数据管辖权是指国家依据数据主权对特定数据活动进行管理和处置的权利。数据活动包括数据产生、存储、传输、应用等相关环节。数据存在网络空间具有无国界性，从而导致数据管辖权中的属地管辖的边界很难厘清，因此应当依据前文介绍的国际网络空间治理规则，建立完善的、可操作的属地管辖权制度。数据管辖权中还包括属人管辖权、保护性管辖权和普遍性管辖权。属人管辖权以数据用户的国籍为基础，国家对所有在国内或国外的、具有本国国籍的人行使管辖权。保护性管辖权是指对他国公民在境外实施的、侵犯本国利益的数据行为行使管辖权。普遍性管辖权是指对危害人类利益的数据违法行为，任何国家都可以行使管辖权。

## 二、数据领域的国家治理责任

网络空间已经成为国际法的新疆域，各国为了获得网络空间的话语权，积极参与网络空间治理，以维护网络空间主权。国家应该积极参与制定国际网络空间治理新规则，参加国际条约、国际协定的谈判，切实维护国家数据主权。

1. 积极参与缔结与数据保护相关的国际条约

网络空间治理与国家利益密切相关，西方发达国家利用网络技术对其他国家领导人和国民进行监听，危及其他国家安全。新兴国家在构建网络空间治理国际秩序中缺少话语权，因此要以网络空间主权为原则，制定与数据保护相关的专门性国际条约。各国不能利用网络空间实施敌对行动、侵略行为，避免对国际和平和安全造成威胁。实际上，网络空间治理活动具有虚拟性和全球性的特征，需要全人类进行共同治理。因此，在网络空间治理中，国家要以和平、主权、共治、普惠的基本原则积极参与国际网络空间治理，当数据受到他人攻击时，可以行使自卫权予以反击。

2. 处理外国司法或者执法机构关于提供数据的请求

中华人民共和国境内的任何企业、社会组织、自然人等数据处理者不能未经主管机关审批而向外国司法或者执法机构提供存储于中华人民共和国境内的数据。中华人民共和国主管机关应当依据缔结或者参加的国际条约、协定，或者按照平等互惠原则，处理外国司法或者执法机构关于提供数据的请求。这不仅是数据处理者应当承担的义务，也是国家赋予数据处理者对抗外国长臂管辖的有力武器。从国家层面看，处理外国司法或者执法机构关于提供数据请求的规则，在一定程度上阻断了境外机构的长臂管辖，维护国家主权和安全及相关数据权益。这一规定也是《阻断外国法律与措施不当域外适用办法》在数据领域的直接体现。

3. 出口管制制度

出口管制是指对从中华人民共和国境内向境外转移管制物项，以及中华人民共和国公民、法人和非法人组织向外国组织和个人提供管制物项，采取禁止或者限制性措施。而与管制物项相关数据当然也属于出口管制的对象。数据已经成为生产要素，是国家基础性战略资源，各国需要对数据跨境转移进行相关的管制，实行管制物项相关数据的出口管制制度可以维护国家安全和利益。管制物项包括两用物项、军品、核资源以及其他与维护国家安全和利益、履行防扩散等国际义务相关的货物、技术、服务有关的物项。两用物项是指既有民事用途，又有军事用途或者有助于提升军事潜力，特别是可以用于设计、开发、生产或者使用大规模杀伤性武器及其运载工具的货物、技术和服务。管制物项相关数据是制备管制物项的核心机密，因此，需要对管制物项相关数据进行出口管制。

4. 对等反歧视措施

针对歧视性采取反制裁措施，属于国际法中的对等原则。对等原则在数据领域具体体现为：任何国家或者地区在与数据、数据保护和数据

\* 数据四重性及其合规系统

开发利用技术等有关的投资、贸易等方面对本国采取歧视性的禁止、限制或者其他类似措施的，本国可以根据实际情况对该国家或者地区对等采取措施。数据领域的对等原则，主要是为了保障本国数据处理者公平地参与数据领域的国际竞争和维护其合法权益，切实维护国家主权和国家安全。对等原则可以保障本国数据主权和数据安全，可以有效地对抗他国对本国数据主权的侵犯，可以促进建立公平、对等的国际数据治理秩序，从而可以有效地保障数据在安全的前提下在全球自由跨境流动，进而实现数据在国际社会上的有效利用，引领国际经济发展。

5. 加强网络安全和数据治理国际合作

国家积极开展数据安全治理、数据开发利用、网络空间治理等领域国际交流与合作，参与网络技术研发、数据安全相关国际规则和标准的制定，推动构建和平、安全、开放、合作的网络空间，建立多边、民主、透明的网络空间治理体系，促进数据安全地跨境自由流动。网络安全和数据跨境转移已成为国际社会的主题，需要各国在数据领域开展国际合作，以和平、安全、开放、合作为基本原则，制定数据安全相关的国际规则和相关标准，按照既定的规则促进数据跨境自由流动。网络安全和数据治理均涉及国家主权的问题，因此，需要各国积极参与制定国际规则和标准，才能促进网络空间的健康发展和数据公平、安全、有序地利用，惠及所有人，促进构建网络人类命运共同体进程。

# 第五章　域外数据保护制度之比较

习近平总书记指出，数据基础制度建设事关国家发展和安全大局，要维护国家数据安全，保护个人信息和商业秘密，促进数据高效流通使用、赋能实体经济，统筹推进数据产权、流通交易、收益分配、安全治理，加快构建数据基础制度体系。[1] 数据安全现已成为全球治理的重要议题，构建国际数据安全规则制度也随之成为世界主要国家的关注重点。通过比较世界主要经济体数据相关的保护制度，我国能在其中得到一些启示。

## 第一节　欧盟数据保护制度

欧盟《个人数据保护指令》颁布于 1995 年，该指令规定了欧盟有关个人数据保护的最低标准，并确立了欧盟全面的数据保护体系。但是，随着网络社会的发展、网络环境的变化、欧盟成员国立法规范的进步以及全球贸易的不断深入，使得《个人数据保护指令》已经无法应对数据安全领域新的风险和威胁，欧盟亟须更高行政效力和更全面的法律

---

[1] 习近平 2022 年 6 月 22 日在中央全面深化改革委员会第二十六次会议上的讲话。

\* 数据四重性及其合规系统

规范。

2011年,欧洲数据保护监督组织(EDPS)在欧盟委员会沟通会议中,提出了加强欧盟个人数据保护统一性的建议。半年后,欧盟委员会提议,应当从加强个人数据权利保护、建立统一欧盟数据市场、强化数据保护机构职能及合作等方面对《个人数据保护指令》进行修订。2016年4月欧洲议会投票通过《通用数据保护条例》(GDPR),并于2018年5月25日正式施行,同日废除《个人数据保护指令》的使用。欧盟委员会公开宣称GDPR首先旨在建设现代化的个人数据治理规范机制、确保欧盟公民和居民对于自身个人数据享有充分的控制权,同时通过协调、简化现行的"数字单一市场"体系在欧盟体制内建设统一的规范框架进一步改善监管环境,以期降低个人数据处理主体的合规风控成本,进而助益包括跨国企业在内的商业主体的业务运营。

相较于1995年的《个人数据保护指令》,GDPR从加强数据主体的权利保护、确定相关主体的责任制度、建立完善的监管体系等多个方面建立了完善的数据保护体系。GDPR对于欧盟个人数据保护具有里程碑的意义,是迄今为止发达国家通过的最严厉的一部对个人数据安全进行保护的法律,为全球各国个人数据法律保护制度的建设树立了新的标杆。

## 一、欧盟数据保护制度概述

### (一) GDPR的立法背景

随着数字化时代的到来,数据的产生与传播、使用等得到空前的发展,同时,数据安全问题也为各行各业都带来了许多新的挑战。欧洲议会于2016年4月14日投票正式通过GDPR,并于2018年5月25日在欧盟成员国内正式生效。GDPR是欧洲联盟和欧洲经济区数据保护领域的一项重要立法,其适用范围非常广泛,所有收集、传输、存储或者处理涉及欧洲所有成员国内数据主体的个人信息的机构组织均受该条例的约束。GDPR 的主要目标是数据保护和促进数据的自由流动。GDPR 作为数据保护领域最严苛、适用范围极为广泛的立法，其颁布与生效在个人信息保护的立法历史上具有里程碑意义。

欧盟是世界上对个人信息和数据安全保护最严格的地区，这与欧洲的地缘政治因素密不可分。首先，欧洲的近代政府调查和社会调查发展较早。20 世纪 60—80 年代，欧洲数据库运营的主体是政府而不是私有部门，政府最开始收集数据主要用于人口普查。德国于 1982 年颁布《人口普查法》，准备对公民个人数据进行全面普查，引发整个社会各阶层群起的抗议运动及宪法诉愿，最终德国联邦宪法法院判定该法违宪。[1] 人口普查案首次确立了信息自决权，即个人可以自主决定于何时、何种方式、何种范围内，公开其个人生活的事实；国家公权力对公民个人信息自决权的规范，应受法律保留原则、授权明确性原则以及比例原则的约束，并有义务在组织及程序上采取相应的预防措施，使个人信息自决权得到有效保障。数据保护理念由此开始被提及。[2]

其次，"二战"前后欧洲曾遭受过法西斯主义和纳粹主义的毒害，详细和完备的个人数据被纳粹德国用来清洗犹太人和迫害反纳粹人士。因此，欧洲人从此认为，无论是出于何种目的进行的个人数据收集，最终一定会被滥用，从而危害到个人的财产权利和人身权利。

最后，随着现代科技的飞速发展，数字化的过程将人们生活的方方面面变成数字化的形式进行存储和传播。网络用户和移动技术的指数级增长、日益互联的地球和大量跨境数据流动引起的数据安全问题，促使欧洲彻底反思其数据保护立法，确保公民个人数据作为最基本的权利在当今数字经济社会中得到充分保障。

---

[1] Census, judgment, 1983 年德国宪法法院关于信息自决权的案例。
[2] 王泽鉴. 人格权法：法释义学、比较法、案例研究 [M]. 北京：北京大学出版社，2013：200.

### （二）GDPR 的立法目的

GDPR 正文第 1 条规定了该条例的主体和目标：（1）本条例旨在确立个人数据处理中的自然人保护和个人数据自由流通的规范。（2）本条例旨在保护自然人的基本权利和自由，尤其是保护个人数据的权利。（3）个人数据在欧盟境内的自由流通不得因为在个人数据处理过程中保护自然人而被限制和禁止。❶ GDPR 旨在打造一个公平、自由并且安全的区域空间和经济联盟，推动区域经济和社会进步，促进欧盟内部市场各经济体的壮大与融合，增进自然人的福祉。

因此，GDPR 具有双重立法目的：一是数据保护；二是促进数据自由流动。实际上，"数据保护"和"数据自由流动"这两个立法目的之间本身存在一定的矛盾。数据作为一种生产要素具有极高的经济价值，尤其是对收集的数据进行二次利用，企业可以基于技术分析了解用户的消费能力和消费需求并有针对性地调整营销策略，所以当企业面对巨大利益诱惑时，可能会忽视对个人数据的保护；如果国家的政策法规过于强调对公民个人数据的保护，那么这种过高的标准可能会限制行业发展，使企业承担更高的合规负担。因此，在制度设计时需要兼顾二者，GDPR 在制度设计上体现了大数据时代保护个人数据权利和促进个人数据自由流动的双重价值。

在加强个人数据保护方面，GDPR 相对于 1995 年的《个人数据保护指令》，GDPR 保护的客体由原来的"隐私权"变为"个人数据保护权"，添加了新的概念和原则来更新数据保护框架，如添加了个人数据的可携带权和被遗忘权等新概念。第三国现在不仅必须确保其数据保护法是充分的，而且必须确定其整个数据保护框架也是充分的，使其立法、规制措施和监督机制符合 GDPR 的要求。

除此之外，在促进数据自由流动方面，GDPR 的法律约束力更强，每一项规定都成为各成员国国家的法律，只要制定、生效，就对全体成

---

❶ GDPR 第一章第 1 条。

员国具有约束力,并直接适用于全体成员国,不需要国内法进行转化。各成员国之间适用相同数据保护制度,并严格加以执行,从而建立互信,打破成员国之间的壁垒,使得数据能够在各国之间自由流动。

(三) GDPR 的立法基础

GDPR 序言第 1 条规定:"自然人在其个人数据处理过程中获得保护是其拥有的一项基本权利。《欧盟基本权利宪章》第 8 条第 1 款及《欧盟运作条约》第 16 条第 1 款中均规定,人人均有权享有与其相关的个人数据保护的权利。"GDPR 序言第 12 条规定:"《欧盟运作条约》第 16 条第 2 款授权欧洲议会和欧盟理事会制定处理个人数据过程中对当事人给予保护的相关规则以及有关个人数据自由流通的规则。"

从 GDPR 的序言部分可以看出,GDPR 的立法基础主要有两个:一是《欧盟运作条约》规定欧盟有权制定数据保护方面的立法;二是《欧盟基本权利宪章》将数据保护权规定为一项基本人权。

欧盟之所以要制定统一的数据保护和跨境数据流动的规范,而不是在原有 1995 年《个人数据保护指令》的指导下交给成员国自行保护,从欧盟委员会的目标来看,是为了促进欧洲一体化发展,构建欧洲单一数据市场,使欧盟境内的人员、货物、资本和服务等自由流动,排除关税,消除贸易壁垒。而各成员国不同的数据保护标准本身可能也会导致贸易壁垒,欧盟在超国家层面制定数据保护规则,旨在消弭数据保护构成的贸易壁垒。

《欧盟运作条约》第 114 条第 1 款赋予欧洲议会和欧盟理事会处理"与欧盟内部市场运作相关"问题的立法权:"除条约另有规定外,为实现第 26 条规定之目标,适用下列规定。欧洲议会和欧盟理事会应按照普通立法程序行事,并在征求经济和社会委员会意见后,制定以欧盟内部市场的运作为目标的法律、法规或行政行动的规定。"

欧盟数据保护法是建立在《欧盟基本权利宪章》所规定的基本权利之上的,而《欧盟基本权利宪章》是欧洲法律制度的核心组成部分。

\* 数据四重性及其合规系统

1952年《欧洲人权公约》通过,由于20世纪50年代还没有涉及数据问题,所以《欧洲人权公约》只规定了隐私权。2009年1月12日,《欧盟基本权利宪章》生效。这部数字时代颁布的人权条约,考虑到了一些数字时代之前没有的问题,如数据保护的问题。其中第8条专门规定"数据保护权"作为一种人权,独立于第7条隐私权之外。当数据保护权被侵犯,公民可以向有关的国家主管部门、政府、法院和专门的人权机构提出申诉。

(四)欧洲数据保护的发展历程

个人数据保护法是随着个人数据的不断丰富与大量流动应运而生的,当然,从数据库的兴起到数据保护规则的形成经历了一个漫长的过程,数据保护规则在欧洲大陆经历了一个漫长的演变过程,公民和政府都在不断寻求一种既不干涉个人私生活又不阻止数据流通的法律规则。

最开始,数据保护的规则仅存在于国内法之中。世界上第一部现代意义上的数据保护法是1970年德国黑森州颁布的《黑森州数据保护法》,这部法律的颁布在全球开辟了一个新的立法领域。随后,1973年5月11日《瑞典数据法》颁布,这是世界上第一部国家级数据保护法。1984年英国议会通过《数据保护法》。后来,越来越多的欧洲国家认为欧洲需要一套统一的规则,甚至是在国内法层面之上的国际或区域规则。

自20世纪80年代以来,欧盟在数据保护领域一直处于领先地位。1980年,经济合作与发展组织(OECD)制定了《保护隐私和跨境个人数据流通指南》,该指南是根据经合组织的7项原则和建议制定的,即通知、目的、同意、安全、披露、访问和问责,希望世界各国政府将这些原则纳入其未来的数据保护制度,是现代数据保护法的基础。但该原则不具有法律约束力,欧洲委员会意识到,数据流动仍然受到欧盟成员国国内法差异的阻碍。

1981年1月28日,欧洲委员会于斯特拉斯堡发布《关于个人数据自动化处理的个人保护公约》（以下简称"108号公约"），"108号公约"经过1999年、2001年和2012年三次补充和修订形成了最终的修订版。可以说"108号公约"是世界上第一部专门关于数据保护的国际公约，该条约不仅面向欧盟国家，非欧盟国家也可以加入。但直到1989年，真正签订"108号公约"的国家只有7个，所以欧洲共同体（欧盟前身）认为必须要在欧盟层面制定统一的数据保护法，以促进欧盟内部的跨境数据传输。"108号公约"至今仍然是全球唯一一部关于个人数据保护的国际公约，对欧盟数据保护的立法产生了深源影响。

1992年《马斯特里赫特条约》的签订标志着欧盟的诞生。当时，因为欧洲各国在实施"108号公约"的过程中对数据监管的做法各不相同，并不能为个人、数据控制者和处理者提供确定的法律依据，确有必要在欧盟层面制定统一的数据保护规则。因此，1995年10月24日，欧洲议会和欧盟理事会通过《关于在个人数据处理过程中保护当事人及此类数据自由流通的第95/46/EC号指令》（《个人数据保护指令》），《个人数据保护指令》建立了具有可操作性的数据保护规则和制度，其一方面承继了"108号公约"中的部分规定，例如仍然坚持合法性原则，并赋予数据主体一系列保障性权利，包括拒绝权、访问权、知情权、更正权等；另一方面，在"108号公约"的基础上进行了进一步丰富，例如将"同意"作为数据处理的依据之一，并规定了5种可以处理个人数据的法定情形，对特殊的个人数据规定了更严苛的保护规则，并在欧盟层面建立了专门工作组，来确保数据保护指令的施行。《个人数据保护指令》协调了个人数据保护和数据自由流通之间的关系。《个人数据保护指令》有着双重目标：一是要求所有成员国根据该指令保护自然人的基本权利和自由，特别是在处理个人数据方面的隐私权；二是要求成员国既不限制也不禁止成员国之间个人数据的自由流通。这两项义务密切相关，以实现为所有成员国提供同等高水平的保护，确保以内部市场平衡发展为目标。

在《个人数据保护指令》的框架之下，欧盟成员国之间的数据保护立法依然是分散的，立法的不统一，导致欧盟各成员国之间存在数据流通壁垒,并且执法成本较高。随着大数据时代的到来,数据的价值不断凸显,欧盟亟须制定一套统一、简单、明确的数据保护规则。2016年,欧盟正式通过GDPR,欧洲议会和欧洲理事会采用GDPR取代了1995年的《个人数据保护指令》。与《个人数据保护指令》相比,该条例直接适用于欧盟成员国,不需要成员国进行国内法转化。

2018年5月25日,GDPR正式生效。GDPR一经生效便受到世界瞩目,不仅因为其设定了严苛的个人数据保护标准,还因为其具有全球影响力,适用于全世界范围内所有面向欧盟从事经营活动的企业。虽然GDPR是一部涵盖范围很广的法律,但其只是欧盟法层面的一员,除此之外还有很多数据保护方面的法律,适用于不同的主体和不同的语境。例如2002年7月12日颁布的《数字隐私条令》,2000年12月18日发布的《第45/2001号条例》,2016年4月27日生效的《法律执行条令》等。

(五)GDPR的数据监管主体

GDPR是一个相对完善和全面的法律制度,为强化欧盟数据保护的协作程度,确保GDPR能够从法律文本落实到具体实务中,以及有效地执行这些制度,GDPR新设欧洲数据保护委员会(EDPB),并取代"第29条数据保护工作组",作为一个常设机构。EDPB总部设在布鲁塞尔,是一个具有独立法律人格的欧盟机构,致力于促进GDPR在整个欧盟境内一致适用,并促进欧盟数据保护机构之间相互合作。

欧洲数据保护委员会由各成员国监管机构的负责人和欧洲数据保护监管员或者他们的代表人组成。当某个成员国有一个以上的监管机构负责监管GDPR的适用时,应该根据该成员国的法律提名一个联合代表人,代表该成员国所有的监管机构,并且应当设立机制来确保其他机构对于一致性机制的遵守。欧盟委员会有权参与欧洲数据保护委员会的活动和会议,但不享有投票权,并且应当指派一名代表人参加。欧洲数据保护委员会的主席应将欧洲数据保护委员会的所有活动向欧盟委员会报告。欧洲数据保护委员会应通过简单多数表决机制在成员中选举一名主席和两名副主席，主席和副主席职务任期五年，可以连选连任。委员会还应该设立一个秘书处，该秘书处设在欧洲数据保护监管机构。秘书处根据委员会主席的指导执行任务，秘书处为委员会提供分析、行政管理和后勤保障支持。欧盟委员会在2020年5月25日以及此后的每4年，向欧洲议会和欧盟理事会提交一份对GDPR的评估报告。报告应向公众公开。

欧洲数据保护委员会应当起草欧盟、第三国和国际组织个人数据处理中自然人保护情况年度保护报告，这份报告应公开并送达给欧盟议会、欧盟理事会和欧盟委员会。

另外，每个成员国应该安排一个或一个以上的独立的公共机构来负责监督GDPR的适用，来保护在个人数据处理中涉及的自然人的基础权利和自由，并促进个人数据在欧盟范围内的自由流通。各监管机构应当致力于GDPR在欧盟范围内的一致适用，为了实现这一目的，监管机构应当按照GDPR第七章的规定互相合作并且与欧洲数据保护委员会合作。

每个监管机构在履行它们的任务和行使它们的权力时应当按照GDPR的规定保持完全的独立，不受外部影响，无论是直接还是间接的，也不应寻求或接受任何人的指示。各成员国应当确保向监管机构提供人力、技术和财政资源、办公场所和必要的基础设施，来确保他们能有效地履行职责，行使权力，包括在欧洲数据保护委员会的互助、合作和参与的前提下才能实施的职责和权力。

（六）GDPR的适用范围

1. 数据适用范围

要明晰数据适用的范围，首先要明晰"个人数据"的概念。关于何为"个人数据"，GDPR第4条给出的定义是："是指与已识别或者可识别的自然人（数据主体）相关的任何数据；可识别的自然人尤其是指通过姓名、身份证号、定位数据、网络标识符号以及特定的身体、心理、基因、精神状态、经济、文化、社会身份等识别符能够被直接或间接识别到身份的自然人。"其中，"识别分析"（profiling）是指对个人数据采取的任何自动化处理的方式，包括评估某个自然人特定方面的情况，尤其是为了分析和预测该自然人的工作表现、经济状况、健康、个人喜好、兴趣、可信度、行为举止、所在位置或行迹。

而根据 EDPB 指引和 GDPR 的条款，凡是将数据的内容、处理该数据的目的或者是处理数据造成的影响，任何一部分能够关联到某个个人，那么我们就说这个数据是这个自然人的个人数据。这三部分不是叠加的，即只要满足三者之一就可以认定为个人数据。依据该标准，"个人数据"的范围非常宽泛，所以需要限缩保护的范围。在实践层面，其实欧盟法院在最新的一些案件中也在尝试修正过于宽泛的"个人数据"解释范围。

根据 GDPR 第 2 条规定的适用范围："本条例适用于全部或部分通过自动化手段进行的个人数据处理行为，以及通过自动化手段以外的其他方式进行的、构成或旨在构成存档系统一部分的数据处理行为。"

数据保护法对于个人数据权益的保护和企业对于个人数据的处理与应用是矛盾的。从个人层面看，个人更希望对个人数据加以更严苛的保护机制；而从企业层面看，它们更希望能够按照自己的方法和需求去使用数据，不受到过多的限制，所以它们关心的是不受 GDPR 规制的个人数据处理的例外情形。GDPR 第 2 条第 2 款规定："以下个人数据处理的情形不适用本条例的规定：（a）在欧盟法律管辖范围外的数据处理活动；（b）欧盟成员国实施《欧洲联盟条约》第 5 编第 2 章范围内的活动；（c）自然人实施的纯粹个人或者家庭活动；（d）有权机关为预防、调查、侦查、起诉刑事犯罪或执行刑罚的目的所进行的数据处理，其中包括预防与抵御公共安全风险。"

2. 地域适用范围

GDPR制定了宽泛的地域适用范围，其不仅对发生在欧盟境内的数据处理行为进行规制，并扩张地域管辖范围，树立了"目标指向标准"，对于非设立在欧盟境内的数据控制者和数据处理者对欧盟境内数据主体进行的数据处理行为进行规制。GDPR极大地扩张了地域管辖范围，对于欧盟境内的数据主体的权利进行了严苛的保护。

GDPR适用的地域范围，规定于其正文第3条。GDPR适用于营业地设立在欧盟境内的数据控制者或处理者所进行的个人数据处理活动，而不论该处理行为是否发生在欧盟境内（第1款）；以及基于长臂和域外管辖，当数据处理活动涉及以下情形时，"GDPR还适用于非设立于欧盟境内的数据控制者或处理者对位于欧盟境内的数据主体的个人数据进行的数据处理行为：（a）为欧盟境内的数据主体提供货物或服务，而不论数据主体是否被要求付费；（b）对数据主体在欧盟境内的行为进行监控"（第2款）。

GDPR通过"经营场所"以及"数据处理行为对象"两个方面来扩张其地域管辖，一方面，对于在欧盟境内设有经营场所的数据控制者或者数据处理者，如果数据处理行为发生在该经营场所开展的活动中，那么无论实际上的数据处理行为是否发生在欧盟境内，都属于GDPR的管辖范围；另一方面，如果数据控制者或者数据处理者没有在欧盟境内设立经营场所，但如果其数据处理行为对象为欧盟境内数据主体，或者对数据主体发生在欧盟境内的行为进行监控，那么该数据控制者或者数据处理者也受到GDPR的规制。

从GDPR来看，为其他组织或机构提供服务而向欧盟境内数据主体提供商品和服务的非欧盟境内组织或机构，是否属于其第3条第2款第（a）项的适用范围仍不清晰。修订后的《欧盟数据保护委员会指南》仍然未对此进行澄清。欧洲数据保护委员会指出，他们正在继续评估GDPR的地域范围规则与国际数据传输条款之间的相互影响，将来可能会在这方面发布进一步的指导。

欧盟数据保护委员会提供了一个公司总部不在欧盟境内设立但适用GDPR的常见示例。例如一家中国电商网站，该公司在柏林设立了实体机构，针对欧洲经济区市场开展商业和营销活动。由于柏林办事处有助于欧洲经济区中的电商活动获利，因此，欧盟数据保护委员会认为，就涉及欧盟相关的销售而言，这足以视为中国公司在德国营业地的活动范围内处理个人数据。

（七）个人数据保护权与隐私权的关系

欧盟1995年《个人数据保护指令》同时使用了数据保护与隐私保护两个概念，此时数据与隐私的关系尚不明确，例如其第1条第1款就规定各成员国应"特别保护个人数据处理中的隐私权"。而2000年制定的《欧盟基本权利宪章》第7条、第8条规定"尊重私人及家庭生活以及保护个人数据"，其中的"尊重私人及家庭生活"即为传统意义上的隐私权，并与"个人数据"并列，自此个人数据成为一项独立的权利。2007年的《里斯本条约》明确要求欧盟制定数据保护规则，在该条约中不再使用隐私的概念，而是完全采用个人数据的概念。在GDPR中，数据保护成为一个完全独立的领域，与传统的隐私权形成不同分野。

从数据保护与隐私权的概念混用，到数据保护成为独立的法律制度，原因是数据保护在保护的客体、权利的性质以及义务主体等方面均存在特殊性。首先，在保护的客体方面，数据保护的客体为个人信息，其概念范围远大于传统的隐私权的概念范围，包括任何已识别或可识别的特定个人信息；其次，在权利性质方面，传统的隐私权是一种人格权，是人之为人天然享有的权利，其先于法律而存在，而个人数据保护权是随着社会信息化程度不断加深而由法律创设的新型公法权利，通过对数据控制者或处理者设定一系列的禁止性行为或义务而保障数据主体的权益不受损害；最后，在义务主体方面，传统隐私权作为人格权，是一种对世权，其义务主体是普遍的，而个人数据保护权的义务主体针对的是数据控制者或处理者，通常不可能是个人，不具有普遍性。

## 二、欧盟数据保护制度亮点分析

（一）处理数据需有合法理由

根据 GDPR 第二章第 6 条，处理个人数据必须要有合法理由，包括：数据主体对处理其个人数据的行为的同意、履行数据主体为一方当事人的合同或在订立合同前为实施数据主体要求的行为所必需的数据处理、为履行数据控制者的法定义务所必需的数据处理、为保护数据主体的重大利益所必需的数据处理、数据控制者为追求合法利益而进行的数据处理等。

1. 关于数据主体的同意

GDPR 对于数据主体的同意的有效标准比《个人数据保护指令》严格得多。在 GDPR 第 4 条第 11 项中，关于"数据主体的同意"的定义为：数据主体依据其个人意愿，自由、明确、知情并清楚地通过陈述或积极行为表示对其个人数据进行处理的同意。也就是说，"数据主体的同意"至少需要以下几个要件：首先，数据主体必须是依据其个人意愿，自由作出的；其次，同意必须是明确具体的；再次，数据主体对其作出的同意必须是知情的；最后，数据主体必须是通过陈述或积极行为表示对其个人数据进行处理的同意。

在这种高标准的"同意"规则下，除了敏感数据处理、数据画像活动以外，虽然 GDPR 并没有明确禁止"推定同意"模式，但在实践中通过"推定同意"方式获得用户同意将很难被认为是合法有效的。也就是说，当前实践中，普遍存在的通过冗长晦涩的隐私政策来获取用户同意，或者让用户在签订业务协议时通过"打钩"方式作出一揽子授权的方式失去了合法性。因此，数据控制者应该修改同意机制而不仅仅是重新修订隐私政策的要求。

更重要的是，GDPR 第 7 条第 3 款规定，数据控制者必须确保数据主体能够像作出同意一样容易地撤回同意。数据控制者应当明确告知数据主体享有撤回其同意的权利，并为数据主体方便地行使该权利提供便利。并且，数据控制者必须保障数据主体能够在免费或不降低服务水平的情况下撤回其同意。

GDPR 对于儿童数据增设了一层额外的保护。根据 GDPR 第 8 条，对于未满 16 周岁的儿童，必须征得其父母或者其他监护人的同意或授权，其处理行为才是合法的。并且该举证责任在于数据控制者，数据控制者必须能够证明其从监护人那里获得了同意。这是对未成年人数据保护制度的特别规定，同样体现了对数据主体"同意"的严格规定，保障个人信息的自决权的同时也维护了未成年人的合法权益。

2. 关于数据控制者的合法利益

1995 年的《个人数据保护指令》和 GDPR 都规定了除了获得"同意"以外的其他数据处理的合法理由。一般认为，数据控制者出于营销目的对个人数据的使用要符合个人的合法利益，但同时 GDPR 赋予数据主体对于营销活动的绝对反对权。换言之，数据控制者可以以营销为目的使用用户个人数据，但用户可以随时提出反对，数据控制者必须立即停止使用。除此之外，将数据控制者的合法利益作为数据处理的合法理由的情形在实践中非常有限。数据控制者必须能够证明，其合法的利益显著高于数据主体的个人权利和自由（第 6 条）。

3. 关于敏感数据的处理

根据 GDPR 第 9 条第 1 款的规定，敏感个人数据包括：泄露种族或民族起源、政治观点、宗教信仰、哲学信仰、工会成员资格等，并明确禁止以识别自然人为目的对个人基因数据、生物特征数据的处理，以及禁止对健康数据、性生活、性取向等相关数据进行处理。

敏感个人数据的特殊性在于，作为一般法则，禁止处理敏感数据，除非特定的例外条件能够满足。这些例外条件包括：数据主体的同意，或者数据主体已经将上述信息公开；为了建立、履行或者保护合法的诉求必须处理上述敏感信息；为了公共利益的需要或者与公共利益相关的归档、科学、历史或者统计。但总体的原则是，这些对于敏感数据处理的例外情况的解释会非常狭窄。

(二) 数据主体权利极为丰富

相比于1995年的《个人数据保护指令》，GDPR规定数据主体的权利更为丰富与全面，为个人有效行使数据保护权利提供了坚实的法律保障。

1. 知情权

GDPR规定数据控制者必须以清楚、简单、明了的方式向个人说明其个人数据是如何被收集处理的。可以预见的是，当前企业普遍应用的隐私政策必须进行大幅改革，才能满足合规的需求。GDPR规定应当告知用户的信息包括以下内容：

(1) 数据控制者的身份信息和联系方式，以及数据控制者代表人（如果有）的身份信息和联系方式；

(2) 数据保护专员（如果有）的身份信息和联系方式；

(3) 处理个人数据的目的以及其合法基础；

(4) 当数据控制者基于追求合法利益处理个人数据时，应告知其所追求的合法利益；

(5) 个人数据的接收者或者接收者的类别（如果有）；

(6) 如果数据传输到第三国，则需要告知用户该第三国是否通过欧盟的充分性决定，如果没有通过，则需要告知数据控制者采取了何种保障措施；

(7) 个人数据的存储期限，如不可能，则应提供决定存储期限的标准；

(8) 数据主体享有向数据控制者请求访问、更正、清楚个人数据的权利，限制、拒绝其处理个人数据的权利以及持续控制权；

（9）向监管机构投诉的权利；

（10）提供个人数据是出于法律要求、合同要求，还是为订立合同所必要的要求，数据主体是否必须提供个人数据，如不能提供，其可能的法律后果。

2. 访问权

数据主体有权从数据控制者处获得有关他或她的个人数据是否被处理的确认结果，如果个人数据被处理，则数据主体有权访问个人数据和以下信息：处理数据的目的；相关个人数据的类别；已经或者将要将个人数据向其披露的数据接收者或其分类，特别是第三国或国际组织的数据接收者；个人数据将被储存的期限等。并且，数据控制者应当为用户实现访问权提供相应的流程，如果该请求是以电子形式提出的，则也应当以电子形式将数据提供给个人。控制者不能基于提供该服务而收费，除非数据主体的请求明显过量，超过负担。

3. 拒绝权

数据主体有权基于其自身特殊情况随时拒绝数据控制者基于其合法利益处理个人数据，其中包括识别分析行为。除非数据控制者能够证明处理数据的合法依据优先于数据主体的利益、权利与自由或数据处理为提起诉讼或应诉所必要，否则数据控制者不得继续处理其个人数据。

另外，当个人数据处理适用于直销的目的，数据主体有权随时拒绝为此类营销目的而处理其个人数据的行为，包括一定程度上关联到这种直销的分析行为。GDPR还引入了限制处理的权利。例如，当数据主体提出投诉（如针对数据的准确性）时，数据主体并不要求删除该数据，但可以限制数据控制者不再对该数据继续处理（第21条）。

除了以上权利之外，GDPR还全面引入了新型的权利类型，其中最引人注目的是"数据可携带权"（第20条）和"被遗忘权"（第17条）。

"数据可携带权"，是指如果数据主体向某数据控制者提供了与其有

# 第五章 域外数据保护制度之比较 ∗

关的个人数据,那么该数据主体有权从该数据控制者处获取结构化、通用化和可机读的上述数据;同时,数据主体有权将这些数据转移给其他的数据控制者,原数据控制者不得进行阻碍。例如,脸书的用户可以将其账号中的照片以及其他资料转移至其他社交网络服务提供商。当然,该权利不仅适用于社交网络服务,还包括云计算、网络服务以及手机应用等自动数据处理系统。信息控制者不仅无权干涉信息主体的此项权利,还需要配合用户提供数据文本。从目前第 20 条规定来看,数据可携带权适用于数据主体提供给数据控制者的数据,因此个人的网络行为轨迹是否属于该范畴,还有待于欧盟数据保护委员会作出解释。

"被遗忘权",GDPR 第 17 条关于被遗忘权的规定共计 3 款。其中,第 1 款的核心仍然是传统个人信息保护法中已经确立的删除权;当数据对于收集或处理的目的已经不再必要、数据主体撤销同意、个人数据被非法处理等情况时,数据主体有权请求数据控制者立即清除与其相关的个人数据。关于"被遗忘"的精神更多体现在第 2 款:当数据控制者已经公开个人数据的情况并且有义务清除个人数据时。考虑到现有技术和实施成本,数据控制者应当采取包括技术手段在内的合理措施,将数据主体要求清除的有关个人数据的链接、副本和备份等告知正在处理该个人数据的数据控制者。也就是说,数据控制者不仅要删除自己所控制的数据,还要求数据控制者负责对其公开传播的数据,要通知其他第三方停止利用并删除。这是在传统"删除权"的基础上进行了扩张。

总体看来,GDPR 对数据主体权利的补充完善,不仅极大地增强了数据主体对个人数据的控制能力,也对企业如何保障实现数据主体的权利提出了具体要求,对企业的制度建设、措施配置、业务流程乃至人工智能系统设计产生直接影响。

(三)严格的数据控制者责任

GDPR 极大简化了企业日常的合规负担,特别是废除了目前各成员国关于数据处理及境外转移的许可或者备案程序。取而代之的是要求企业在内部建立完善的问责机制，以实现 GDPR 规定的顺利实施。特别是，GDPR 旨在对个人数据处理中的个人权利和自由提供充分的尊重和保障，因此，对于数据控制者和处理者的约束规范十分严格。欧盟数据保护机构第 29 条工作组已经将制定相关细则列为了工作优先项。

### 1. DPO 的设立

对于设立在欧盟的数据控制者或处理者来说，在以下情形中，应当指定一名数据保护专员（DPO）：

第一，当数据处理是由行政机关或公共团体实施时，除了法院在其司法职能内的行为；

第二，数据控制者或处理者的核心业务由数据处理组成，该处理因其自身的性质、范围或目的等需要对数据主体进行定期的、系统化的大规模监控；或者数据处理活动与刑事定罪相关。

DPO 的指定应当建立在专业素养，尤其是对数据保护法律的专业知识和实践，以及有能力且能独立地履行职责的基础上。数据控制者或处理者必须公布 DPO 的联系方式，且向监管机构报备。如果 DPO 能够轻易接触到每个部门，集团公司可以仅指定一位 DPO，处理相关事务。此外需要注意的是，GDPR 允许成员国通过国内立法扩展必须指定 DPO 的其他情形。

对适用于 GDPR，但设立地在国外的机构而言，其必须在欧盟境内指定一个代表（机构），以作为该机构与数据保护监管机构之间的联系点。

### 2. 处理活动的记录

记录处理活动的目的是对于数据控制者或处理者的数据处理活动进行记录，一旦数据处理活动侵犯数据主体的合法权益，就能够有据可查。数据控制者必须全面记载其数据处理活动，包括数据处理的目的、对数据主体类型和个人数据类型的描述、数据接收者的类别以及转移至第三国的数据接收者、第三国的身份信息、数据保存的时间、采取的安全保障措施等，保留与数据处理者的合同附件。对于雇员人数少于250人的企业或组织可以豁免该要求，但是核心业务涉及大规模的处理个人数据或者敏感数据以及涉及违法定罪数据处理的不能例外。

3. 数据保护影响评估

当一种处理行为特别是用到新技术时，考虑到处理行为的性质、范围、内容和目的可能会对自然人的权利和自由产生的风险，数据控制者应当在处理前完成一份设想的数据处理对个人数据保护影响的评估。一份评估可以提出存在相似高风险时一套类似的处理行为。在实施数据保护影响评估时，在指定的情形下应当征询数据保护专员的建议。数据保护影响的评估内容至少应该包括：对于设想中的处理行为和处理行为的目的系统化的说明，适当的情况下还包括控制者追求的合法利益；基于处理目的，对处理行为的必要性和相称性的评估；对数据主体权利和自由产生的风险的评估；处理这些风险的预想方案，包括安全和保障措施，以及确保个人数据的保护和证明符合该条例规定的机制。以上方案应当考虑数据主体和其他相关人员的权利和合法利益。

4. 事先咨询

如果数据保护影响评估表明在数据控制者缺乏减轻风险的措施会导致高风险时，数据控制者应当在数据处理活动前向相关的数据保护监管机构进行事先咨询。监管机构应当在收到咨询请求后8周内，向数据控制者提供书面建议。如实施处理的行为比较复杂，这一期限可以延长6周。数据控制者在向监管机构咨询的时候，应当向监管机构提供以下信息：处理过程中涉及的控制者、共同控制者和处理者（如果有）各自的责任，尤其是当处理行为发生在企业集团内部的时候；打算实施的处理行为的目的和方法；按照该条例所采取的保护数据主体权利和自由的保障措施；数据保护专员的联系方式（如果有）；数据保护影响评估等。

### 5. 数据泄露报告

根据 GDPR 第 4 条的定义，个人信息泄露是指破坏数据的安保措施导致转移中的、存储的或其他处理中的个人数据被意外或者非法地销毁、丢失、修改、未经授权地披露或访问。根据 GDPR 第 33 条，一旦发生数据泄露事故，数据控制者应当自发现之时起 72 小时内，将个人数据泄露的情况报告监管机构，除非该个人数据泄露不可能造成对个人权利和自由造成风险，若未在 72 小时内报告监管机构，则需要说明未及时报告的理由。对于数据处理者而言，其应当在意识到泄露事故及风险后及时报告数据控制者。

数据泄露报告（DBN）中至少应当包含以下内容：阐述个人数据泄露的性质，包括所涉数据主体的种类和大致数量，以及所涉数据记录的种类和大致数量；企业 DPO 的姓名和具体联系方式，阐述个人数据泄露可能造成的后果，阐述数据控制者提议或采取的处理个人数据泄露的措施，还应包括减少个人数据泄露可能导致的不利影响的措施（如果有）。数据控制者应当记录下所有的个人数据泄露事件，以便监管机构能够检查其合规工作。

如果数据控制者已经实施相应的技术性和组织性保护措施，并且这些措施已经被应用在被泄露的个人数据上，尤其是这种保护措施使得个人数据不能被一般人理解，或者后续采取的措施能够使威胁不再出现，则数据控制者可以不必履行数据泄露报告义务。但这些证明责任都在数据控制者。当然，数据监管机构可以否决数据控制者作出的风险判断，强制要求作出报告。

依照 GDPR 规定，强制性的数据泄露报告是没有门槛的，因此企业应当为此建立周密的制度安排，包括数据安全管理流程、泄露事故发现、上报预案等，以符合 GDPR 的严格要求。

### 6. 安全保障措施

考虑到各国发展水平、实施成本和数据处理的性质、范围、内容和目的以及对自然人权利和自由带来风险的可能性与严重性，GDPR 第 32 条对于数据控制者和处理者应当采取的安全保障措施给予了更具体的规定，尤其包括如下内容：

（1）对个人数据的假名化机制和加密措施；

（2）确保保密系统和服务能够提供持久的机密性、完整性、可用性和系统可恢复性的能力；

（3）在物理或者技术事故下及时恢复数据的有效性和可访问性的能力；

（4）建立定期测试、评估、评价技术和管理措施是否有效的体系。

关于其中对于个人数据匿名化机制和假名化机制，GDPR 作出了明显的区分。假名化机制是指以如下方式处理个人数据：除非使用额外信息，否则无法将个人数据连接到某个具体的数据主体，且上述额外信息应当被独立存储并受制于适当的技术和组织措施，以确保个人数据不会连接到某个已识别或可识别的自然人。假名数据仍然属于个人数据，因此适用于个人数据的安全保障，特别是对于能够将假名数据恢复身份识别属性的额外信息必须单独安全存储。但相比于普通个人数据，假名数据在遵循的规范方面要相对宽松。如假名化以后，数据控制者可以将数据用于收集该数据时所确定目的之外的其他目的。

匿名数据是指已经完全移除个人可识别信息以后的数据，该数据不能再识别出特定个人。匿名数据不再属于个人数据，不受 GDPR 规制。

（四）*严格的数据处理者责任*

对于数据处理者而言，GDPR 做出了重大变化和调整。GDPR 关于数据处理者的定义是指代表数据控制者处理个人数据的自然人、法人、公共权力机关、代理机构或其他机构。《个人数据保护指令》主要适用于数据控制者，数据处理者主要通过合同的方式承担数据保护责任。然而 GDPR 对于数据控制者、数据处理者在大多数情况下提出了相同的要求，例如，数据处理者也承担对数据的安全保障义务，在管理措施、技术上必须采取必要的措施，包括指定 DPO、在发生数据泄露事故时及时报告数据控制者等。

此外，GDPR 还细致规定了数据处理者的处理行为应当受到合同或者欧盟或各成员国法律规定的法律行为的约束，该合同或其他法律行为对数据处理者和控制者具有法律约束力，并确立了处理行为的内容和期限、性质和目的，个人数据的类型和数据主体的种类以及数据控制者的权利与义务。

数据处理者仅能按照数据控制者书面的要求进行个人数据的处理，包括向第三国或国际组织转移个人数据，数据处理者应该在处理前将法律要求告知数据控制者，必须确保被授权处理个人数据者已经承诺保密或负有适当的保密义务；在数据安全、数据泄露、数据保护影响评估等方面数据控制者提供协助。如果没有数据控制者的特别或一般书面授权时，数据处理者不得招募另一个数据处理者；数据控制者取得授权后可以分包，但如果具体的分包商发生变化，数据处理者有义务及时告知数据控制者，后者有权提出反对。数据处理者对其分包商的数据处理活动完全负责，有义务将数据保护的要求施加给二级分包商。在数据处理服务终止时，数据处理者应当删除或者将数据全部返还给数据控制者，并删除现存副本，除非根据法律的要求必须保留这些个人数据。

GDPR 对数据处理者构建的一系列规范要求，将对当前的云计算生态体系带来重大影响。按照 GDPR，数据控制者和数据处理者之间的合同在很多情形下需要重新谈判达成。特别是由于 GDPR 使数据处理者大大增加了合规风险，二者合同中关于安全保障措施、风险管理以及服务的价格都会受到影响。

（五）严格的数据跨境流动监管机制

关于跨境数据流动的限制是在《个人数据保护指令》中提出的，欧盟公民的个人数据仅能转移到与欧盟同等保护水平的国家。在实践中，部分成员国针对跨境数据流动增加了事前的备案或者许可要求。GDPR

## 第五章　域外数据保护制度之比较

明确禁止这种增设许可的做法，规定数据跨境转移不需要经过任何特别授权，只要符合 GDPR 中关于跨境数据流动的条件，则成员国不得再予以限制。在此基础上，GDPR 还进一步完善了数据跨境转移的合法机制。

1. 数据跨境转移的原则

根据 GDPR 第 44 条的规定，无论是正在转移个人数据的行为，还是转移到第三国或国际组织后意图再转移的行为，数据控制者或处理者都必须遵守 GDPR 关于数据跨境转移的规定，以此保障对自然人的保护水平不被破坏。

2. 充分性决定

GDPR 相较于《个人数据保护指令》，欧盟委员会不仅可以对第三国的保护水平的充分性进行评估，还可以对一国内的特定地区、行业领域以及国际组织的保护水平作出评估判断。这进一步增加了通过"充分性"决定的灵活性。毕竟自《个人数据保护指令》实施以来，通过充分性决定的国家及地区还不超过 10 个。GDPR 对欧盟委员会作出充分性决定的程序和标准也进行了进一步详细规范，包括要求应当设立至少每四年定期检查的机制。

3. 有约束的公司规则

有约束的公司规则（BCR）最早由欧盟第 29 条数据保护工作组规则发展而来，初衷是让跨国公司或者公司集团能够在公司内部进行跨境的数据转移，是欧盟委员会提出的标准化格式合同的一个替代选择。在《个人数据保护指令》框架下，大约 2/3 的欧盟成员国认可 BCR。但是取得成员国监管机构对于 BCR 的认可需要经历冗长的批准程序（18—24 个月不等）。GDPR 对 BCR 给予了正式的法律地位，并详细规定了有权的监管机构批准公司约束规则的条件以及公司约束规则需要明确的内容。

（六）对数据画像的特别规制

根据 GDPR 界定，"数据画像"概念外延广泛，是指任何通过自动化方式处理个人数据的活动，该活动服务于评估个人的特定方面，或者专门分析及预测个人的特定方面，包括工作表现、经济状况、位置信息、健康状况、个人偏好、可信赖度或者行为表现等。这一概念界定被普遍认为能够覆盖目前大多数利用个人数据进行的大数据分析活动，如对个人偏好的分析，可涵盖市场中最普遍的大数据分析市场营销活动。

画像活动如果对用户个人产生法律上的影响或者其他重大影响，只有在符合以下条件之一时才是合法的：

（1）为缔结、履行以数据主体和数据控制者为当事人的合同所必要；

（2）经数据控制者遵守的欧盟或成员国法律授权，且该法律规定了适当的措施以保障数据主体的权利、自由和合法利益；

（3）基于数据主体明确同意。

考虑到第（1）、（2）项仅仅是个别情形，因此实践中绝大部分的数据画像的合法基础是第（3）项用户明确同意。但是，GDPR 对于"同意"有着高标准要求，因此今后获得用户在数据画像方面的同意将是难以操作的，这将对大数据背景下的分析营销活动带来极大的负面影响。

根据 GDPR 第 12 条第 2 款和第 21 条的规定，在数据画像活动中，获得用户合法有效的同意，首先应当向数据主体全面介绍数据画像处理活动是如何进行的，收集了用户的哪些数据，算法的基本原理是什么，评估结果是否会对用户产生法律上的影响。其次，应当明确告知用户享有对画像的反对权。此类信息应当明确无误地表达，并使用足够引起用户注意的方式，独立于其他表达。

此外，根据 GDPR 第 22 条的规定，基于个人敏感数据的数据画像活动是被禁止的，除非数据主体出于一个或者多个特定的目的，被给予了明确的同意，但是成员国可以通过立法明确规定即使在用户同意的情况下，也禁止基于敏感数据的画像活动；或者该数据画像活动对于重大的公共利益是必需的。

因此，对于依赖数据画像（包括利用 cookie 等跟踪工具开展精准营销）的企业来说，如何设计一套有效的机制，既能够符合 GDPR 有关透明性和用户同意的要求，又能使数据分析活动得以继续，是当前的一道难题。

### 三、欧盟数据保护制度缺陷分析

（一）对"个人信息"概念的定义过于宽泛

GDPR 对于"个人信息"的定义是指与已识别或者可识别的自然人（数据主体）相关的任何数据；可识别的自然人尤其是指通过姓名、身份证号码、定位数据、网络标识符号以及特定的身体、心理、基因、精神状态、经济、文化、社会身份等识别符能被直接或间接识别到身份的自然人。根据该定义，存在两个方面的原因导致"个人信息"的概念过于宽泛：

第一，已识别或可识别的自然人。已识别是指知道被识别的主体是谁，而可识别的自然人，则是通过技术手段可以从数据中"挖掘"出某人。通常是有一个网络 ID 或数字 ID，然后再匹配更多数据进行分析，来识别出数据主体是谁。

第二，与已识别或可识别的自然人有关的任何信息。其范围取决于识别分析技术和识别目的。如前所述，识别分为识别个人身份和识别个性特征。定义后半段对个人信息进行了不完全列举，这些列举中包括身份性信息如姓名、身份证号码、定位数据、网络标识等标识符，也包括身体、心理、基因、精神状态、经济、文化、社会等方面的个人属性和特征信息。

随着科技的不断发展，在当今大数据分析背景下，任何数据都可能具有识别个人的能力,具有可识别性的数据就越来越多、越来越广,GDPR定义中关于"可识别的自然人"的任何信息,就逐渐演变为一切具有识别性的数据。区分个人信息与非个人信息的唯一标准就是看数据是否具有"可识别性"或识别个人的能力。而数据的识别个人能力又取决于技术,这样以识别性或识别能力为标准使人们很难区分出个人信息和非个人信息。

(二)"个人识别"的概念过于模糊

识别分析是个人信息保护中的核心概念,对于"个人信息"的判定具有重要意义。GDPR第4条对识别分析的定义为:对个人信息采取的任何自动化处理的方式,包括评估某个自然人特定方面的情况,尤其是为了分析和预测该自然人的工作表现、经济状况、健康、个人喜好、兴趣、可信度、行为举止、所在位置或行迹。

但是,随着个人信息的大量产生以及数据分析技术的不断进步导致人类对个体的识别分析发生翻天覆地的变化,数据"可识别"与"不可识别"的界限越来越模糊。例如,在欧盟Patrick Breyer v. Federal Republic of Germany案中,法院认为虽然动态IP地址不能直接识别到个人,但是其可以通过其他渠道识别到个人所以应该认定为"个人数据"。[1]当然,对于"识别"采取宽泛的解释,能够加强对个人数据的保护,"识别"概念的外延越大,对于个人数据保护的范围也就越大。但是,例如,上述案例中,单纯按照动态IP地址是不可能识别到一个用户的,但如果其结合网络服务提供者(ISP)提供的其他数据后,二者之间结合的情况下可以识别到个人,那么就认为动态IP地址是一种"可识别"到自然人的个人数据。那么,按照此逻辑,"黄色头发的人"这一个人信息是无法识别到个人的,但如果结合"时间""空间"信息,是极有可能识别到某一个特定的自然人的,那将"黄色头发"也作为"个人数据"进行保护,不具有实际的意义。

---

[1] 参见欧盟Case C582/14号判决书。

## 第五章　域外数据保护制度之比较 ∗

在"识别路径"上，存在两种不同的路径：一种是"绝对路径"，即数据控制者穷尽所有的识别方法和识别手段来识别数据主体，当然，这是一种理论上的识别路径；另一种则是"相对路径"，即数据控制者只会采取必要的识别方式来识别个人。显然，欧盟 GDPR 采取了"绝对路径"的方式来定义"识别"，其中的"识别"不仅包括"已识别"还包括"可识别"，这就导致"个人数据"的范围过于宽泛，过于强调对个人数据的保护，可能会阻碍市场经济和技术的发展。当然，如前所述，这与欧洲地区个人数据保护法律的发展密切相关。但是随着社会的发展与进步，过于宽泛的个人数据保护范围不仅变得难以实现，更会制约欧盟经济区的经济社会发展。

（三）"域外效力"难以实现

法律的域外效力是指一国法律对发生在其管辖领土范围以外的某些事项具有法律拘束力。欧盟虽然不是国家，但同样具备国际法主体资格，欧盟层面制定的条例对欧盟内部成员国具有直接适用性。GDPR 虽然是由欧盟制定的法律，但其适用范围不仅仅局限于欧盟。根据 GDPR 第 3 条对地域管辖范围的规定，确立了"经营场所标准"和"目标指向标准"地域管辖范围适用标准。根据第 3 条第 1 款规定的"经营场所标准"，如果数据控制者或者处理者在欧盟境内设立了经营场所，在经营场所开展业务的场景下发生的数据处理行为受到该法管辖，无论数据处理行为的具体位置是否在欧盟境内；根据第 3 条第 2 款规定的"目标指向标准"，对于在欧盟境内没有设立经营场所的数据控制者或处理者，它们直接收集、处理或者监控欧盟境内数据主体个人数据的行为也将被纳入 GDPR 的管辖范围。

这种立法思路确乎是一种高明的制度设计，它是对信息技术迅猛发展作出的强有力的立法回应，将管辖重点放在"数据处理行为"本身，而不是数据处理行为发生的具体位置，避免出现法律规避的情况。同时，将管辖权作为"有力武器"，强调对个人数据权的保护，以权利保护为口号，投入互联网产业竞争。由于"经营场所标准"的适用需要进行个案分析，在实践中具有一定的模糊性和不确定性，导致企业在对发生于欧盟境外的数据处理行为进行合规审查时常常担心：数据处理行为是否会被纳入 GDPR 的管辖范围。根据 GDPR 第 83 条有关"处以行政罚款一般条件"的规定，情节最重者可被罚款 2000 万欧元或全球营业额 4%（以金额较高者为准）。境外企业将在"承担高昂合规成本"和"放弃欧盟市场份额"之间进行两难抉择。有趣的是，这种立法管辖权的设计确实收获了不错的宣示效果。例如，在 GDPR 临近生效前，QQ 国际版宣布从 2018 年 5 月 20 日起不再为欧洲用户提供服务。

但是，在 GDPR 的实际执行过程中，欧盟真正实施域外管辖权的案例尚不丰富。通过对现有的域外管辖案例进行分析，不难发现：欧盟及其成员国在行使 GDPR 第 3 条的域外管辖权时存在适用困境。对于"经营场所标准"而言，以被遗忘权的执行范围为例，行使域外管辖权将引发不同法域间的法律价值冲突；对于"目标指向标准"而言，存在明显的适用困境，由于缺乏双边执法的合作基础导致欧盟个人数据权难以在境外实现。

例如，在谷歌公司诉西班牙数据保护局和冈萨雷斯案（Google Inc. v. AEPD and Mario Costeja González）中，欧盟法院先通过"经营场所标准"明确了 GDPR 的可适用性。首先，谷歌公司在法国境内设立机构开展商业和广告活动，该活动与为了运营搜索引擎而进行的个人数据处理行为具有无法割裂的联系；其次，由于谷歌搜索引擎在不同国家版本之间存在网关，所以各国实际上是单独进行数据处理行为。基于上述理由，法院认定：该案中的数据处理行为是在法国境内的经营场所开展活动的场景下进行的。因此，这种行为落入了《个人数据保护指令》与 GDPR 的地域适用范围。在确定准据法后，欧盟法院重点讨论了有关"被遗忘权"执行范围的问题，法院比较客观地指出，世界各国在隐私权、个人数据保护与网络用户言论自由之间的权衡可能会有很大差异，到目前为止，欧盟域外删除链接权的适用范围与上述权利和自由尚未取得平衡。并据此最终认定：搜索引擎运营商仅应该删除其欧盟版本网站的搜索结果，谷歌公司不必在欧洲以外的全球范围内执行"被遗忘权"。

该案的意义有如下三点：第一，该案通过"经营场所标准"明确了GDPR的可适用性，解决了法律适用的准据法问题；第二，该案提出在处理欧盟内部各项权利时，应该"采用比例原则以动态平衡诸项基本权利"的权利协调思路；第三，该案创造性地提出，即使欧盟境外企业的数据处理行为被纳入欧盟个人数据保护法的域外管辖范围，该企业运用技术手段来保护欧盟个人数据权利的实际效果（范围）原则上应该以欧盟的地域为界，只有在特殊情况下，才会要求实际效果溢出欧盟。

由此可见，在互联网环境下，"经营场所标准"仅仅解决数据处理行为的可管辖性。在Google案中，如果欧盟法院坚持要求在全球范围内执行"被遗忘权"，可能会带来不同法域的法律价值冲突，尤其是隐私保护与言论自由方面的冲突。该案的裁判精神在于平衡欧盟基本权利和欧盟之外的法律价值，这是成熟运用"经营场所标准"后产生的新问题，其内在原因是：由于互联网的无界性、个人数据的跨境性以及数据处理活动的全球性，通过"经营场所标准"将欧盟境外数据控制者或者处理者的数据处理行为纳入管辖，将不可避免地导致欧盟境外的法律价值与欧盟内部的个人数据权在法院诉讼中产生"正面交锋"。欧盟法院虽然在Google案中作出了妥协，但是这种妥协是暂时的。欧盟法院在判决第72段指出，现行欧盟法虽然并不要求在所有搜索引擎版本中删除链接，但也没有禁止该行为。因此，成员国的监管机构或者司法机关仍有权依据本国基本人权保护标准，在数据主体的隐私权、个人数据保护和信息自由权之间进行权衡，并有权在特定情形下命令搜索引擎运营商在所有搜索引擎版本中删除相关链接。

## 四、欧盟数据保护制度的立法启示

（一）设定域外管辖权

在我国以往的立法实践中，往往采取"属地主义"或"属人主义"

的原则，但是个人数据的产生、流通等具有全球性，在个人数据保护领域再采取"属地主义"或"属人主义"的原则将不能满足个人数据保护的要求。借鉴GDPR中设立的"经营场所标准"和"目标指向标准"，增设域外管辖权，能够在今后处理涉外个人数据纠纷时有准据法，并且便于加强在个人数据保护领域的双边执法。

增设个人数据保护法的域外管辖是基于个人数据的特征而为的：一是互联网具有无界性，数据可以自由在不同国界间传输；二是个人数据具有跨境性，大量的跨境商业往来和信息交流，使得数据的跨境传输无时不在；三是数据处理活动具有全球性，这是一个万物互联、互联互通的时代，数据的收集、处理、存储等都有可能发生在不同的国家或地区。以上种种决定了在个人数据保护领域的立法必须要具有域外管辖权，否则给数据控制者或处理者留下了极大的规避空间，也给执法造成极大的难度。

可以借鉴GDPR确立"经营场所标准"和"目标指向标准"，并引入"双重违法原则"。在确定管辖时，应以"数据处理行为"作为考察依据，而非"行为发生地"，因为在如今云计算的大背景下，数据处理的行为发生地难以确定。以"数据处理行为"作为核心，通过两个方面来考察：一是"数据处理行为"的"主体"，二是"数据处理行为"的"对象"。如果"数据处理行为"的"主体"经营场所设立在域内，那无论数据处理行为发生在何地，都对其具有管辖权；如果"数据处理行为"的"对象"是中国公民，且数据控制者或处理者的数据处理行为既违反中国法也违反行为发生地法，则可以将其纳入管辖范围，并可以采取双边合作执法的方式进行执法。

如果仅仅采取"目标指向标准"，则有可能产生各国法律价值与法律文化之间的冲突，引发管辖权冲突。引入"双重违法原则"，有利于化解这一矛盾，并加强双边或多边在数据保护领域的合作执法，提升数据保护的执法效力。

第五章　域外数据保护制度之比较 ＊

（二）"数据保护官"制度的启示

1. 建立完善的数据保护官监管制度

GDPR 设置专节规定了数据保护官，详细规定了数据保护官的指定、地位、任务等。欧盟第 29 条数据保护工作组 2016 年 12 月颁布的《数据保护官指引》规定：数据保护官是 GDPR 的基石，任命数据保护官可以促进企业数据合规，从而使之成为企业的竞争优势。根据世界各国的经验，数据保护官的监管制度主要包括数据保护官的设立、法定职责、定位及其独立性等。

首先，关于数据保护官设立的原则，国际上存在两种不同的设立原则。一种是强制设立原则，即规定数据控制者必须任命数据保护官，如果企业达到一定的规模，必须设立专职的数据保护官。强制设立数据保护官固然会提升企业的数据保护能力，加速整个国家的数据保护进程与保护水平，但是，也需要与国家的数据保护意识、数据保护领域的人才数量等现实因素相匹配，否则，企业为满足合规要求聘请不符合要求的数据合规官从事企业数据合规管理，一是增加了企业负担，二是根本达不到数据保护的目标。另一种则是强制与自愿相结合的设立制度，即只对达到一定规模的数据控制者强制要求其任命数据保护官，对于规模较小的企业，给予其自由选择的权利，根据自身情况选择是否任命数据合规官。从目前我国的现实情况来看，因为我国的数据保护制度发展得较晚，数据保护制度的建立尚不完善，数据保护的人才较为缺乏，应采取强制与自愿相结合的设立模式，对于规模较大、处理数据量较大的企业，强制要求任命数据保护官，严格按照数据保护相关制度进行审查、监管、报备等；对于规模不大、处理的数据量也比较少的企业，建议其设立数据保护官，并给予相应的技术指导，逐步完善我国的数据保护官制度。

其次，关于数据保护官的保密义务。虽然法律一般会为数据保护官设立保密义务，但他们通常也有着很大的工作自主权和决策权。然而，数据保护官与雇主之间有直接的利益关系，所以对数据保护官的监督不能完全依赖企业内部，监管机构的参与也很重要。例如，监管机构可以设置对数据保护官的管理条例，明确其违反保密义务或因重大工作错误导致严重后果时，将会面临相应的处罚。

最后，关于数据保护官的独立性。对于强制设立数据保护官的企业，基于数据保护官的角色定位，出于保障数据主体的合法权益、促进数字经济发展以及协助数据保护部门的执法等需求，应该保持数据保护官的独立性。但是，对于自愿设立数据保护官的企业来说，如果强制要求数据保护官独立于企业，则会打击企业设立数据保护官的积极性，并且对于公司自治造成一定冲击。

除此之外，在法律确立整体的"数据保护官"制度之后，执法机构或法律解释机构可以学习欧盟第29条数据保护工作组，发布针对数据保护官制度的实践指南，以引导各行政部门、其他公共机构、私营企业更好地运用制度。这样也可以减轻主管机构的负担。

2. 公权力机构的数据保护

基于公权力机关的特殊地位，其在数据获取上具有一定的便利性与强制性，并且一旦公权力机关发生数据泄露，会造成大规模的数据泄露事件，具有更大的社会影响。因此，除了GDPR，欧盟还制定了一系列法律来保障个人数据在公权力机关的安全性，数据保护官制度在这些法律中均有设置。其中比较典型的有《条例（EU）2018/1725号》，旨在规范欧盟机构、办事处、代理人的数据处理行为；还有《指令（EU）2016/681号》，旨在规范主管当局为了防止、侦查、调查和起诉恐怖主义罪行和严重犯罪而使用已收集的乘客个人信息的行为，该指令要求各成员国相关单位任命数据保护官，作为单一的联系点，帮助数据主体处理相关问题。

我国是大数据产业发展最快的国家之一，近年来电子政务在我国受到广泛推崇，国务院办公厅多次发布各类指导意见和通知，大力打造

"互联网 + 政务服务",要求各政府部门"依托电子政务外网开展网上行政服务工作","打通信息壁垒,构建全流程一体化在线服务平台"。因此,随着越来越多的个人信息进入政府部门的网上平台,管理和保护这些公民的个人数据将成为首要任务。

我国幅员辽阔、行政区划复杂、各地方政府的财政状况差异较大、电子政务推广的程度也有不同,故而不可能在短时间内要求全国的政府部门都像欧盟一样任命数据保护官,但可以从欧盟的立法中获得启示,重视政府部门在处理和储存公民个人数据时的安全问题。有条件的政府部门在处理规模较大的数据、特殊类型的数据和一些敏感数据时,可以任命专职的个人数据安全监管人员或者信息安全负责人,以确保政府部门的网上平台和电子数据库,为公民个人数据的安全提供有效的保护。

3. 灵活运用数据保护官制度,完善数据处理流程

事实上,数据保护官制度并非需要法律强制规定才能实行。例如,美国法律虽然没有规定企业必须任命数据保护官,但企业亦有设立首席隐私官的习惯。其职能与数据保护官或有差异,但其工作目的亦是使企业控制和处理用户数据的程序符合法律规定,从而保护用户数据隐私。

因此,首先,我国《个人信息保护法》仅规定了处理个人信息达到国家网信部门规定数量的个人信息处理者应当指定个人信息保护负责人,负责对个人信息处理活动以及采取的保护措施等进行监督。但企业可以自发将数据保护官制度写进公司章程,或将这种制度作为一种行业规范推广开来。其次,企业还需要注意,一套系统化、规范化的数据处理流程,是数据保护官制度实现其功能和价值的基础。想要建立数据保护官制度,企业还应当建立完善的数据处理流程、明晰的人事管理制度、专业的人才培训模式。最后,考虑到任命数据保护官的成本问题,企业可以根据自身实际需求来确定是否要设置数据保护官。但企业应该保证即便不设置数据保护官,也能够通过其他方式实现数据处理行为合规。

### 4. 与欧盟发生业务往来的企业应处理好与数据保护有关的法律适用问题

在"一带一路"倡议提出后，我国各种规模、各个行业的企业都开始发展与欧盟国家的数字贸易。根据 GDPR 规定，即便企业的主营业地或分支机构所在地没有设立在欧盟，只要欧盟的数据主体提供了有偿或免费的商品和服务，就会受到 GDPR 的管辖。对于这些企业而言，不愿受到 GDPR 的管辖，不愿遵守 GDPR 的规定任命数据保护官，就意味着他们必须退出欧盟市场。在这种情形下，企业可考虑设置数据保护官，以更好地应对 GDPR 的规定，避免企业发生违规操作。除此之外，企业在处理涉及欧盟的业务时还需注意数据跨境流动过程中产生的法律适用问题，因为不仅有 GDPR，还有我国的《网络安全法》《个人信息保护法》等法律法规。此时，数据保护官可以帮助进行评估，为企业选择风险较小的方案，控制数据跨境流动成本。综上所述，与欧盟发生业务往来的企业如果能够运用好数据保护官制度，那么在不同国家的数据保护法律法规产生冲突、企业面临违规困境的时候，这些企业所面临的风险和损失将大大降低。

## 第二节　美国数据保护制度

不同于欧盟统一的立法模式，美国目前还没有联邦层面的、统一的数据和隐私安全立法。但是，由于美国作为判例法国家，其联邦和州层面的法律自成体系，目前已经在社会各个领域形成一套完整的规范数据处理以及隐私保护的法律规则，这些法律规则散见于不同的行业，主要包括健康、金融、电信、消费者、教育、就业等方面，其数据保护立法主要包括《健康保险可携带性与责任法案》(《HIPAA 法案》)、《金融服务现代化法案》(GLBA)、《金融消费者保护法》(CFPA)、《联邦贸易委员会法》(FTC Act)、《公平信用报告法》(FCRA)、《通信法》(CA)、《视频隐私保护法》(VPPA)、《家庭教育权和隐私权法》(FERPA)、《联邦证券法》(FSL)、《儿童在线隐私保护法》(COPPA)、《电子通信隐私法》(ECPA)、《计算机欺诈和滥用法》(CFAA)等。

## 一、健康数据保护方面的立法

在健康数据保护方面，美国形成了以《健康保险可携带性与责任法案》(《HIPAA法案》)为主的个人健康信息安全和隐私保护的法律体系。《HIPAA法案》于1996年由美国国会通过，并于1996年年底生效，2003年4月其隐私规则生效，2005年4月其安全规则生效，2006年3月其执行规则生效，2009年9月《经济和临床健康信息技术法案》和违规通知规则生效，2013年3月其最终综合规则生效；另外，与《HIPAA法案》相配套的还有2000年由美国卫生与人类服务部颁布的《个人健康信息隐私国家标准》和《个人可识别健康信息的隐私标准》，2006年由参议院颁布的《卫生信息技术促进法》和2010年的《病人保护与评价医疗法案》。

《HIPAA法案》主要是为了平衡个人隐私保护与公共利益，在当时社会背景下，一方面要保障员工在跳槽或者失业后能够继续享受医疗健康保险，确保员工在失业或者跳槽后医疗保险能够携带并且可连续；另一方面因为医疗保险涉及多个方面，包括医疗机构、银行、保险公司等支付机构，多个机构之间需要信息共享、传输和保存，所以健康信息有泄漏风险。为了平衡个人健康信息的保护和员工医疗健康保险的可携带和可连续，美国国会通过《HIPAA法案》。以下从多个方面介绍《HIPAA法案》。

第一，关于《HIPAA法案》确立的基本原则。首先，《HIPAA法案》界定了"需要受保护的健康信息"，其隐私规则所保护的对象是"受保护的健康信息"，必须满足可识别出具体个人的要求。一旦健康数据脱敏，便脱离该法案的保护。由此确立了受保护的健康信息保护原则。其次,《HIPAA法案》设立了健康信息之本人主权原则,包括健康信息本人的同意知情和复核审查权利。再次,《HIPAA法案》设立了最低必要限度原则,在能够满足处理目的的前提下,对健康信息主体采取最小化的收集以及最小化的披露,尽量减少对于信息主体的侵害。最后,《HIPAA法案》设立了管理简化原则、健康信息安全保障原则以及健康信息安全隐私保护与公共利益平衡的原则。

第二,关于《HIPAA法案》的适用主体和保护对象。1996年版的《HIPAA法案》只适用于"医疗保险、医疗保健结算所和医疗保健提供者"(health plans, health care clearing houses, and health care providers)三类主体,在法案中被称为涵盖实体。2009年的《经济和临床健康信息技术法案》扩大了适用主体的范围,包括医疗保健提供者、医疗健康保险公司、医疗保健清算所、财务支付和因履行财务、行政职能而处理信息的各部门,同时还包括与上述各部门合作的商业伙伴。《HIPAA法案》的保护对象是受保护的健康信息,是指个人可识别的健康信息,是从个人收集的信息,以识别其身份,或有合理依据相信这些信息可以用来识别个人的信息。

第三,隐私规则是《HIPAA法案》的立法亮点。其一,涵盖实体必须设立专门的隐私官员与联络员,以负责实体内部的隐私政策与具体执行。其二,未经个人书面授权,涵盖实体不得使用或披露受保护的健康信息。其三,获得个人授权后,涵盖实体使用健康信息时,必须遵循最小必要原则(The Minimum Necessary Rule),将数据的使用控制在最低限度。其四,涵盖实体使用受保护的健康信息时,必须向个人发出通知,即隐私使用通知制度(Notice of Privacy Practices),个人享有访问权、修正权、投诉权、限制权等权利。其五,如果涵盖实体想要将患者的健康信息提供给欲使用该信息进行二次营销的第三方,则必须首先获得患者的授权。其六,对侵犯隐私和安全的行为处以严厉的罚款,健康与人类服务部(DHHS)人员强制年度审计以确保合规和遵守法案,明确罚款数额,每年因披露受保护健康信息的罚款高达150万美元,对于明知故犯或者故意泄露个人健康信息的,罚金5万美元并判1年监禁等。

第五章　域外数据保护制度之比较 ＊

第四，安全规则也是该法案的重要内容之一。首先，法案的隐私规则适用于全部形式的受保护的健康信息，而安全规则仅适用于电子化的受保护的健康信息（e-PHI）。其次，安全规则将具体的保障措施分为三个部分，通过系统化的措施来保障信息系统的保密性、一致性和可用性，要求为 e-PHI 设置行政、物理和技术保护措施。行政保护包括风险预测、授权访问、安全培训以及处理安全事件的程序等。物理保护包括设备安全计划、记录访问限制、安全处理记录以及数据备份等。技术保护措施包括登录身份验证、加密控制等。最后，安全规则的保护措施要么是法案所规定的，要么是"可寻址的"（Addressable Security Standards），即实体可以采取合理的替代性措施。

第五，《HIPAA 法案》并没有将行动权赋予个人。违反《HIPAA 法案》的民事行为由美国健康与公众服务部的民权办公室（OCR in HHS）负责采取行动。违反 HIPAA 的刑事行为将由美国司法部负责采取行动。此外，各州检察长也可以参与执行 HIPAA。

## 二、金融数据保护方面的立法

在美国的商业社会中，由于信用卡行业的快速发展，几乎所有的交易活动都依赖于个人的信用分数。一旦个人的信用分数过低，在日常生活的交易中，就会遭遇到困难与麻烦。而信用分数来源于几家大型信用公司提供的消费者信用报告，而信用报告主要的分析对象是个人的金融数据。因此，大型信用公司几乎掌握着全部美国公民的金融数据，一旦发生数据泄露事件，将造成严重的隐私危机。为更好地保护个人的金融数据，美国国会通过了一系列法案以监管金融机构所掌握的个人信息。

第一，1970 年《公平信用报告法》和 2003 年《公平和准确的信用交易法》（Fair and Accurate Credit Transactions Act，FACTA）。美国会于 1970 年通过《公平信用报告法》（The Fair Credit Reporting Act，FCRA），后于 2003 年通过《公平和准确的信用交易法》。后者彻底解决了部分州的信用法律法规与《公平信用报告法》产生抵触的可能性，从而进一步加强对于消费者金融数据的保护。

首先，在《公平信用报告法》通过后的40年间，联邦贸易委员会主要负责《公平信用报告法》的规则解释和执行。2010年《多德－弗兰克法案》（Dodd-Frank Act）宣布成立一个新的联邦机构——消费者金融保护局（Consumer Financial Protection Bureau，CFPB），负责《公平信用报告法》的执法和规则解释。但是联邦贸易委员会仍然保留了一些《公平信用报告法》的执法权，并与消费者金融保护局分享这一权力。2012年，联邦贸易委员会和消费者金融保护局又签署了一份关于协调执行《公平信用报告法》的谅解备忘录。

其次，《公平信用报告法》首次提出合法取得信息主体信息报告的五种情况：(1)信贷审查；(2)聘用雇员的背景调查；(3)承保保险公司的信用调查；(4)法院命令或联邦陪审团的传票；(5)颁发牌照或发放社会福利的审查。另外，《公平信用报告法》规定了消费者报告被允许公开的主要目的包括：其一，法庭命令；其二，本人的私人目的；其三，合理相关的就业、承保、交易目的；其四，确认支付儿童抚养费；其五，为了抚养儿童的国家计划；其六，《联邦存款保险法》（Federal Deposit Insurance Act）及其他法律的特殊规定。其中需要说明的是，信用卡公司的"预筛选"（Prescreening）行为，无须获得消费者的提前授权。

最后，《公平信用报告法》赋予信息主体知情权、异议权、救济权、同意权和重建信用记录权。《公平信用报告法》将行动权赋予个人。个人可以要求信用公司公布关于消费者信用报告的信息，包括报告所依赖的全部信息的来源、种类等。《公平和准确的信用交易法》则更进一步要求信用公司向个人免费披露其信用分数。对于未经个人同意而公开信用报告的行为，个人可以对其提起诉讼，但涉及反恐与国家安全的行为除外。

然而，《公平信用报告法》在实践中也存在一些不足。例如，在异议权的行使程序中，《公平信用报告法》规定消费者仅有权向征信机构提交异议，由此导致征信机构既是数据纠错机构又是异议审查的主体，然而数据纠错需要耗费大量的时间以及成本，所以征信机构对于消费者提出的异议容易消极对待，影响消费者异议权的实现；又如在消费者行使知情权时，同样规定仅有征信机构需要配合消费者行使知情权，对于提供数据的机构却没有明确规定需要履行知情权，消费者无法知晓银行等数据收集机构收集了自己的哪些信息。

第二，Miller 案与 1978 年《金融隐私权法案》（Right to Financial Privacy Act，RFPA）。在 1976 年的 United States v. Miller 案中，美国联邦最高法院认为个人在银行记录中缺乏隐私的合理期待，因为它们仅包含自愿传达给银行的信息，并且在银行日常工作中被暴露给员工。为了更好地保护金融机构持有的个人数据，消除 Miller 案的不良影响，美国国会于 1978 年通过《金融隐私权法案》。法案规定，未经个人同意，银行和其他金融机构不得向政府披露个人的金融信息，除非政府获得传票或搜查令的许可。但 2001 年《爱国者法案》（USA Patriot Act）修订了该规定，要求银行和其他金融机构向调查恐怖主义的机构披露相关金融信息。

第三，1996 年颁布的《公平信用报告改革法》和 1998 年《消费者报告就业说明法》。1996 年，时任美国总统克林顿签署《公平信用报告改革法》，该法是第一部对《公平信用报告法》作出补充与修正的法案，在以下多个方面进行了补充与修正。

首先，关于消费者的异议权。该法明确规定征信机构必须对消费者提出的异议展开调查，并且需要将调查结果告知客户，还需要向客户无偿提供一份信用报告。如果消费者的信息确有错误，征信机构需要在 30 天内进行更正。此外，针对同一信息错误，客户仅需向一家征信机构提出异议，审核后认为确有错误的，应通过信息更正系统将此错误信息通知其他征信机构，避免客户向其他征信机构重复提出异议。

其次，关于报数机构的责任与义务。报数机构要确保向征信机构报送数据的准确性，如果发现其所报送的数据有错，则不能将该数据报送给征信机构。对于已经报送给征信机构的数据，如果报数机构发现有误的，应及时通知征信机构。如果消费者与保数据机构之间对于报送数据

发生异议的，报送机构对于所报数据需要进行标注。以上种种责任与义务，均是为了保障消费者的数据异议权

最后，对于《公平信用报告法》中没有明确规定的附属分支机构之间交换数据是否属于信用报告这一定义，该法进行了明确规定，大型金融集团的附属分支机构之间交换信息的不属于信用报告的情况，即附属分支机构之间能够信息共享，但是如果附属分支机构之间交换个人信息的，需要通知客户。

为了应对信用报告越来越广泛的应用于应聘者背景调查的现象，1998 年美国颁布了《消费者报告就业说明法》。该法案规定雇主必须要得到应聘者的书面授权才能获取信用报告，并增加了报数机构的义务和责任，将报数机构纳入该法的监管对象。

第四，1999 年颁布的《金融服务现代化法案》。这是美国金融史上一部重要的法律，旨在促进金融市场的发展，提高金融效率，并保护消费者的隐私权。该法与《公平信用报告法》在信息流动问题上互为补充，其允许金融机构与附属保险公司、证券公司或法律允许的企业分享消费者信息；在消费者已经获知并且对第三者保密的前提之下，金融机构可以作为本机构代表或者从事共同营销的非附属机构分享客户信息。该法案还规定了消费者的知情权，要求金融机构每年必须为其客户提供一份明确的隐私政策说明书，并在其中明确说明客户享有"选退权"，但这一政策在实际执行过程中受到诸多批评，引起实际执行存在较大问题。

第五，2010 年《美国海外账户税收合规法》（Foreign Account Tax Compliance Act）。为进一步打击逃税与恐怖主义融资行为，2010 年，美国国会出台《美国海外账户税收合规法》。该法案要求全部非美国金融机构，向美国财政部报告其所拥有的美国公民的财务信息。同时，该法案也要求美国公民主动向财政部汇报自己在海外账户中的财务状况。在 Crawford v. U. S. Department of Treasury 案中，原告质疑该法案的合宪性，认为联邦政府强制报告的要求违反了美国宪法第四修正案。但最终法院判定原告不具备充分的理由（standing）向该法案的合宪性发出挑战。

毋庸置疑，《美国海外账户税收合规法》减损了美国宪法所保护的公民的金融隐私，而且"许多外国国家都有自己的隐私法，通常不允许金融机构向美国政府收集和报告个人的财务信息，美国试图向其他国家强加国内法，只能造成国际法的困境"。[1] 因此，该法案未来的走向不容乐观。

### 三、其他方面的数据保护立法

1.《联邦贸易委员会法》（FTC Act）

《联邦贸易委员会法》是一部联邦消费者权益保护法，该法以规范企业之间的公平竞争和保护消费者的合法权益免受商业行为的欺诈作为立法目的。在该法中，明确禁止使用欺骗性或者虚假的广告，并且禁止不公平或者欺诈的商业行为，该法案是美国隐私保护与数据安全制度的重要组成部分。

2.《电子通信隐私法》（ECPA）和《计算机欺诈和滥用法》（CFAA）

ECPA 主要针对截取电子通信的行为进行规制，最初作为 1968 年的《窃听法》的修正案通过，该法适用于政府雇员以及普通公民，是一部联邦层面的法律。其主要禁止第三方未经授权而截取或者披露公民通信，从而保护存储状态的或者传送状态的公民通信。

CFAA 主要用于规范计算机篡改的行为，最初是为了保护美国政府和金融机构运行的计算机系统，后经修改完善，其保护范围逐步扩大。该法案对计算机网络犯罪的行为进行了细致规定，明确并区分了计算机欺诈与滥用的范围，是美国计算机网络犯罪体系的重要组成部分。

---

[1] 连雪晴. 人工智能时代美国个人数据保护研究［J］.《上海法学研究》集刊, 2021（6）.

### 3.《儿童在线隐私保护法》(COPPA)

COPPA 是一部保护 13 周岁以下儿童隐私的法律，1998 年由美国国会通过，2000 年 4 月生效。该法的立法背景是 20 世纪 90 年代，美国以儿童为目标的在线营销技术快速增长，儿童在线隐私受到威胁，亟须针对儿童在线隐私进行保护。该法主要规定了网站在搜集、使用和披露 13 岁以下儿童的个人信息时，必须征得其父母或者监护人的同意，如何寻求父母或者监护人的同意，网站经营者对儿童在线隐私和数据安全的法律责任等。

### 4. 自动驾驶技术等新场景下的数据保护法律

2010 年，在 United States v. Maynard 案中，哥伦比亚特区上诉法院认为，执法部门不得在没有授权的情况下使用全球定位系统（GPS）跟踪犯罪嫌疑人，这种使用违反了嫌疑人的美国宪法第四修正案的权利。尽管使用 GPS 成功跟踪了嫌疑人的活动轨迹，并证明嫌疑人参与了毒品贩运。2012 年，在 United States v. Jones 案中，警察在无搜查令的情况下，通过 GPS 追踪私人车辆的行动轨迹。美国联邦最高法院最终给出的结论是，追踪行为违宪。2018 年，在 Carpenter v. United States 案中，最高法院多数意见同样认定，警察在没有搜查令的情况下，收集私人手机的移动位置记录违反宪法第四修正案。

就目前而言，包括移动轨迹在内的个人数据隐私与自动驾驶车辆的关系仍是可控的。用户可以通过选择是否"接受所有第三方 cookies"，来决定是否与其他设备共享数据。但在未来交通数据共享更为便捷的时候，这种方式可能只会造成用户的隐私疲惫。因此，需要重新考量数据交互的发生方式以及用户和请求数据方的关系。令人遗憾的是，近年来关于车辆隐私安全保障的提案全部处于搁置状态。2015 年，参议员爱德华·J. 马基（Edward J. Markey）曾向参议院提出《车辆安全和隐私法案》(Security and Privacy in Your Car Act of 2015，SPY Car Act of 2015)，旨在建立新的网络安全标准，以保护消费者免受车辆安全和隐私的威胁，但该法案并未能获得通过。2017年，爱德华·J.马基再次向参议院提出《车辆安全和隐私法案》（Security and Privacy in Your Car Act of 2017，SPY Car Act of 2017），在2015年提案的基础上，该法案明确了驾驶数据的透明度、用户控制和使用限制，但仍未能获得通过。同年，众议员刘云平（Ted Lieu）和乔·威尔逊（Joe Wilson）提出了《车辆安全和隐私研究法案》（Security and Privacy in Your Car Study Act of 2017），要求国家公路安全管理局重新研究必要的网络安全标准，该法案至今也未能通过。

在联邦法律缺席的条件制约下，自动驾驶车辆中个人数据的保护必须坚守的基础原则是，只允许自动驾驶车辆在以下特殊情况中侵犯用户的自由和隐私：（1）自由和隐私的减少将导致自动驾驶车辆用户责任的相应减少；（2）个人丧失的权利价值将被行政效率或其他可确认的社会利益所抵消。而目前的第一步，应当是将美国宪法第四修正案的保护范围扩大至自动驾驶车辆中的个人数据，任何公权力机关对于此类数据的搜集行为都需要获得搜查令的许可。

## 第三节　日本数据保护制度

日本对于隐私权的广泛接受，起源于1961年的"宴会之后"案件。在该案中，东京地方法院将隐私权定义为"私生活不被随意公开的权利"，由此可以看出日本早期是将隐私权作为一种"私事的隐匿"来理解的。而后，因为美国对于隐私权利理论的讨论重点发生变化，形成信息控制理论，该理论主要由佐藤幸治传入日本。随着社会的高度信息化，日本对于隐私权的理论发生了进一步的转变，其关注重点转移到信息系统的控制与转移。

2003年，日本通过制订《个人信息保护法》等相关配套法律法规，建立个人信息保护的基础法律体系。为了推动大数据资源在日本国内外的无障碍流动,《日本个人信息保护法》于2015年和2020年经过两次修订。新修订的《日本个人信息保护法》从法律层面规范了个人信息的保护及应用准则。日本兼顾个人信息保护与数据合理使用方面的实践探索,希望为我国完善个人信息保护体系提供借鉴。

## 一、《日本个人信息保护法》立法概括

2003年,日本通过制订《个人信息保护法》等相关配套法律法规,建立个人信息保护的基础法律体系。2013年,日本政府在《创建最尖端IT国家宣言》中提出以应用大数据为核心的IT战略新目标。为了推动大数据资源在日本国内外的无障碍流动,《个人信息保护法》的修订被提上日程,并于2015年正式通过国会决议。新修订的《日本个人信息保护法》从法律层面规范了个人信息的保护及应用准则。

（一）关于"个人信息"的概念界定

《日本个人信息保护法》（2020年修订）将判断"个人信息"的重要依据限定在"个体可识别性"上,"个人信息"包括能够识别特定个体的姓名、出生日期或者其他记述等以及含有个人识别符号的信息。其中,"其他记述"包括以文字、图画或电磁方式制作的记录,以及以声音、动作或其他方式所表示的所有事项。其中"含有个人识别符号"包括:为了用于电子计算机而将特定个人身体的某一部分特征变换为文字、号码、记号或其他符号中,可识别该特定个人的符号;个人在利用面向个人提供的服务时或购买面向个人出售的商品时被分配的,或者在面向个人发行的卡片或其他书面材料中所记载的或以电磁方式记录的文字、号码、记号或其他符号中,因在分配、记载或记录中对不同的利用人、购买人或接受发行人进行了区分而可识别特定利用人、购买人或接受发行人的符号。

界定"个人信息"的概念并明确细致地划分其涵盖范畴,实质上扩

大了个人信息保护的范围,为合法合规地采集、统计和分析个人数据奠定了基础。

(二) 个人信息处理者的义务

《日本个人信息保护法》设专章规定了个人信息处理者的义务,针对持有相关个人信息的企业组织制定了更加严格的法定义务。具体包括:当数据持有者将匿名化加工信息向第三方提供时,需要对信息中包含的内容明细、匿名化加工个人信息的目的,以及向第三方提供的方式等进行记录并公示;当企业从数据持有方获取匿名化加工的个人信息时,需要对数据来源、获取方式进行记录并公示等。严格规范数据持有者的义务,使数据处理和交易过程透明化,能够保障公民个人信息的知情权,打破个人数据使用的"黑箱化"操作现状。

首先,个人信息处理者应当基于信息主体事先同意的特定目的处理个人信息,不能超出特定使用目的所必要的范围处理个人信息。同时规定了例外情形:以法令为依据的情形;为保护人的生命、身体、财产而有必要,却又难以取得本人同意的情形;为提高公众卫生或者推进儿童的健康成长而有特殊必要,却又难以取得本人同意的情形;为协助国家机关或地方公共团体或者受其委托的主体执行法令规定的事务而有必要,却又有可能因需要取得本人同意而导致对该事务的执行造成障碍的情形。

其次,个人信息处理者负有确保数据内容准确性以及安全管理、监督的义务。个人信息处理者应该在达到使用目的所必要的范围内,将个人数据保持在准确且最新的内容,并在丧失使用目的后,立即删除个人信息。个人信息处理者有义务防止个人信息泄露、毁损、灭失,并且采取必要的措施。另外,个人信息处理者有义务对处理数据的员工进行监督,如果委托给第三方进行数据处理,负有对受托方进行监督的义务。

最后,个人信息处理者负有订正与停止使用的义务。如果数据处理者保存的具有可识别性的个人数据与真实情况不符,信息主体可以请求个人信息处理者对保存的个人数据进行订正、追加或者删除，若决定不进行订正，应及时告知信息主体不订正的原因。当个人信息处理者超出使用目的使用个人信息，或者以有可能助长或诱发违法或不当行为的方式使用个人信息时，以及以虚假或其他不正当手段收集个人信息时，信息主体有权要求个人信息处理者停止上述的使用或收集行为。

（三）关于"匿名加工信息"制度

根据《日本个人信息保护法》（2020年修订）第2条的规定，"匿名加工信息"是指为了无法识别特定个人，而对其个人信息进行加工，并使之无法复原后，所得到的关于该个人的信息。"匿名信息加工处理者"是指为了能够用电子计算机检索而将特定匿名加工信息予以体系化构建的、含有匿名加工信息的信息集合物用于业务的主体。

个人信息处理者制作匿名信息并将该匿名加工信息提供给第三方时，应当依照《个人信息保护委员会规则》的规定，事先公布被提供给第三方的匿名加工信息中所包含的项目以及提供方式，并同时向该第三方明确表示其提供的是经过匿名处理的信息；如果个人信息处理者自己使用匿名加工信息，不能将该匿名加工信息与其他信息结合比对，从而识别匿名加工信息所关联的特定个人。

对个人信息的匿名化加工处理能够降低特定个人被识别的可能性，从而有效保护个人信息。并且，数据持有方也可不经本人同意直接使用、交易匿名化加工信息，从而使个人数据的应用和市场流通更加高效便捷。

（四）"个人信息保护团体"在个人信息保护中的作用

《日本个人信息保护法》创造性地规定了个人信息保护团体作为个人信息保护的机构，个人信息保护团体的成立需要经过个人信息保护委员会的认定，个人信息保护团体需要向个人信息保护委员会提出申请，个人信息保护委员会的认定可以以个人信息保护团体的业务对象的行业类别和业务范围为限定。经认定的个人信息保护团体在本人及其他相关人员对个人信息处理者对个人信息处理行为的投诉向其提出解决的申告后，应该提供咨询并给予必要的建议，对该投诉所涉及的事项展开调查，同时将该投诉内容通知个人信息处理者，要求其迅速解决。

## 二、个人信息保护委员会监管个人信息保护、使用与交易的全流程

《日本个人信息保护法》（2020年修订）旨在平衡个人信息的保护与个人信息的使用，以及应对愈发复杂的网络环境，建立个人信息保护委员会负责应对和处理个人信息使用过程中面临的各种实际问题确有必要。

个人信息保护委员会的主要职能包括：（1）针对个人信息处理者制定个人信息保护的指导方针。针对金融、医疗、信息通信等不同领域，以及假名加工信息、匿名化加工、向国外第三方提供个人信息等不同信息处理阶段，个人信息保护委员会都制定了细分化的指导方针，为相关企业的个人信息管理、使用和交易提供行为准则和依据。（2）监督个人信息处理者对个人信息管理、使用的日常业务，在必要时进行指导、开展内部调查，并对违反法令的行为进行劝告、命令等质询活动。（3）设立投诉咨询窗口，处理个人信息的相关投诉及调停冲突。

个人信息保护委员会通过事前制定准则、事中开展调查、事后应对投诉，切实监管了个人信息保护与使用的全过程。事前制定准则，能够在具体操作层面对个人信息的规范使用予以指导。如关于匿名加工信息的指导方针中，对什么样的信息如何进行匿名加工等都进行了细致的解释，并举实例予以说明，使企业在进行数据处理时有据可依，有证可查。事中开展调查，能够依法监督企业的个人信息管理及使用行为，防止企业单方面对个人信息的垄断和滥用。事后处理投诉，则能够及时回应公民个人信息被使用时的问题和困扰，切实保障公民个人信息各项权利。

## 三、日本个人信息保护与合理使用经验的立法启示

1. 注重个人信息保护与利用的平衡

在大数据时代,数据有着与工业时代的石油同等重要的地位。日本在个人信息保护法的修订中,通过设置假名化加工个人信息、匿名化加工个人信息等信息处理方式,在保护个人信息的基础之上,有效利用个人信息,发挥其在公共管理、商业利益等方面的价值。

我国在个人信息的保护中,同样应该注意到数据在当今世界的巨大价值,平衡好个人信息保护与数据利用之间的关系。对于经过处理不具有识别特定个人功能的数据,企业或者公权力机关应该具有使用的权利,但是个人信息处理者应该做好备案,并接受监管机构的全程监管,形成完善的数据泄露事故处理流程,一旦发生事故,能够及时有效地阻止危害的进一步扩大。总之,个人信息保护法要以保护人民利益、改善人民福祉为立法目的。

2. 设立独立的第三方监管机构

设立独立的第三方监管机构是许多国家或地区采取的做法,日本的个人信息保护采取法律保障与行业自律相结合的"共同规制"模式,《日本个人信息保护法》决定了公权力的介入方式侧重确立一般性原则,而个人信息使用过程中的具体监管主体则由个人信息保护委员会负责。

独立的第三方监管机构能够有效应对越发复杂的个人信息保护问题,随着互联网以及大数据技术的飞速发展,个人信息的不可控风险愈发增大。通过设立独立的第三方监管机构,将有效解决涉及技术、法律等综合问题。我国可以参考日本经验设立专门机构监管企业的个人信息使用活动,赋予企业组织和个人一定自主权,灵活应对个人数据使用过程中可能出现的各种问题,为数据交易保驾护航。

3. 设立个人数据资产管理与运营的信息信托机构

个人数据具有财产权的性质，在某种程度上，个人信息是其所有者享有的财产权，应该对其在市场流通过程中涉及的所有权属、交易规则和定价问题有所规定。在确立完善的个人信息保护体系机制的前提下，我国应着力打造个人数据资产管理与增值服务的创新模式，改变当前大型互联网公司和 IT 企业垄断及随意使用个人数据的现状。推动创设专业的个人信息信托机构，使公民切实享受到数据资产带来的收益，激励个人数据的流通和使用。

## 第四节 印度数据保护制度

印度总理纳伦德拉·莫迪称，当今世界数据是最大的资产，这种资产在全球流动，创造了无数机会和挑战，凡是能够管控数据的人就是未来主导世界的人。[1] 印度政府电子和信息技术部成立了一个专家委员会，由退休的最高法院法官斯里克里什纳（B. N. Srikrishna）担任主席。设立该委员会的目的是为个人数据制定更为健全和详细的数据保护法律。专家委员会制订并提交了名为《2018 年个人数据保护法案》的草案，该草案已向公众征求意见，草案修订后于 2019 年以《个人数据保护法案》提交审议。2019 年 12 月 4 日，名为《个人数据保护法案》的新法案获得内阁批准，并于 2019 年 12 月 11 日由电子和信息技术部长拉维·尚卡·普拉萨德（Ravi Shankar Prasad）在下议院提交联合议会委员会进行最终审议。该法案旨在为印度"确立强有力的数据保护框架和设立数据保护局，赋予印度公民相关个人数据权利，以确保他们关于'隐私

---

[1] 印度总理莫迪：数据是现代新石油、新黄金 [EB/OL]. [2022 - 09 - 25]. https://www.hzeyun.com/detail/2459185.

和个人数据保护'的基本权利"。[1]

## 一、印度数据保护立法背景

在国内方面，印度拥有非常庞大的人口数量和互联网用户，并且随着"数字印度计划"的推行，其网民数量还将急剧上升。与此相伴而来的是，不断攀升的数据安全风险。2017年，印度国家身份认证系统 Aadhaar 发生数据泄露事件，导致超过 210 个政府网站公开暴露了 Aadhaar 用户的详细信息，包括用户的姓名、家庭住址、Aadhaar 号码、指纹与虹膜扫描以及其他敏感个人信息等。同年 7 月，印度运营商信实电信（Reliance Jio）也同样经历了大规模用户数据泄露事件，致使超过 1 亿用户的个人资料公开暴露在 Magicapk.com 网站上，其中包括姓名、手机号码、电子邮箱地址以及 Aadhaar 号码。大规模的数据泄露事件频繁发生，暴露出印度在个人数据保护、监管与共享中存在的巨大问题。

在国外方面，随着大数据产业全面推进，公民隐私及个人数据保护问题日益凸显，传统个人数据保护框架在大数据时代遭遇严重冲击，如何寻求个人数据的合理及有效保护成为世界各国普遍关注和面临的难题。印度政府认为，加强个人数据保护是全球性问题，在欧盟《通用数据保护条例》正式实施的大背景下，制定个人数据保护法案已经是大势所趋，印度也不例外。

## 二、《印度个人数据保护法案》的主要内容

《印度个人数据保护法案》旨在规定保护个人对其个人数据的隐私，具体说明该数据的流通和使用，并在处理个人数据的个人和经济实体之间建立信任关系，保护个人权利。该法案将建立一个处理个人数据的系

---

[1] 嵇绍国，王宏．印度《个人数据保护法案》浅析［J］．保密科学技术，2020（2）．

统，包括公共和私人组织处理个人数据的系统。该法案包含关于个人数据收集、存储和处理、知情同意、惩罚和赔偿、隐含规则和执行模式的扩展规则。

（一）关于"个人数据"的定义

《印度个人数据保护法案》对个人数据进行了三个层次的分类：个人数据、敏感个人数据以及关键个人数据。

个人数据主要是指考虑到自然人的任何特征后，或与这些特征进行结合后，可以直接或间接地识别出自然人的数据或与之有关的数据；敏感个人数据包括财务数据、健康数据、官方标识符、宗教/政治/信仰、性生活、生物识别和遗传数据，跨性别身份、双性恋身份、种姓与部落，以及 DPA 规定的其他数据类别，等等；关键个人数据是指被中央政府归类为关键个人数据的个人数据。由政府指定哪些信息属于关键个人数据。

（二）数据受托人的主要义务

《印度个人数据保护法案》第二章规定了数据受托人的主要义务。首先，受托人是指单独或者与他人一起决定处理个人数据的目的和方式的任何人，包括邦、公司、法律实体或个人。其次，明确数据受托人对数据主体应承担的数据保护义务，确保数据受托人必须以符合数据主体的最佳利益行事。主要包括处理个人数据的禁止、处理个人数据目的的限制、收集个人数据的限制、收集或处理个人数据的通知要求、处理的个人数据质量、保留个人数据的限制、数据受托人的责任、处理个人数据所必需的同意。最后，印度数据保护局（DPA）有权决定是否将一个实体定义为"重要数据受托人"（significant data fiduciary），一旦被定义为"重要数据受托人"，则意味着需要承担更多的数据责任，例如，当重要数据受托人使用新数据处理技术，或者进行大规模的数据画像，或者使用敏感个人数据（如遗传数据或者生物识别数据），或实施任何其他可能对数据主体造成重大损害的处理行为时，则需要按照法案的规定进行数据保护影响评估（DPIA），没有进行 DPIA 的话，则不能处理该等数据。又如，还需要任命"数据保护官"（DPO）对 DPIA 进行评估，并按规定的方式报送到 DPA。

（三）处理个人数据的合法基础

《印度个人数据保护法案》对于处理个人数据的合法基础规定得较为复杂，具体包括以下合法依据：（1）基于数据主体的同意；（2）基于履行国家职能；（3）基于法院的判决或命令；（4）迅速采取行动的情况；（5）基于雇用的目的；（6）基于其他合理理由。

（四）个人数据处理的基本规范

该法案第三章和第四章就成人和儿童个人一般数据、敏感数据处理进行规范。法案将"同意"作为处理个人数据的基础，规定同意应当不迟于处理开始前作出，有效同意必须是自愿、知情、具体、清晰且能够撤回的。数据受托人不得对"同意"设定条件。法案规定，所有组织在收集个人数据时，需征得数据主体的明确同意，但在涉及国家安全、处理医疗突发事件、调查违法犯罪活动等方面例外。法案还提出"关键个人数据"概念，此概念后续将由政府定义。由政府指定为关键数据的某些个人数据只能在印度境内进行存储和处理，关键数据若传输到印度境外必须满足特定条件，且不损害印度国家安全和战略利益。

（五）数据主体的权利

该法案第五章为数据主体的权利，规定了数据主体的权利和行使权利的一般条件，包括确认和访问权、数据可移植权、被遗忘权、纠正权、删除权、申诉权等。其中删除权即当处理目的不再需要时删除其个人数据的权利，作为数据主体限制或阻止数据受托人继续披露其个人数据的"被遗忘权"的补充。

## 第五章　域外数据保护制度之比较 ∗

### （六）透明度和问责措施

该法案第六章为透明度和问责措施，主要包括隐私设计政策、个人数据处理的透明度、安全保障、个人数据泄露报告、重要数据受托人、数据保护影响评估、记录维护、对政策和处理行为等的审计、数据保护官、数据受托人申诉与补救等问责措施，对此均做了明确详细的规定。

### （七）个人数据跨境传输的限制规定

该法案第七章为个人数据跨境传输的限制规定，主要用于防止重要的个人数据在未经授权的情况下转移到其他国家。新法案规定了几种合法的数据跨境传输方式，包括：（1）标准示范合同（需要获得 DPA 的批准）；（2）集团内部计划（跨跨境但在公司集团内部，且需要获得 DPA 批准）；（3）由中央政府确定数据将受到"充分保护"，将个人数据传输到指定国家或者某个国家的指定部门或者指定的国际组织，并获得同意的情况。

同时，新法案也明确规定了两个非常重要的跨境传输的限制要求：（1）个人敏感数据可以向印度境外传输，但该等个人敏感数据应当继续存储在印度境内；（2）关键的个人数据只能在印度处理。

### （八）处罚和罪行

该法案第十章和第十三章规定了处罚和罪行，对于不符合要求的情况，提出了最严厉的处罚措施，包括民事和刑事处罚措施。根据该法案，对于违反法案要求处理和转移个人数据的行为将被处以 1.5 亿卢比的罚款或占其全球营业额 4% 的罚款，以较高者为准；对于数据泄露的处理、报告延迟将处以 5000 万卢比的罚款或占全球营业额 2% 的罚款，以较高者为准。法案关于罪行设定 4 种类型：（1）重新识别和处理去标识化的个人数据行为；（2）罪行是可审和不可保释的行为；（3）公司的犯罪行为，公司法人也可能被判入狱；（4）中央或者邦政府部门的犯罪

205

行为。在没有经过数据受托人或数据处理者同意的情况下，将去标识化的个人数据进行重新识别的行为，将会被处以最高3年的监禁，或不超过20万卢比的罚款，或两者并罚。

### 三、《印度个人数据保护法案》的典型特点

《印度个人数据保护法案》是印度增强公民个人数据保护，强化政府监管的重要举措，是为建立"受信任"数字印度的重要基础迈出的开创性一步。其主要有如下三个特点。

#### （一）立法目的具有多重性

《印度个人数据保护法案》在开篇导言中，表明其立法目的是保护与个人数据有关的个人隐私，明确个人数据的流动和使用，建立个人与个人数据处理实体之间的信任关系，保护个人数据被进行处理的个人权利；为数据处理建立一个组织性和技术性措施框架，为社交媒体中介、数据跨境传输、个人数据处理实体的问责制以及未经授权和有害处理个人数据的救济等提供规范。强调隐私权是一项基本权利，且有必要将个人数据保护作为信息隐私权的基本方面予以保护。确保数字经济快速增长，营造进步和创新的整体文化。法案提出保护公民利益、贸易和工业利益、国家利益，希望以公民利益为重点，实现三种利益的平衡，并强调"为了国家安全，政府机构有权访问个人数据并进行调查"。由此可见，印度个人数据保护法案目的虽以保护个人自由和基本权利为核心，终极目的仍是"国家利益至上"，并兼顾其他不同目标。

#### （二）立法形式具有统一性

首先，所谓统一的立法模式，即该法案统一适用于所有机构。不论是印度的邦、公司，还是印度的公民或根据印度法律成立或创建的印度团体或个人等，都统一适用该法案，并不会对是印度公共部门或印度私

第五章　域外数据保护制度之比较 ＊

人机构进行区分而设立不同的规定。

其次，该统一模式也体现在新法案没有对具体领域进行细分，而是确定了各个领域都将统一适用该数据保护法案所确立的统一规则和框架。这一点和欧盟的 GDPR 非常接近。其核心的框架结构主要围绕以下六个方面进行设计：（1）确认信息的处理是以合法、合理为基础；（2）明确数据主体的主要权利；（3）为数据主体提供的救济措施；（4）确保信息的透明度原则以及问责措施；（5）明确数据控制者的主要责任；（6）明确数据跨境传输的限制等。

最后，和欧盟 GDPR 相似，印度的数据保护法案也赋予数据主体统一的数据权利和数据处理方式与限制。通过统一的数据立法，明确个人信息、个人敏感信息、数据主体、数据控制者等核心概念，统一赋予数据主体访问权、纠正权、删除权、数据可移植权、被遗忘权等权利。

（三）立法内容具有印度特色

从数据保护立法内容上看，《印度个人数据保护法案》深受欧盟《通用数据保护条例》（GDPR）的影响，不仅从立法保护模式上与 GDPR 相近，在一些关键条款，如管辖权、处理个人数据的合法依据、数据保护基本原则、数据主体权利以及行政处罚等规定方面，都和 GDPR 有很多相似的地方。与此同时，该法案在许多方面体现了"印度特色"。在数据权属方面，印度数据保护法案将数据界定为"信托"问题，要求数据受托人承担主要责任。法案要求所有处理商业数据的公司均需到政府部门注册为数据受信托公司，政府有权要求这些公司提供匿名或非个人化的数据，以便更好地提供服务和制定政策。与欧盟《通用数据保护条例》将数据定义为"财产"，明确"个人数据属于个人"相比，该法案强调数据主体和数据受托人之间属于信托关系。在数据出境方面，法案对数据出境进行了限制，并赋予政府在数据出境方面更多自由裁量权，要求互联网公司必须将在印度收集的关键个人数据存储在印度境内，在脱敏后才可转至国外处理，且只能用于法律许可的目的。在数据本地化方面，法案允许不受限制地跨境传输个人数据，但是，对必须存储在印度的"敏感个人数据"设置了限制。如果监管机构批准，敏感个人数据也可以在国外处理。对于"关键数据"的个人数据，政府将自行通知，这些信息需要在国内存储和处理。此外，法案还制定了与"社交媒体中介"相关的规定，将社交媒体中介视为"重要数据受托人"，要求其建立相关机制识别出自愿被识别用户，即平台需提供选项，让用户选择是否愿意进行身份验证。

## 第五节 GPL 协议与数据保护

《GNU 通用公共许可协议》（GNU General Public License，GPL 协议），是由自由软件基金会（FSF）制定的一种开源软件许可协议。该开源协议自 1989 年推出第一版以来，目前已经累计推出了三个主要版本，最新版本为 2007 年推出的 GPL v3。GPL 系列许可证一直是开源软件领域最受欢迎的软件许可协议之一，在三个版本中，最常用的是 GPL v2。GNU 是开源软件的一种，而 GPL 则是利用该开源软件进行软件开发的许可协议。开源软件协议之所以独特，在于其赋予使用者足够的复制、发行和修改的权利，而这种权利无须事先经过版权权利人的许可，只需使用者符合 GPL 协议规定的要求即可自由地复制、发行和修改。在这种协议下，只要使用者完全遵守协议就可以突破版权的限制，自由地利用软件，这正是 copyleft 的体现，这是一个与"copyright"相反的概念，可以称为"反版权"。与"copyright"注重只有获得权利人授权许可才能实施受专有权利控制的行为不同，"copyleft"允许未经权利人许可，依照 GPL 协议规定的要求自由使用、发布、修改开源软件，但必须公开该软件的源代码和二进制文件。

依照 GPL 的规定：只要修改文本在整体上或者某个部分来源于 GPL 的程序，那么该修改文本的整体就必须按照 GPL 的规定流通，不仅该修改文本的源代码必须向社会公开，且对于这种修改文本的流通不准许附加修改者自己做出的限制。国际标准化组织（OSI）批准的开源软件许可协议多达 72 种，常用的开源软件 License 有 6 种，分别为 MIT、BSD、Apache、LGPL、MPL 和 GPL。其中 MIT 协议是最自由的，执行 MIT 协议的开源软件作者只想保留版权，其他方面使用者可以自由发挥；而 GPL 协议的限制最为严苛，如果开发者使用了执行 GPL 协议的开源软件，那么所开发软件也必须同样以 GPL 协议方式开源。

## 一、GPL 协议的核心思想与要求

GPL 的核心思想是如果你的软件使用了受 GPL 保护的代码，那么你的软件源代码也要公开出来。GPL 协议原文中用两个词形容：free 和 copyleft。此处的 free 指自由而非免费，copyleft 是一种让软件成为开源软件并要求其所有修改版本和衍生软件也成为开源软件的通用方式。开源协议实质是权利人将其复制权、发行权、修改权等附条件地许可给不特定公众的著作权许可使用合同。其具有明显的双务性，被许可人违反适用条件可能导致授权终止而构成侵权。

软件属于著作权法保护的客体，除合理使用外其他开发者无权就软件进行修改和再发行，而 GPL 协议恰恰赋予他人著作权法之外的权利。执行 GPL 协议的开源软件在法律上其著作权仍归著作权人所有，但不会剥夺他人共享和修改软件的自由。即 GPL 协议赋予他人以不可剥夺的共享和修改软件的权利，禁止任何人不承认其他开发者的这种权利或要求其放弃这些权利。

GPL 开源软件许可协议并非放弃软件著作权，而是通过强制性承袭适用 GPL 协议的方式，保障所有的开发者都能够取得概括性的授权和使用开源软件的自由（copyleft）。因此，开源软件许可协议的法律性质依然是著作权许可合同。GPL 协议作为开源软件许可协议，就性质而言属于版权许可证，同时具有版权保护和合同保护的特性。可以说 GPL 协议是一种开放合同，其规定，如果软件权利人之外的其他开发者想行使通常被法律所禁止的权利,对权利人拥有版权的软件进行修改和再发布,只需同意 GPL 协议的条款即可。

如此听起来 GPL 协议有很强烈的反版权感觉,其实不是,GPL 协议对于许可证接受人有严格的要求:GPL 许可证接受人再发行源代码或其复制件、修改版本时都必须以 GPL 协议为许可证。只要他人在一个软件中使用("使用"是指类库引用修改后的代码或者衍生代码)GPL 协议的一个软件产品,则该软件产品也必须采用 GPL 协议,即执行 GPL 协议的开源软件具有严格的"传染性"。自由软件在作二进制整体运行时,不允许混合源码的现象,即不允许一部分软件的源码是开源的,另一部分的源码是闭源的。

目前,国内有许多企业,根据 GPL 协议将自由获得的开源软件进行修改、衍生后,再发行自己的版本时,将之变成闭源软件。这种对 GPL 开源软件的使用行为违反 GPL 协议的授权,构成违约,同时也构成对原 GPL 著作权人的著作权侵权。

基于《著作权法》《著作权法实施条例》及《计算机软件保护条例》的规定,著作权保护的是权利人的独创性劳动,只要软件作品的作者就其完成的智力成果(软件)部分独立开发,且具有独创性,即可获得著作权法保护。若他人选择执行 GPL 协议的开源软件作为开发基础进行二次开发,且开发出的修改或衍生软件与原有的开源软件相比具有的独创性表达,即构成著作权法意义上的"新作品",即形成"演绎作品"(基于现有的作品,通过重新创作或改编而形成的作品)。该二次开发者就该演绎作品部分自开发完成时即自始拥有著作权,软件受著作权保护以独创性为必要条件而不以开源为必要条件。将软件开源只是软件权利人对其软件著作权的一种处分行为。

只是开源软件的二次开发者基于之前的合同(GPL 协议)约定的义务,应当对其独创的新"作品"的著作权进行同样的处分行为。

(1)基于之前的合同约定,该二次开发者应当履行合同义务将其独创的新作品部分也开源;

(2)基于合同的相对性,如果该新作品部分没有开源,二次开发者违约行为针对的只是开源软件的开发者。

因软件二次开发者独创劳动而获得的新作品部分的著作权并不因此而丧失,这部分未主动开源的新作品仍可受到著作权法的保护,若他人未经二次开发的著作权人同意使用基于开源软件二次开发的新的软件作品部分的行为,仍然构成著作权侵权。

综上,二次开发的著作权人可以基于其对开源软件的演绎作品提起侵权之诉并获取赔偿。

## 二、关于 GPL 协议中"使用"的理解

根据原文的描述,GPL 协议中的"使用"包括复制(copy)、分发(distribute)、修改(modify),在 v3 版本中新增了传输、传播行为(convey)。

其中,"修改"(modify)一个作品是指以需要版权许可的方式对作品的全部或部分进行复制(copy)或者改编(adapt),有别于制作一致的副本。所产生的作品称为前作的"修改版"或"基于"前作的作品。

## 三、关于 GPL 协议"传染性"的问题以及法律风险

(一)三个版本的 GPL 协议对"传染性"条款的不同规定

1. GPL v1 的"传染性"条款(1989 年第一版)

为了保障开源软件自由使用的行为,在开源软件协议 GPL v1 中就规定了"传染性"条款。

根据 GPL v1 的"传染性"条款,如果开源软件的修改者和使用者,需要复制或分发开源软件,则 GPL v1 对于完整包含开源软件全部或部分、完整包含修改过的开源软件全部或部分从而形成的派生作品,要求

继续遵循 GPL v1 进行开源。

根据 GPL v1 的"传染性"例外条款，GPL v1 规定阻断传染性的情形是：如果"独立作品"与开源软件"仅仅聚合"在同一介质上，则"独立作品"并不会因为聚合行为而被 GPL v1 传染，该"独立作品"可独立选择适用的许可协议。

2. GPL v2 的"传染性"条款（1991 年第二版）

GPL v2 延续了 GPL v1"传染性"条款，即 GPL v2 对分发开源软件修改后形成的派生作品依然采用严格的开源限制。只要开发者分发或发布的作品包含开源软件的全部或部分，或派生自开源软件或开源软件的部分，均应当将作品整体开源，允许第三方在遵守该协议的情况下，进行 GPL 协议的使用，并且不能收费。

在 GPL v1"传染性"条款基础上，GPL v2 还进一步明确了："传染性"对开源软件的派生作品中的独立部分（section）的区分适用原则。

当作品中不涉及开源软件代码的独立部分（section）具有足够的独立性，且开发者将该作品中独立部分与作品中涉及开源软件的其他部分分开发布，则作品中这种独立部分可以作为传染性的例外，不受 GPL v2 的约束；但如果开发者将原本独立的部分与作品中涉及开源软件的其他部分一起发布，则原本独立的部分则会被传染，需要开源并受到 GPL v2 的约束。

在聚合作品"传染性"例外问题上，GPL v2 与 GPL v1 并没有实质的区别。与基于开源软件的派生作品聚合的独立作品，可以不受到开源软件的传染性的约束。

3. GPL v3 的"传染性"条款（2007 年第三版）

GPL v3 在规定传染性问题时，首先调整了此前 v2 版本的用词，v2 版本在规定传染性问题时，着眼点为"分发"（distribute），而 v3 版本的着眼点为"传输、传播"（convey）。根据 GNU 发布的说明，分发与传播，并无明显区别，只是由于 GNU 在制定过程中，制定者发现一些法律体系在其版权法中使用"distribute"一词,但是含义和 GPL v2 的"distribute"并不相同。为了避免同词不同义的情况发生,GNU 创造了新的术语"convey",用来避免这些不同造成的混淆。因此,GPL v2 和 GPL v3 在将"传染性"作为原则这一点上并没有明显的差别。

GPL v3 没有延续 GPL v2 中"传染性"对开源软件的派生作品中的独立部分(section)的区分适用原则。GPL v3 采用了更严格的统一传染性标准,GPL v3 将修改后的开源软件及其他部分(无论是否为独立部分),均统一视为一个完整的作品,因此在传输(convey)、分发这样的作品时,无论其中开源部分与独立部分如何组合(无论是分开发布或一起发布),对这个作品整体应当适用开源协议 GPL v3。

在横向传染性上,经过两个版本的迭代演进,GPL v3 对于"传染性"的例外规定比 GPL v2 更清晰,GPL v3 进一步明确了"聚合"(mere aggregation)的概念边界。"聚合"软件指的是除独立软件与开源软件及其衍生作品存储在同一个介质上并进行组合,目的是生成更大的程序以外,独立作品与受开源协议保护的作品的"组合",且这一"组合"的版权对使用者进行访问等合法权利的限制,不超过独立的作品(包括独立的作品和开源软件及其衍生作品)对使用者进行访问等合法权利的限制。

(二)GPL 协议的"纵向"和"横向"两个维度的"传染性"

为保证开发者运行、学习、修改、分发副本等"自由"(copyleft)不被中断,GPL 开源协议具有"纵向"和"横向"两个维度的"传染性"。

在"传染性"的"纵向"维度上,开源软件会"传染"自身的修改版本(modifications)或衍生作品(a work based on the program)。例如,GPL v2 授予后续开发者修改开源软件(及其副本)的权利,但是对于修改后形成的修改版本或衍生作品,一旦涉及分发(distribute)或公布(publish),则应满足使得修改版本整体继续依照对应的 GPL 协议进行开源。

在"传染性"的"横向"维度上，在一定的条件下，开源软件会"传染"自身及修改版本以外的、一同分发、传输的软件或软件的其他部分。例如，GPL v3 规定，如果在开发者传输软件时，开源软件与其他软件之间组合的目的是生成一个更大的程序，则其他软件也需要成为受到相应的 GPL 协议传染的开源软件。

根据 GPL 协议的规定，如果违反"传染性"条款，将直接导致通过开源协议获得著作权许可（自由/copyleft）无效和被终止。因此，违反"传染性"条款以及其他 GPL 开源协议中的义务性条款的情形发生，构成著作权许可合同自动终止并自始无效的条件。

传染性条款的加入，使得 GPL 开源软件和派生作品的获取和使用"自由"能够得到有效保障，但是对于企业的开源软件合规审查也提出了更高的要求。如果企业在软件的开发过程中有意或者无意中混入了 GPL 开源代码，而又未按照 GPL 要求履行相关开源义务，则可能会导致软件合规法律风险。例如，按照 GPL 的规定，如果开发者不遵守该协议，则开源协议授予的"自由"将会被无效和被终止，使用开源软件的行为将直接成为一种未经授权的著作权侵权行为，开发者可能会面临来自开源软件著作权人的侵权索赔以及停止使用的知识产权行为禁令。同时，如果在企业对外宣传"自主研发具有自主知识产权"的软件中被发现存在适用 GPL 协议的开源代码，而企业并没有履行开源义务，也会对企业的商誉造成负面影响。

2019 年 11 月 6 日，数字天堂（北京）网络技术有限公司（以下简称"数字天堂公司"）诉柚子（北京）科技有限公司、柚子（北京）移动技术有限公司（以下简称"柚子公司"）侵犯计算机软件著作权纠纷一案由北京市高级人民法院做出二审终审判决［（2018）京民终 471 号］，认定柚子公司提出的 HBuilder 软件三个插件属于应遵循《GNU 通用公共许可协议》开放源代码的衍生作品的抗辩理由不成立，APICloud 软件复制并修改 HBuilder 软件中的三个插件的行为构成对数字天堂公司复制权、改编权及信息网络传播权的侵犯，判令柚子公司停止侵权并赔偿 71 万元。至此，第一个在我国涉及 GPL 协议的诉讼案件尘埃落定。

该案为我国司法实践中涉及 GPL 开源协议的第一案，但是从法院的审查严谨性上，似乎并不尽如人意。该案实际上已经触及 GPL 开源协议最关键的"传染性"问题，就判决书中查明的案件事实来看，原告主张权利的涉案软件的部分代码确实是用了开源代码，其软件整体的确存在已经被传染成为开源软件的可能性。但是一审、二审法院并没有对涉案软件和插件的通信机制和通信语义进行审查，而是仅凭软件目录中没有开源协议文本就认定涉案软件不受开源协议的规制，直接排除了涉案软件整体已经被传染成为开源软件的可能性。事实上，假使原告在开发涉案软件的过程中有意没有遵循开源协议的义务放置开源协议的文本，抑或在第三方开发的过程中为规避开源的义务而没有放置开源协议的文本，均有可能导致该案的结果截然相反。该案作为开源协议"传染性"的第一案，在认定是否适用"传染性"的问题上，法院没有结合开源协议传染性条款相关内容和软件技术细节进行深入审查讨论，判断依据简单，得出结论仍有进一步商榷的空间。

回归 GPL 协议原文，根据 GPL v3 的要求，一旦使用以 GPL v3 许可的开源软件，被许可人在传播 GPL 开源软件或其修订版本时，都应当遵守 GPL 协议的要求开放源代码，并同样使用 GPL v3 对外提供许可，允许其他人根据 GPL v3 条款使用 GPL 开源软件或其修订版本，这就是在开源业界经常提到的 GPL 协议的"传染性"。

但是，GPL v3 也明确规定了一个例外情形。即对于与 GPL 开源软件聚合在一起的独立的程序，如果其本质不属于 GPL 开源软件的衍生，也不是与 GPL 开源软件结合成一个更大的程序，那么 GPL 协议并不会"传染"此类独立的程序，GPL 协议条款对其不具有约束力。

判断一个程序是需要遵守 GPL 协议的衍生作品，还是不需要遵守 GPL 协议的独立程序，应该基于对程序之间通信关系、依赖关系、调用关系的深入分析。

### 四、GPL 协议软件用于商业

在众多开源软件许可协议中，GPL 协议无疑是最负盛名的一种，从第一版到第三版，协议条款随开源理念的发展在不断更新演进，还发展出"传染性"相对较弱的 LGPL 协议（GNU Lesser General Public License）和"传染性"更强的 AGPL 协议（GNU Affero General Public License）。

随着开源软件的盛行，越来越多的商业产品也需要用到 GPL 开源软件，但是又对 GPL 协议的"传染性"闻者色变，担心其"传染性"导致整个商业软件产品被迫要求开放源代码，造成商业利益的损失。源代码往往是商业公司的商业秘密，具有极高的价值，是不想被公开的，但又与 GPL 协议的宗旨相违背。

为了规避 GPL 协议的"传染性"，首先要清楚 GPL 协议的触发点，包括"分发"（GPL v2）或"输送"（GPL v3）。

也就是说，被许可人使用 GPL 开源软件，但不对外分发或输送 GPL 开源软件或其衍生作品的副本，则不需要受到 GPL 协议的约束。使用电子邮件、U 盘、网页链接、私有化部署等方式提供给用户下载或安装 GPL 开源软件都视为构成分发或输送，但是通过"软件即服务"（SaaS）的模式，即在后端服务器部署 GPL 开源软件，而用户无须进行任何安装，直接通过网络远程接入服务的方式即可避免 GPL 协议的"传染性"，这也是当下迅猛发展的公有云服务厂商经常采用的一个规避措施。

其次，GPL 协议明确规定了一个例外情形，即 GPL 协议并不会"传染"，仅仅与 GPL 开源软件聚合在一起，本质不属于 GPL 开源软件的衍生，也不是与 GPL 开源软件结合成一个更大的独立程序。

自由软件基金会（Free Software Foundation）对"聚合版"和"修改版"的对比解释说明进一步提供了规避 GPL 协议"传染性"的解决方案，即不要将 GPL 开源软件和商业软件产品存放于共享地址空间，而通过管道（pipes）、套接（sockets）和命令行参数等方式达成独立程序之间的通信或调用,以此实现商业软件产品与GPL开源软件的隔离,避免商业软件产品被GPL协议传染,被迫开放源代码。

另外,动态链接的方式能否规避GPL协议的"传染性"仍然存在争议。自由软件基金会认为不可以,把GPL开源软件与其他作品动态链接就是基于GPL开源软件合成一个作品,而这个"组合"就是GPL开源软件的衍生品。自由软件基金会这一观点与目前主流商业软件公司的观点存在冲突,也从未在法庭上进行过验证。

## 五、GPL开源软件项目法律合规业务中需要重点关注的几个问题

(一)确定GPL开源协议的版本

目前GPL协议存在三个版本,虽然同为GPL开源协议,其三个版本均为共存、独立有效状态,而非法律修订的新旧替代关系。因此,确定GPL开源协议的版本为GPL开源软件合规业务需要关注的首要问题。

如果GPL开源软件系通过开源社区进行下载,那么开源社区通常会标注该开源软件适用的GPL开源协议的版本号。如果并非从规范的开源社区下载,由于开源协议通常会要求在分发复制件时原封不动地附上开源协议的文本,因此在开源代码的文本中,也能够找到对应的开源协议版本。

(二)判断其他软件与开源软件是否具有独立性

对商业企业来说,商业软件的开发者下载GPL开源代码之后,通常都会将GPL开源代码或修改后的开源代码和其他自研软件代码整合进企业自己的商业软件之中,并一同分发和使用。因此,商业企业需要审查评估其自研软件与GPL开源软件之间的关系,即GPL开源软件/基于开源软件的衍生作品与其他自研软件作品是否互相为独立的软件。如果

GPL 开源软件和自研软件属于独立软件，则自研软件不会被 GPL 协议所传染；如果 GPL 开源软件和自研软件不属于独立软件，则自研软件会被 GPL 协议所传染。

如何判断软件是否具有独立性，需要结合技术和法律。

1. 自由软件基金会（FSF）对软件独立性问题的解答

根据自由软件基金会发布的 GPL 相关问题的解答，"聚合体"包含多个独立的程序，并在同一个 CD – ROM 或其他媒体上发行。GPL v3 允许开发者制作并发布一个聚合体，即使其中其他软件的许可证不是自由许可证或不是 GPL 兼容的许可证也可以。唯一的条件是聚合体的许可证不能禁止用户行使每个独立程序的许可证允许的权利。区分软件究竟是两个独立的程序，还是一个程序的两个部分的合理标准既依赖于通信的机制（exec、pipes、rpc、共享地址空间的函数调用等），也依赖于通信的语义（交换了什么样的信息），具体判断的工作则应交由法院完成。

2. "Open Harmony" 开源项目中对开源软件独立性的说明

华为公司自行研发的 "Open Harmony" 开源项目也公开了相应的软件结构和代码说明，其中就有开发者针对软件独立性的特别说明。举例而言，"Open Harmony" 中包含一个名为 "third – party – mtd – utils" 的开源软件，该软件适用 GPL v2，"Open Harmony" 的开发者对该开源软件进行了如下说明："third – party – mtd – utils 用于编译生成 jffs2 文件系统镜像的打包工具，该工具用于打包 jffs2 格式的 rootfs 和 userfs 镜像，代码不会编译打包到 kernel – liteos – a 内核中，故 kernel – liteos – a 内核不受 GPL 协议影响"；又如，"Open Harmony" 开源项目中有一名为 "vendor – hisi – hi35xx – thirdparty – uboot – src" 的开源软件，开发者对其的说明是："uboot 是作为独立进程，不会导致 boot 外的软件受到 GPL 许可证的影响。"由此可见，华为公司在开发 "Open Harmony" 开源项目时，已经注意到开源义务，从而在软件的结构上，维持开源软件的独立性，从而规避开源软件的传染性。

### (三) 审查是否全面履行相应的开源协议义务

开源协议合规的落脚点必然是履行协议要求的开源义务。对于 GPL 开源协议项下的义务，在开源软件合规项目中应当注意审查企业是否不折不扣地全面履行了相关开源义务；否则极有可能自动触发著作权许可合同的解除或终止条件，随之面临巨大的软件著作权侵权法律风险。

如果发生开源义务要求与企业商业软件的保密要求之间的矛盾确实无法调和，可以建议企业在阻断 GPL 传染性的基础上，采用自研软件进行替代。

## 六、GPL 协议的法律性质分析

无论是从行为目的、GPL 所反映的行为内容，还是国外司法判例认定的行为效果角度，著作权人适用 GPL 公开作品和源代码属于著作权权利处分行为，该行为合法有效至少需满足两个前提条件：许可方依法享有权利、许可行为不存在法定无效情形。前者正是闭源与开源之间的重要共性，即认可软件开发者享有受法律保护的著作权，其通过适用 GPL 公开作品及源代码并附条件地许可他人使用、修改和传播，即著作权许可。

在我国现行法律框架下，适用 GPL 并根据 GPL 授予或取得相关软件著作权的行为属于民事法律行为中的表意行为，该法律行为调整方式充分尊重当事人意思自治。在《民法典》延续"物权和债法的截然区分"的结构下，缔结和履行 GPL 的行为又进一步归入"负担债法义务的行为"而非变动物权的"处分行为"，且属于债法行为中的合同行为，GPL 在具体当事人之间产生约束力的过程符合合同成立的一般要件。即处分行为的当事人作为具备计算机软件开发和专业技术交流能力的自然人或组织，除有相反证据证明其行为能力存在瑕疵外，有正当理由认为其具备适用 GPL 许可他人/接受许可使用、修改和传播相应源代码的民事行为能力；基于 GPL 本身属于公开可自由取得的文件，根据 GPL v3 第 4 条规定的许可方式，许可方在公开源代码时明确声明并附加 GPL 的行为可以被理解为邀约的意思表示，而不特定主体下载使用、修改或传播著作权人所公开源代码的行为则为承诺，且承诺作出即产生法律效力，合同即告成立。

我国目前尚无法律直接调整开源软件或自由软件许可行为，作为著作权许可行为应当首先由著作权法调整。我国《著作权法》第 2 条规定："中国公民、法人或者其他组织的作品，不论是否发表，依照本法享有著作权。"该著作权取得方式在《计算机软件保护条例》第 5 条中被重申。许可方开发软件作品即取得相应作品的著作权且不受任何处分限制，其将著作权许可给他人不存在无权处分问题。《著作权法》第 26 条以及《著作权法实施条例》第 23 条均明确规定，除法律另有规定外，使用他人作品应当同著作权人订立许可使用合同。《计算机软件保护条例》第 18 条规定："许可他人行使软件著作权的，应当订立许可使用合同。"因此，除法律特别规定外，使用、修改或传播他人软件作品的唯一合法渠道就是与权利人签订合同取得其许可。著作权许可关系在我国现行法中即合同关系，GPL 的法律性质为合同。作为一种特殊的合同关系，优先适用著作权法等特别法的规定，特别法未做明确规定时适用《民法典》合同编的一般规定。

# 第六章　企业数据合规体系

在数据时代，随着我国涉及数据保护相关法律法规的密集出台，我国形成以《网络安全法》《数据安全法》《个人信息保护法》为核心的数据保护网络法律体系，国内外数据保护相关法律规定不断完善，企业数据合规问题逐渐成为企业关注的重点。在数字经济时代，"数据"在社会经济发展中的重要意义只增不减，其带来了前所未有的经济发展红利，企业在数据收集和使用、与第三方平台的数据流通，以及数据境外传输等方面往往会出现一些风险点，需要企业熟悉数据保护相关法律法规、关注自身领域数据相关行业规范。相关企业应当对数据合规外部环境进行前瞻性判断，密切关注数据合规的政策导向，时刻注意对数据合规监管趋势的分析，进一步建立完善企业的数据合规制度指引，并针对特定群体建立特殊保护机制，以及协助技术部门完善技术安全风险防范。

本章将从企业数据合规的监管趋势前沿出发，引导企业如何结合内部外部环境进行风险识别，进而制定有针对性的、行之有效的数据合规风险应对规则指引。在政府数据管理层面，通过对重点领域监管要点解析、企业数据合规的复杂性分析、数据合规风险评估以及利用技术工具协助风险判断等角度，对数据合规内部、外部环境的风险进行识别，引导建立数据合规监管体系；在企业布局层面，通过建立组织人员管理制度、数据保护规范制度以及与第三方平台合作中的数据保护制度，对企业制定数据合规制度进行深入分析，倡导构建企业数据合规管理体系；在企业规章制度层面，通过企业数据风险容忍度判断以及数据合规风险策略实例分析，对制定数据合规风险应对管理制度进行规范，指引构筑企业数据合规制度体系；在企业合规保障层面，通过企业数据安全能力建设、数据安全事件应急处置能力提升，协助技术部门完善技术数据安全风险防范并针对未成年人、消费者、劳动者等特定群体建立特殊保护机制，提倡建构企业数据合规保障体系。

## 第一节　数据合规监管体系

如图6-1所示，在国家层面，数据合规监管形成了由国家网信部门、国务院有关部门和县级以上地方人民政府有关部门构成的三层监管体系。

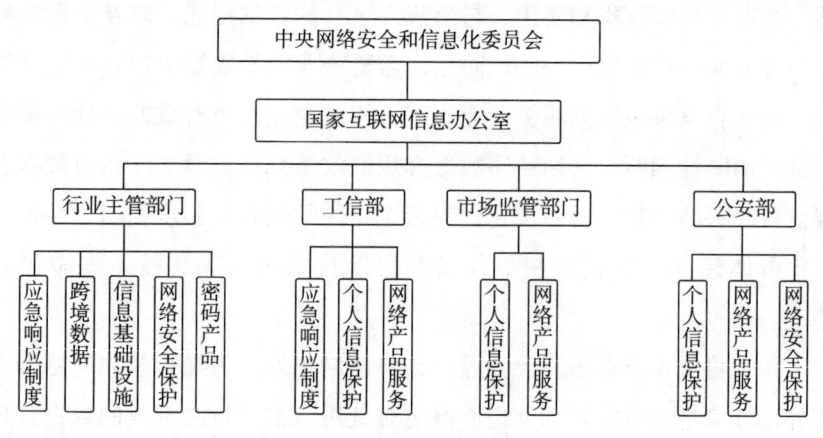

图6-1　国家数据合规监管体系

随着《数据安全法》和《个人信息保护法》的颁布实施，我国已形成数据安全保护基本法律框架，围绕基本法制定的配套法规制度与相关国家规定也在加快制定出台，包括数据跨境流动、个人信息保护、新技术新应用数据安全等多个方面。同时，我国出台的法律政策的行业覆盖面也越来越广,数据监管法规不断细化,形成具有中国特色的数据监管模式。当下,数据法治治理越来越成为国家治理的一个重要组成部分。从具体分工来看,国家互联网信息办公室、市场监督管理总局、工信部、公安部等部委及各地方政府相关管理部门相互配合、共同开展数据监管工作,通常采取联合执法行动、成立专案小组开展执法、执法机构专案调查、刑事犯罪立案调查等执法方式,在个人信息保护、网络内容管理和实名制、数据跨境、应急响应机制(安全风险或安全事件)等重点领域开展数据违法监管。

## 一、中央网络安全和信息化委员会

中央网络安全和信息化委员会主要负责网络安全和信息化领域重大工作的顶层设计、总体布局、统筹协调、整体推进、督促落实,在国家数据合规监管体系中具有核心领导作用。

2021年年末,中央网络安全和信息化委员会印发《"十四五"国家信息化规划》(以下简称《规划》),对我国"十四五"时期信息化发展作出部署安排。《规划》对我国数据合规提出了新的要求,倡导建设泛在智联的数字基础设施体系、高效利用的数据要素资源体系、释放数字生产力的创新发展体系,争取到2025年,数字中国建设取得决定性进展,信息化发展水平将大幅跃升。

## 二、国家互联网信息办公室

国家互联网信息办公室的主要职责是落实互联网信息传播方针政策和推动互联网信息传播法制建设,指导、协调、督促有关部门加强互联网信息内容管理,在数据合规监管体系中具有核心指挥作用。

2020年,国家互联网信息办公室、发展改革委、工信部等12部委联合发布《网络安全审查办法》,推动建立国家网络安全审查工作机制,以确保关键信息基础设施供应链安全,维护国家安全,对网络数据安全监管法律体系的形成具有一定推动作用。

2021年，国家互联网信息办公室对《网络数据安全管理条例（征求意见稿）》公开征求意见，该条例贯彻落实总体国家安全观、法治思想、网络强国战略思想和以人民为中心思想。根据相关法律，该条例落实数据分级分类保护制度，对一般数据、个人信息、重要数据等如何保护给出了具体要求，对网络数据安全监管体系建设有着重要指导意义。

2021年，国家互联网信息办公室出台的《数据出境安全评估办法（征求意见稿）》填补了数据出境评估具体规则的空白，为数据出境安全评估提供了规则与依据，增强了数据出境安全的可操作性，对国家数据安全以及我国数据监管体系的完善意义非凡。经多轮征求意见后，国家互联网信息办公室于2022年7月7日颁布《数据出境安全评估办法》，自2022年9月1日起开始生效。

在以国家互联网信息办公室为核心的数据合规监管体系下，互联网数据企业应当坚持正确的舆论导向和价值取向，当前我国有10亿多网民在网络空间交流思想、分享信息、获取知识、传播文化，网络信息内容深刻影响着人们的思维方式和价值观念。数据安全关系到每一个用户的切身利益，广大互联网企业应当本着对社会负责、对人民负责的态度，始终把群众社会效益摆在突出的位置，实现社会效益与经济效益的统一。数据相关企业应当激发创新活力，弘扬时代精神，广大互联网企业应当发挥自身优势，坚决做到数据流通与数据安全保障的统一，为推动当下网络社会高质量发展贡献更多的力量。互联网企业应当压实主体责任，净化网络生态，进一步强化责任意识，明确角色定位，着力解决落实主体责任、做好数据合规过程中存在的认识偏差、管理失范、能力不足、效果不彰等问题。互联网企业之间应当强化行业自律，加强互联网企业的自我约束、自我管理，是实现互联网行业健康可持续发展的重要保障。我们应当充分发挥互联网行业社会组织的积极作用，健全完善数据治理体系和监督机制，维护良好网络数据治理秩序，规范企业经营行为，引导和推动互联网企业不断提升服务质量和水平，实现企业发展与回报社会有机统一。

### 三、市场监督管理局

在数据治理层面，市场监督管理局负责反垄断统一执法，统筹推进竞争政策实施，指导实施公平竞争审查制度，依法对经营者集中行为进行反垄断审查，负责垄断协议、滥用市场支配地位和滥用行政权力排除、限制竞争等反垄断执法工作。市场监督管理局在网络市场交易中负有监督管理职责，以防止数据市场垄断。

2021年，市场监督管理总局根据市场综合监督管理视角，对"大数据杀熟"、违规数据交易进行执法，提出要严肃整治强迫实施"二选一"、滥用市场支配地位、实施"掐尖并购"、烧钱抢占"社区团购"市场、实施"大数据杀熟"、漠视假冒伪劣、信息泄露以及实施涉税违法行为等问题。

大数据时代，平台凭借技术手段滥用市场支配地位的行为往往更加隐秘，大数据杀熟、协同行为、流量限制等违法违规行为都将面临难以突破的算法黑箱，数据监管治理变得异常艰难。在数据市场监督管理方面，市场监督管理局须深入平台企业一线，督促平台企业全面自查自检，制定具体明确的整改措施，密切跟踪平台企业整改进度，并且要加强调度和指导，确保合规督导要深入细致，检查要认真严格，审核要全面规范，评估要客观严谨。

同时，市场监管总局就《禁止网络不正当竞争行为规定》征求意见。其中提出，经营者不得利用数据、算法等技术手段，通过影响用户选择或者其他方式，实施流量劫持、干扰、恶意不兼容等行为，妨碍、破坏其他经营者合法提供的网络产品或者服务正常运行。经营者不得利用技术手段，通过影响用户选择、限流、屏蔽、商品下架等方式，减少其他经营者之间的交易机会，实施"二选一"行为，妨碍、破坏其他经营者合法提供的网络产品或者服务的正常运行，扰乱市场公平竞争秩序。经营者不得利用技术手段，非法抓取、使用其他经营者的数据，并对其他经营者合法提供的网络产品或者服务的主要内容或者部分内容构成实质性替代，或者不合理增加其他经营者的运营成本，减损其他经营者用户数据的安全性，妨碍、破坏其他经营者合法提供的网络产品或者服务的正常运行。

市场监督管理局严格执行网络平台数据反垄断执法，其中最典型的数据垄断反面教材是美团"二选一"被罚34亿元。[1] 2018年以来，美团滥用在我国境内网络餐饮外卖平台服务市场的支配地位，以实施差别费率、拖延商家上线等方式，促使平台内商家与其签订独家合作协议，并通过收取独家合作保证金和数据、算法等技术手段，采取多种惩罚性措施，保障"二选一"行为实施，排除、限制相关市场竞争，妨碍市场资源要素自由流动，削弱平台创新动力和发展活力，损害平台内商家和消费者的合法权益，构成《反垄断法》第17条第1款第（四）项禁止"没有正当理由，限定交易相对人只能与其进行交易"的滥用市场支配地位行为。

市场监督管理总局成立专案组，依法扎实高效推进案件查办，广泛开展调查取证，获取大量证据材料并全面深入分析，查明案件事实；组织专家反复深入开展研究论证；多次听取美团陈述意见，保障其合法权利；确保该案事实清楚、证据确凿、定性准确、处理恰当、手续完备、程序合法。根据《反垄断法》第47条、第49条规定，综合考虑美团违法行为的性质、程度和持续时间等因素，市场监督管理总局依法作出行政处罚决定，责令美团停止违法行为，全额退还独家合作保证金12.89亿元，并处以其2020年中国境内销售额1147.48亿元3%的罚款，计34.42亿元。

## 四、工信部

在数据治理层面，工信部以工业和通信业行业管理为视角，主要对互联网行业、移动应用服务进行执法。

---

[1] 国市监处罚〔2021〕74号。

## 第六章 企业数据合规体系 ✳

2021年，工信部发布《"十四五"信息通信行业发展规划》，其中在信息行业管理体系构建方面，聚焦管主体、管资源、管行为三个方面，提出深化"放管服"改革、构建新型行业管理体系的6项重点任务。首先，在管主体方面，在"十三五"期间，全国电信业务经营许可持证主体由3万家增长至10万余家的基础上，提出需要继续推进信息数据行业改革开放，加大对企业数据合规监管力度，同时进一步简政放权，优化市场许可准入，为企业松绑减负，营造更好的营商环境。其次，在管资源方面，针对电信网码号、域名、IP地址、工业互联网标识等基础资源，提出要进一步提升追踪溯源能力，实现科学监管、精准监管、智慧监管。对已成为经济社会发展关键要素的海量数据，要从制定完善数据确权、开放、流通和交易的制度入手，强化跨部门数据共享，推动数据从"持有者"向"使用者"的流动。最后，在管行为方面，针对扰乱数据信息市场竞争秩序、侵害用户权益等违法违规问题，提出要综合利用行政处罚、信用管理等手段，加强市场监测巡查，加大执法监督力度，树立监管权威，营造公平竞争的信息行业市场秩序。

2021年，工信部整治互联网企业屏蔽网址链接问题，整改不彻底的将依法处置。在本次整改中，主要聚焦扰乱市场秩序、侵害用户权益、威胁数据安全、违反资源和资质管理规定的四个方面、八类问题进行集中整治。治理中关注的一个重点就是屏蔽网址链接，也是这次重点整治的问题之一。

工信部正在按照专项行动的方案安排，指导相关互联网企业开展自查整改。但在自查整改中，部分互联网企业对屏蔽网址链接问题的认识与专项行动要求还有一定的差距。为此，工信部采取了行政指导会等多种形式，进一步帮助企业认识到，互联互通是互联网行业高质量发展的必然选择，让用户畅通安全使用互联网也是互联网行业的努力方向。同时，也要求企业能够按照整改要求，务实推动即时通信屏蔽网址链接等不同类型的问题，能够分步骤、分阶段得到解决。工信部将对整改不到位的问题继续通过召开行政指导会等多种方式，督促企业抓好整改落实。将各种线索渠道收集到的问题纳入台账，并作为监督检查的重点，通过实地检查、拨测验证、技术检测等多种方式，确保问题能够整改到位。对于整改不彻底的企业也将依法依规采取处置措施，整改一批典型违规行为，查处一批典型违规企业，推动形成互通开放、规范有序、保障安全的互联网发展良好环境。

## 五、公安部

在数据治理层面，公安部以公共安全管理工作为视角，对涉及刑事犯罪的数据安全违法行为进行执法。

2021年，公安部联合其他部门发布《网络产品安全漏洞管理规定》，旨在维护国家网络安全，保护网络产品和重要网络系统的安全稳定运行；规范漏洞发现、报告、修补和发布等行为，明确网络产品提供者、网络运营者，以及从事漏洞发现、收集、发布等活动的组织或个人等各类主体的责任和义务。网络产品提供者和网络运营者是自身产品和系统漏洞的责任主体，要建立畅通的漏洞信息接收渠道，及时对漏洞进行验证并完成漏洞修补。同时，该《规定》还对网络产品提供者提出了漏洞报送的具体时限要求，以及对产品用户提供技术支持的义务。对于从事漏洞发现、收集、发布等活动的组织和个人，该《规定》明确了其经评估协商后可提前披露产品漏洞、不得发布网络运营者漏洞细节、同步发布修补防范措施、不得将未公开漏洞提供给产品提供者之外的境外组织或者个人等八项具体要求。

在加强对大数据公司网络安全监管的同时，我国刑法还设立了多项与大数据公司违法违规行为密切相关的罪名。这些罪名大体可分为两大类：一是危害计算机信息系统安全的犯罪，二是危害公民信息安全的犯罪。前者包括非法侵入计算机信息系统罪和破坏计算机信息系统罪两大类犯罪；后者则包括侵犯公民个人信息罪、拒不履行信息网络安全管理义务罪、非法利用信息网络罪以及帮助信息网络犯罪活动罪四类罪名。对于大数据公司来说，司法实践中应用最多的罪名当属非法侵入计算机信息系统罪、侵犯公民个人信息罪、拒不履行信息网络安全管理义务罪。

### 六、各行业主管部门

我国《数据安全法》第 6 条规定:"各地区、各部门对本地区、本部门工作中收集和产生的数据及数据安全负责。工业、电信、交通、金融、自然资源、卫生健康、教育、科技等主管部门承担本行业、本领域数据安全监管职责。公安机关、国家安全机关等依照本法和有关法律、行政法规的规定,在各自职责范围内承担数据安全监管职责。……国家网信部门依照本法和有关法律、行政法规的规定,负责统筹协调网络数据安全和相关监管工作。"《数据安全法》规定了各行业主管部门对职责范围内承担数据安全监管职责,对以电子或者其他方式对信息记录的数据,在收集、存储、使用、加工、传输、提供、公开等过程中,通过采取必要措施,确保数据处于有效保护和合法利用的状态,以及具备保障持续安全状态负有监管职责。任何个人、组织都有权对违反数据法律规定的行为向有关主管部门投诉、举报,收到投诉、举报的部门应当及时依法处理。

十九届四中全会报告提出,我国要尽力运用互联网、大数据、人工智能等技术手段进行行政管理的制度规则,开展数字政府基础设施建设、综合性平台系统的建设工作,即将数据监管平台以及一体化政府服务平台融合在一起进行综合建设。政府数据管理部门在建设初期,以数据整合、共享为主导,只是一个服务支撑、沟通协调统筹的机构,尚未规划数据执法职能。从目前的数据监管机构发展布局来看,许多省份成立了大数据管理局,随着数据要素对于经济社会发展的重要性越来越大,数据管理部门会成为各地一项建设工作,也是未来数字政府建设中必然出现的一类机构。从目前的职能来看,行政数据管理部门的职能不是建系统、建平台,而是进行数据的统筹和管理,包括数据的汇集、共享、开放等工作。

## 七、违反数据合规监管的后果

随着我国涉及数据保护相关法律法规的密集出台，我国形成了以《网络安全法》《数据安全法》《个人信息保护法》为核心的数据保护网络法律体系，下面简单列举我国法律规定的违反数据安全保护的相关责任条款。

（1）《网络安全法》第 59 条规定，违反网络安全保护义务的，最高可罚款 100 万元，直接负责人最高可罚款 10 万元。第 62 条规定，未按规定开展认证、检测、评估等工作的，最高可罚款 10 万元，并责令停业整顿、关闭网站、吊销相关许可或执照，直接负责人最高可罚款 5 万元。第 63 条规定，从事危害网络安全活动的，没收违法所得，单位和直接负责人最高可处 10 日拘留，罚款 100 万元。

（2）《个人信息保护法》第 66 条规定，违法处理个人信息的，最高处 100 万元以下罚款，直接负责人最高可罚款 10 万元。情节严重的，处 5000 万元以下或者上一年度营业额 5% 以下罚款，可以责令停业整顿、吊销相关许可或执照；直接负责人最高可罚款 100 万元，并禁止其在一定期限内担任相关企业的董事、监事、高级管理人员和个人信息保护负责人。

（3）《数据安全法》第 45 条规定，违反数据安全保护义务的，最高可罚款 200 万元，直接负责人最高可罚款 20 万元，危害国家安全的最高可罚款 1000 万元。第 46 条规定，违法跨境提供数据的，视严重程度最高可罚款 1000 万元，直接负责人最高可罚款 100 万元。第 47 条款，违法从事数据交易中介服务的，最高处违法所得 10 倍或 100 万元以下罚款，直接负责人最高可罚款 10 万元。

（4）《刑法》第 253 条之一"侵犯公民个人信息罪"规定，违反国家有关规定，向他人出售或者提供公民个人信息，情节严重的，处三年以下有期徒刑、拘役、管制或者剥夺政治权利，并处罚金；情节特别严重的，处三年以上七年以下有期徒刑，并处罚金或者没收财产。

依据《关于办理侵犯公民个人信息刑事案件适用法律若干问题的解释》第5条规定,《刑法》第253条之一中的情节严重是指:非法获取、出售或者提供行踪轨迹信息、通信内容、征信信息、财产信息50条以上的;非法获取、出售或者提供住宿信息、通信记录、健康生理信息、交易信息等其他可能影响人身、财产安全的公民个人信息500条以上的;非法获取、出售或者提供其他公民个人信息5000条以上的。

对于企业数据合规来说,面对如此严厉的监管环境,涉事企业如果违犯相关条款,必将受到严厉惩罚,美团被罚34亿元就是典型。面对如此低的刑法入罪标准,尤其是面对公安部门以"净网2019专项行动"为标志的运动式治理方式,我国大数据公司将面临越来越严重的行政监管风险和刑事风险。为避免重蹈一些互联网企业被取缔的命运,我国相关企业应当在配合监管调查和积极进行自我披露的基础上,在大数据运营方式和个人信息保护方面开展合规体系的建设。唯有如此,大数据企业才有可能转变商业运营模式,堵塞制度漏洞,发现并严惩违法违规责任人,从而在承担社会责任的基础上,实现企业的可持续发展。

对于数据监管部门而言,加快转变监管理念,改进监管方法,创新监管方式,深入推进市场监管体制改革,提升监管效能,探索构建适应数字经济时代要求的监管模式,成为新时代赋予数据监管部门的重大命题。数字经济跨界融合的特点决定了各业态监管可能涉及多个政府部门,在监管过程中容易出现界限不清、责任不明、监管合力不足等问题。如网约车的监管涉及交通、公安、网信、工信等部门;电子商务的监管涉及工商、金融、工信、公安等部门;互联网金融的监管涉及金融、工信、公安等部门。这对各行业数据合规监管产生新的要求,因此需要打破传统的条块分割的行业监管模式,加强各部门间的协同联合监管。

面对数字经济带来的新机遇和新挑战,数据监管必须从法治层面去考究,依托数字经济的特性来形成新的监管理念与模式,需要基于数据有序竞争、共享利用、透明开放、多元共治、安全高效等指导性原则,以包容审慎的政策措施来积极推动数据流通发展,更需要在持续调整中稳扎稳打地搭建起常态化、合法化、透明化的数据治理框架，着力构建更加一体化、法治化、信息化的数字经济市场监管体系，引导数字经济健康成长，实现我国科技创新引领下的经济高质量发展。

## 第二节 企业数据合规管理体系

为了更好地实现合规管理的目标，企业首先应当制订合规计划，以此构建合规管理体系并不断完善，防范企业合规风险。企业应当在对其所面临的合规风险进行识别、分析和评价的基础之上，建立并改进合规管理流程，从而达到对风险的有效应对和管控。当然建立有效的合规管理体系并不能完全杜绝合规风险的发生，但能在一定程度上大大降低合规风险事件发生的可能性。本节将对企业数据合规管理体系的组织构架进行介绍。

### 一、组织架构

信息数据时代，数据合规管理部门在一个公司中组织架构中的位置，决定了企业的定位和发展高度，所以数据合规管理部门所处的组织架构的高低对数据价值发挥是一个很重要的因素。在整个数据合规建设过程中，企业需要有明确的体系建设规划作为指导，有效的组织架构进行推进落实，持续的培训、监督指导保证建设效果，同时合理规划落地推行方案、协调多方支持参与。❶ 因此，为彰显企业数据合规部门的重要意义，一般由董事会直接设立企业数据合规部门，并在管理层设置首席数据官（Chief Data Officer，CDO）的职位，并且不建议由法务部门直接履行数据合规管理职能。可以将企业最高管理者作为数据合规的第一

---

❶ 策马入林. 网络治理：从监管监督到自扎篱笆 [J]. 网络传播，2017（7）.

# 第六章 企业数据合规体系

责任人(以下简称"合规责任人"),需确保将数据合规落实情况和效果纳入企业内部人员绩效考核体系。如图6-2所示,在企业管理高层设置一名首席数据官,并且单独设置数据合规部门或者数据管理部门,该部门由首席数据官直接领导,首席数据官直接向首席执行官汇报工作;在与数据合规部门平行的各业务部门设置数据合规岗位,业务数据合规岗位接受数据合规部门的培训并在业务进行中协助数据合规部门进行企业数据合规管理与风险核查;数据合规部门的负责人作为数据保护官(Data Protect Officer,DPO),领导数据合规部门的日常工作,并直接向首席数据官汇报工作。以此全方位、多层次的数据合规管理体系,为企业具体业务数据合规实践保驾护航,实现公司业务高质量发展。

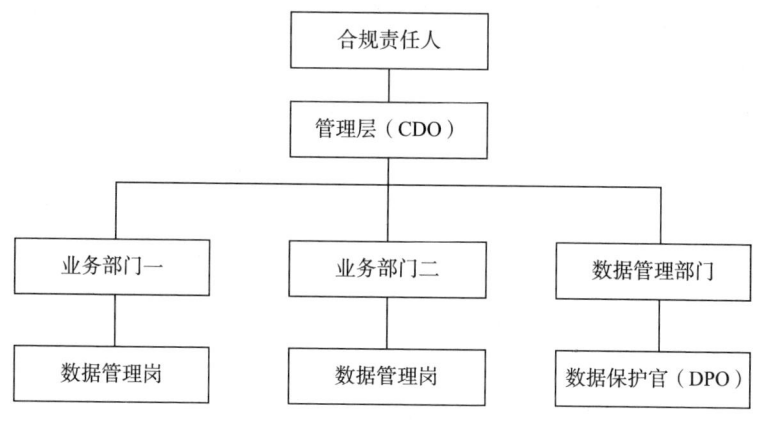

图6-2 企业数据合规管理组织架构

## 二、合规责任人

2018年9月,谷歌任命首席隐私官曾引发各界关注。在国内,不管是360公司、蚂蚁金服等大型互联网企业,还是传统企业内部,都纷纷设置首席隐私官或首席数据官。首席隐私官在1999—2000年一度成为职场中的新头衔。有统计显示,2001年,美国已有至少100个此类首席数据官。❶ 近年来，随着企业数据、个人数据成为各界关注的焦点，首席数据官的设置以及责任，也越来越受到关注。

企业或机构的数据隐私官的作用，第一项责任，现在互联网公司只要有用户使用服务，就在自觉或不自觉地收集用户数据。事实上，收集数据本身没有错，但必须让用户有知情权和选择权，因此，设置首席隐私官很重要的一点，就是制定公司的数据隐私策略。第二项责任是对内部产品提出约束，因为互联网企业产品经理搜集用户数据的动力非常强，针对用户数据采集滥用的现状，首席数据官及数据合规部门需要对此予以制止并做出风险识别。企业或机构的数据合规部门要查验很多产品，甚至会"枪毙"很多产品。第三项责任，首席数据官还要与数据安全官合二为一，要对数据产品做安全审核，审查是否符合安全规范、数据库会不会被攻击等情况。

在互联网时代，数据合规与管理的重要性变得越来越明显，并成为现代企业管理至关重要的影响因素之一。首席数据官是随着网络不断发展而在企业诞生的一个新型的数据合规管理者，其主要是负责根据企业的业务需求、选择数据库以及数据抽取、转换和分析等工具，进行相关的数据挖掘、数据处理和合规分析，并且根据数据分析的结果战略性地对企业未来的业务发展和运营提供相应的建议和意见。

企业虽设置了首席数据官，但企业的最高管理者仍是数据合规的第一责任人（合规责任人）。合规责任人以及首席数据官应承担的职责包括：（1）分配足够和适当的资源来建立、发展、实施、评估、维护和改进数据合规管理体系；（2）确保建立举报数据违规的有效机制；（3）确保战略和运营目标与履行数据合规义务之间的一致性；（4）建立和维护问责机制，包括纪律处分和后果；（5）确保将数据合规落实情况和效果纳入企业内部人员绩效考核体系。

---

❶ 首席隐私官是个什么"官"？360 周鸿祎这样说［EB/OL］.［2022 - 09 - 25］. https：//politics. gmw. cn/2018 - 11/10/content_ 31942050. htm.

## 三、数据合规管理部门

企业构建数据合规管理保护体系，夯实数据应用根基，少不了数据合规部门的设置。构建以数据合规部门为核心的数据管理保护体系，以防范数据风险，夯实数据应用根基。保障数据安全前提，释放数据发展潜能。兼顾发展与安全的平衡，在依法依规、保障数据安全的前提下深挖数据价值、释放数据发展潜能、实现数据多向赋能，推动服务高质量发展。[1]

在数据时代，要鼓励各类企业设置专门的数据合规管理部门，而不是由法务部门履行合规管理职能。企业应向数据合规管理部门负责人提供足够的授权、人力、财力来支持数据合规管理体系的运行。一般由董事会直接设立企业合规部门，下设数据合规管理部门等各类专业合规部门并在各个业务部门下设置数据合规岗位。

企业在制订数据合规计划时应当全面识别所面临的数据风险，根据这些风险来制订和完善合规计划。企业数据合规部门要着实防范一些常见的数据风险，如数据处理者开展影响或者可能影响国家安全的数据处理活动，应当按照国家有关规定，申报网络安全审查；数据处理者处理个人信息，应当依据《个人信息保护法》的规定遵守相关规则，并在特定情况下删除个人信息或者进行匿名化处理等。

数据合规部门还应当特别注意数据刑事风险。数据处理者在数据处理活动中可能因为存在某些行为被追究包括侵犯公民个人信息罪、破坏计算机信息系统罪、非法侵入计算机信息系统罪等刑事责任。另外，数据合规部门还要注意数据处理者利用生物特征进行个人身份认证的，应当对必要性、安全性进行风险评估，不得强制个人同意收集人脸、步态、指纹、虹膜、声纹等生物特征信息。针对第三方软件开发工具包的

---

[1] 陈杰，王倩，王婷云，等. 企业数据保护与应用合规建设思路探讨［J］. 数字通信世界，2022（3）.

使用，数据合规部门也应提出具体要求：企业可以使用经相关部门审核合规的开源软件开发工具包进行程序开发活动，不得使用风险不可控的开源软件开发工具包等工具。

数据合规部门应当协助业务部门制定企业数据合规制度，包括数据合规管理的一般性规定，即数据合规管理办法、数据合规实施细则等，也包括为推动数据合规运行的专项规定，如数据合规风险评估办法、数据合规审查办法等，还包括落实数据合规管控的专项制度，如数据保护合规管理办法、网络安全合规管理办法等，上述制度可在专项的数据合规管理办法中一并进行规定，也可以单独规章制度的形式拟定。境外实践中的个人信息保护领域问责制通过法律明确个人信息保护的原则，由企业主动制定规则履责，更加能激励企业积极主动地制定各项管理办法，更好地进行数据保护。[1] 企业数据合规制度应推进到企业各个部门，在企业数据合规相关规定的大框架下，各部门可以根据自己的职责和工作特点进一步细化，分别对数据合规的各个环节把关负责，从人员内部更好地激励企业数据合规的积极性和水平。

因此，企业无论大小都应当设置专门的数据合规管理部门，或者将数据合规管理职能融入现有的企业合规管理体系，但是不应由法务部门履行合规管理职能。数据合规管理部门应履行的职责包括：（1）制定数据合规管理整体方针策略，协调建立数据合规技术保障措施，牵头做好数据风险识别、风险评估、风险处置等工作；（2）制定、完善数据合规计划，并推动其有效实施；（3）审核评估企业的经营管理和业务行为，确保企业与供应商、代理商、经销商、关联企业、分支机构的业务活动，以及处理个人信息等活动符合数据法规的要求，并制定数据风险应对措施；（4）组织或协助管理部门、业务部门等开展数据合规教育培训，并向管理层和各部门员工提供数据合规咨询；（5）建立数据合规举报记录台账，对数据合规举报制订调查方案并开展调查；（6）推动将数据合规责任纳入企业岗位职责和员工绩效考核评价体系，培养数据合规

---

[1] 齐力. 企业如何开展数据治理和提升数据治理水平［J］. 中国对外贸易, 2020（8）.

文化；(7) 持续关注国内和业务所涉国家（地区）数据法规的发展动态，及时提供数据合规建议。

### 四、数据保护官（DPO）

数据保护官（Data Protection Officer，DPO）一般为数据合规管理部门负责人，数据保护官同时为网络安全负责人、数据安全负责人和个人信息保护负责人。承担网络安全、数据安全和个人信息保护相关职责。数据保护官应结合企业自身的经营范围、行业特征、监管政策、风险识别等因素制定并不断完善数据合规计划。数据合规计划应当根据企业内部环境和外部环境的变化不断调整，以帮助企业应对各种风险的挑战。数据保护官的职责包括：(1) 提供有关隐私、设计隐私、数据共享和数据传输的内部法律建议；(2) 参与任何包含受保护信息的商业协议的起草、谈判和审查；(3) 为业务部门提供咨询和起草与数据保护相关的文件，包括合同尽职调查；(4) 就各种新的合规报告/数据跟踪要求和更新内部行为准则提供指导和支持；(5) 熟悉所有适用的数据隐私法。

在我国，数据保护官对许多企业来说是一个相对较新的职位，数据保护官的角色、职责和报告制度在很大程度上由欧盟《通用数据保护条例》定义。数据保护官的概念一开始是在欧共体法律中出现的，但此条例是针对欧共体机构和组织这样的公共部门所制定的，适用范围并未涵盖私营企业。《通用数据保护条例》在《条例（EC）45/2001》的基础上对"数据保护官"制度进行了完善，强化了各类机构和法人必须设立数据保护官的法定情形，还规定了数据保护官的权利、地位和任务。

《通用数据保护条例》第 37 条规定："数据保护官的任命应基于专业素质，特别是数据保护法律和实践的专业知识以及完成任务的能力。"许多专家认为，数据保护官应该是一名有执照的律师，不仅要对数据合规方面的法律有足够的了解，而且对用户很重要的其他隐私法律法规也要有足够的了解。至少，法律背景有助于理解和解释围绕数据隐私的复杂法律要求。除了了解各种法律法规的内容外，数据保护官还必须了解如何在判例法中解释和应用这些法律，因此，数据保护官应是在数据合规实务方面有着丰富经验的专家。

数据保护官应当谙熟数据合规方面存在的风险，与数据隐私相关的风险可能取决于企业和行业。数据保护官充分了解企业的业务运营和特定行业的数据处理需求，这一点很重要。该组织和该行业的经验是重要的限定条件，虽然安全技术技能不被视为主要要求，但数据保护官应具有网络安全领域的实践经验。数据保护官应该处理过真实的数据安全事件，这将使其能够在风险评估、对策和数据保护影响评估方面提供有用的指导。虽然安全是数据合规的重要组成部分，但它只是整体法律的一部分。值得注意的是，具有安全背景的个人通常只关注外部威胁，并且通常不具备履行这一重要角色的许多职责所需的法律或客户服务技能。就域外经验来说，根据《通用数据保护条例》的要求，业务活动涉及处理或存储大量的欧盟公民数据、处理或存储特殊类别的个人数据（健康记录、犯罪记录）的组织必须指定数据保护官。

此外，企业应灵活运用数据保护官制度，完善数据处理流程。事实上，数据保护官制度并非需要法律强制规定才能实行。例如，美国法律虽然没有规定企业必须任命数据保护官，但企业有设立"首席隐私官"的习惯。其职能与数据保护官或有差异，但其工作目的亦是使企业控制和处理用户数据的程序符合法律规定，从而保护用户数据隐私。因此，首先，即使我国现行法律还没有规定数据控制者和处理者有任命数据保护官的义务，企业也可以自发将数据保护官制度写进公司章程，或将这种制度作为一种行业规范推广开来。其次，企业还需要注意，一套系统化、规范化的数据处理流程，是数据保护官制度实现其功能和价值的基础。建立数据保护官制度，企业还应当建立完善的数据处理流程、明晰的人事管理制度、专业的人才培训模式。最后，考虑到任命数据保护官的成本问题，企业可以根据自身实际需求来确定是否要任命数据保护官。但企业应该保证即使不任命数据保护官，也能够通过其他方式实现数据处理行为合规。

还需要注意的是，与欧盟发生业务往来的企业应处理好与数据保护有关的法律适用问题。在"一带一路"倡议提出后，我国各种规模、各个行业的企业都开始发展与欧洲国家的数字贸易。即便企业的主营业地或分支机构所在地没有设立在欧盟，但只要欧盟的数据主体提供了有偿或免费的商品和服务，就会受到《通用数据保护条例》的管辖。对于这些企业而言，不愿受到《通用数据保护条例》的管辖，不愿遵守其规定任命数据保护官，则意味着他们必须退出欧盟市场。在这种情形下，企业可考虑设置数据保护官，以更好地应对欧盟《通用数据保护条例》的规定，避免企业发生违规操作。此时，数据保护官可以帮助进行评估，为企业选择风险较小的方案，控制数据跨境流动成本。综上所述，与欧盟发生业务往来的企业如果能够运用好数据保护官制度，那么在不同国家的数据保护法律法规产生冲突、企业面临违规困境的时候，这些企业所面临的风险和损失将大大降低。

### 五、数据合规管理协调机制

明确组织架构建设、定义职责分工是推进数据保护建设工作顺利进行的首要条件之一。一个架构完善、权责清晰的组织架构，更是推行数据保护工作强有力的支撑。数据保护组织架构的设计从企业现有组织架构、数据架构出发，应遵循层次清晰、权责分明、分工明确，专业提升、沟通畅通，执行高效三个原则。

对外方面，企业数据合规管理部门应积极与数据监管部门建立沟通渠道，了解数据监管部门期望的数据合规体系，并制定符合其要求的数据合规制度；对于复杂或专业性强且存在重大数据风险的事项，可以向数据监管部门咨询；面对数据监管部门的调查，企业数据合规管理部门应积极沟通并予以配合。

对内方面，决策管理层是数据保护工作的领导小组，一般称为数据管理委员会，其职责是制定数据进行分类分级、保护使用和管理的原则和策略流程。[1]数据合规管理部门应加强与业务部门的分工协作。相关业务部门应主动进行日常数据合规管理工作,识别业务范围内的合规要求,制定并落实业务管理制度和风险防范措施,配合数据合规管理部门进行合规风险审查、评估和调查、处置、整改工作。在企业数据合规的监督方面,数据合规管理部门与其他具有合规管理职能的监督部门(如法务部门、审计部门、监察部门等)建立明确的合作和信息交流机制,加强协调配合。

综上,监管企业承担数据管理、信息系统管理或IT技术等部门和其他各职能部门分别作为各业务范围内数据安全合规管理的责任部门,作为数据安全合规管理的第一道防线,主要职责包括:(1)制定企业数据管理的相关标准,包括数据分类分级、权限管理等工作;(2)制定企业数据管理的相关制度及规范,包括数据全生命周期管理的相关制度;(3)负责统一规范企业数据收集、存储、使用、加工、传输、提供、公开等工作机制;(4)负责数据安全技术的应用及更新;(5)负责数据管理能力建设;(6)其他规章制度规定的数据管理工作。

监管企业合规管理牵头部门作为数据合规管理第二道防线,在数据安全合规管理方面的职责包括:(1)参与对企业涉及数据安全事项的合规审查;(2)对数据安全合规管理的情况进行评估与检查;(3)组织或协助数据安全合规责任部门、人事部门开展数据安全合规培训,为公司其他部门提供数据安全合规咨询与支持;(4)合规委员会或合规管理负责人交办的其他工作。

## 第三节 数据合规制度体系

数据合规制度体系是数据保护工作要求、管理策略以及操作规程等

---

[1] 王志强,江樱. 信息实时化管理体系的研究与实践 [J]. 大众用电, 2015(S2).

的集合，从数据保护需求、数据风险控制需要、合规性要求等方面进行梳理，形成全面的数据保护工作制度体系。《数据安全法》的出台对有数据处理需求的企业来说，带来了一个不小的挑战，未来一段时间内，企业内部应当搭建起合乎法律法规要求的数据合规制度体系。

企业建立合规计划的目的在于避免合规风险的发生。区别于企业的决策风险、经营风险、财务风险，合规风险专指企业因违法违规行为遭受行政处罚和刑事追究的风险，合规体系的政策和流程都要围绕特定合规风险进行针对性构建。例如，在数据采集阶段，常见场景分别是向用户直接采集、向第三方采集、通过爬虫获得数据，核心风险是未贯彻"告知－同意"规则，未满足充分告知、自愿同意、明确授权、变更再次告知并征得同意、允许撤回同意等完整的规范要求。建立数据合规制度体系是企业在网络时代向前发展的必由之路，面对实时的数据安全强监管，相关企业更加需要主动地提前进行数据合规管理工作，以保障企业在数据安全的基础上进行数据的开发利用。

在技术时代，相关技术数据标准化趋势增强，目前已经有部分行业主管部门发布了一些与数据安全相关的标准，如《金融数据安全－数据生命周期安全规范》《金融业数据能力建设指引》等。在未来，企业数据合规的工作并不仅仅看《数据安全法》的规定，还需要根据相关行业定义的数据等级指南和保护指南补强企业现有的制度管控，因此，企业建立数据合规制度、定期审查制度和数据事故应急机制也就无可厚非。如图6－3所示，数据合规制度的建立不仅单靠一个部门就能完成，还需要企业各个部门通力合作，共同构建数据合规制度体系。

因此，相关企业需要根据自身主导业务类型和所属数据类型，制定相应的数据合规制度。如针对数据保护合规管理体系，企业需要研究制定《企业数据合规管理规范》《数据安全规范》《数据分类分级细则》《数据资源目录》等；针对明确数据保护合规领域的要求，企业需要研究制定《数据合法性基础判断规范》《数据隐私通知规则》等企业内部的规范性文件；针对个人信息数据的合规保护方面，企业需要制定《内部个人数据处理规范》《个人数据留存及运用规则》《个人数据泄露响应

\* 数据四重性及其合规系统

规范》等;在数据处理活动中涉及与第三方合作的,企业需要制定《合作伙伴数据保护合规管理规范》《供应商数据保护合规管理规范》等。

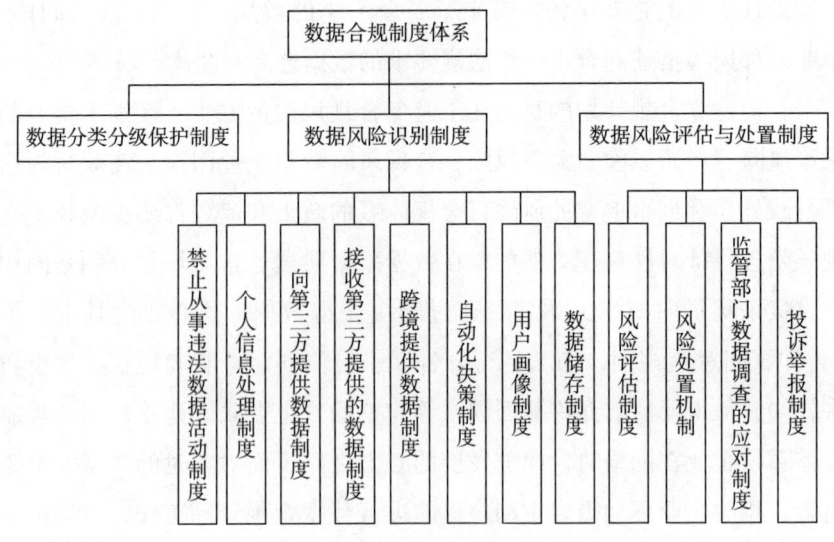

图6-3 数据合规制度体系架构

## 一、数据分类分级保护制度

数据分类分级保护制度主要是按照数据对国家安全、公共利益或者个人、组织合法权益的影响和重要程度进行分类分级,针对不同类别级别的数据采取相应的保护措施。同类型的数据往往具有不同等级的风险。企业常常会同时采集和使用来自各类渠道的数据,在制定企业数据合规策略时,应首先根据产品或服务采集的数据来源、方式、类型的不同对数据进行划分,对数据分级管理建立不同的合规流程。为贯彻等级保护和分级分类管理的要求,我国数据保护法律为关键信息基础设施运营者、敏感信息处理者、提供重要互联网平台服务的数据处理者确立了更加严格的数据保护合规管理义务。管理失职类风险可以分为安全管理措施风险、安全技术措施风险、事件补救措施风险三大类。

就数据分级分类保护处理流程来说,主要包括数据基本信息的收集、数据梳理、数据标识化处理、数据储存、数据流转等流程。数据基本信息应包括数据名称、主要内容、数据所有者、数据格式。数据收集信息应包括收集方式、收集系统。数据梳理是指对目标环境中的数据进行全面清查、摸排，通过了解数据的类型、数据分布、数据流转、数据使用场景、数据存储等情况信息，构建数据目录的过程。数据标识类信息包括识别是否为个人信息、个人敏感信息、重要数据、国家涉密数据，以及基于企业未来管理发展所需要的数据标识等。数据存储信息应包括数据存储位置、存储方式、存储期限。数据流转信息应包括流转使用部门、流转系统、流转方式、是否出企业范围、是否出企业体系、是否出境等。

企业要建立数据分类分级管理体系，首先要确定数据分类分级的划分原则和标准，再针对不同类别和级别的数据制定相应的管理要求和采取必要的技术措施；其次根据梳理的数据清单，开展数据定类定级工作，形成数据分类分级清单；最后落实对数据的分类分级管理要求。要保证数据分类分级管理的有效性，应定期审阅数据分类分级标准的制定是否适用，数据管控手段是否满足当前数据保护的管理和技术需要，并定期修订和更新数据分类分级清单。

在国家出台数据分类分级政策以后，企业应当在内部制定《数据分类分级细则》《数据分类保护规范细则》等制度。以《数据分类分级细则》为例，《数据安全法》第21条规定："国家建立数据分类分级保护制度，根据数据在经济社会发展中的重要程度，以及一旦遭到篡改、破坏、泄露或者非法获取、非法利用，对国家安全、公共利益或者个人、组织合法权益造成的危害程度，对数据实行分类分级保护。国家数据安全工作协调机制统筹协调有关部门制定重要数据目录，加强对重要数据的保护。"针对不同层面的数据，数据监管部门的审查要求也不一样。未来各地区、各行业部门会制作重要数据具体目录，在此法律政策风向下，相关企业应当提前知晓自身有哪些数据，并明确企业核心业务数据的性质以及确保其处于安全状态。企业应对不同类别和级别的数据建立相应的访问控制、数据加解密、数据脱敏等安全管理和控制措施。《数据分类分级细则》还应当包括数据分类分级变更审批流程和机制，通过该流程保证对数据分类分级的变更操作符合后续新的政策标准。细则制定出来后，还需要定期评估审查该细则，审核其是否完全覆盖所有业务所涉及的所有种类数据，并根据新业务的需求、国家新政策标准持续改进优化该细则。相关企业可以参考已有的数据分类分级标准，如《公共数据安全分级指南》《工业数据分类分级指南》《中国移动大数据安全管控分类分级实施指南》，从而制作出相应的企业内部数据分类分级细则、数据保护政策，对数据进行合规化处理。

## 二、数据风险识别制度

企业开展数据合规管理应当准确识别风险。常见的数据风险包括数据全生命周期各阶段中可能存在的未授权访问、数据滥用、数据泄露等风险，以及侵犯个人信息、非法获取计算机信息系统数据、传播违法信息、侵犯知识产权、非法跨境提供数据等刑事犯罪风险，企业应根据识别出的风险评估相关经营管理和业务行为是否合规。

（一）禁止从事违法数据活动制度

在数据使用阶段，常见场景包括数据提供、数据共享、用于自动化决策、跨境流动，核心风险除了违反"告知－同意"规则以外，还包括将数据用于违法犯罪活动。"告知－同意"规则同样适用于数据使用环节，企业不得超出事前告知的处理目的和处理方式使用个人信息，尤其是向他人提供个人信息的，应当向个人告知接受方的名称、联系方式、处理目的、处理方式和个人信息种类，并取得个人的单独同意。

企业及其员工开展数据处理活动应当遵守法律、行政法规，尊重社会公德和伦理，不得从事以下活动：（1）危害国家安全、荣誉和利益，泄露国家秘密和工作秘密；（2）侵害他人人格权、知识产权和其他合法权益等；（3）通过窃取或者以其他非法方式获取数据；（4）非法出售或者非法向他人提供数据；（5）制作、发布、复制、传播违法信息；（6）法律、行政法规禁止的其他行为。

(二) 个人信息处理制度

个人敏感信息一旦泄露、非法提供或滥用可能危害人身和财产安全，极易导致个人名誉、身心健康受到损害或歧视性待遇。企业应重视对个人数据信息的保护，《个人信息保护法》立法的一大亮点，主要体现在第5—10条。可概括总结为"五大原则"：合法正当诚信原则、最小必要原则、公开透明原则、信息质量原则、信息安全原则。落实该等原则，首先应内化为企业合规制度，用以指导、补充和协调企业个人信息保护机制发挥作用。当然，除了及时制定或升级企业规章制度外，企业"隐私政策"作为最重要的个人信息保护文件，在更新中也应着重注意贯彻《个人信息保护法》确定的新规则。

针对个人信息处理过程，企业应当制定内部专项合规制度和操作规程。企业内部管理制度和操作规程是个人信息保护合规制度建设中最基础、最重要的内容。《个人信息保护法》对此的原则规定是，企业应当根据个人信息的处理目的、处理方式、个人信息的种类以及对个人权益的影响、可能存在的安全风险等，制定内部管理制度和操作规程，确保个人信息处理活动符合法律、行政法规的规定。

具体而言，企业究竟应制定哪些管理制度和操作规程，取决于企业个人信息处理业务的规模、领域和监管环境。无论如何，企业制度体系应至少涵盖以下基础内容：《个人信息保护总体合规管理办法》《个人信息收集规则》《个人信息使用规则》《敏感个人信息处理规则》《个人信息存储和保护政策》《个人信息共享、提供、转让和委托处理规则》《个人信息跨境传输规则》《个人信息安全事件处置规则》《个人信息公开披露规则》等。

基于以上企业个人信息合规制度体系，还应当在企业外部建立个人信息处理规则公开机制。企业在处理个人信息前，应当以显著方式、清晰易懂的语言真实、准确、完整地向个人告知本企业个人信息处理规则，包括企业名称和联系方式，个人信息的处理目的、处理方式以及个人信息种类和保存期限，个人行使法定权利（包括知情权、决定权、查阅复制权、可携带权、更正权、撤回删除权等）的方式和程序等，该规则还应便于查阅和保存。另外，企业应当建立个人信息分级管理机制，将个人信息分为一般个人信息和敏感个人信息，并进行分类分级保护，这是我国个人信息和数据保护走向成熟和深入的标志。企业应当首先建立个人信息分级管理机制，通过内部合规制度和操作规程，鉴别和区分企业处理个人信息的不同类别，并着重针对敏感个人信息、未成年人信息设置单独同意等特殊规则。

综上分析，企业数据处理者处理个人信息，应当遵守以下规则：(1) 按照服务类型分别向个人申请处理个人信息的同意，不得使用概括性条款取得同意；(2) 处理个人生物识别、宗教信仰、特定身份、医疗健康、金融账户、行踪轨迹等敏感个人信息应当取得个人单独同意；(3) 处理不满14周岁未成年人的个人信息，应当取得其监护人同意；(4) 不得以改善服务质量、提升用户体验、研发新产品等为由，强迫个人同意处理其个人信息；(5) 不得通过误导、欺诈、胁迫等方式获得个人的同意；(6) 不得通过捆绑不同类型服务、批量申请同意等方式诱导、强迫个人进行批量个人信息同意；(7) 不得超出个人授权同意的范围处理个人信息；(8) 不得在个人明确表示不同意后，频繁征求同意、干扰正常使用服务。

（三）向第三方提供数据制度

对于与第三方共享的数据，企业应与自行采集的数据进行分类管理。向第三方提供数据时，企业应与第三方签订相关数据安全保密协议，明确共享数据的范围、内容、使用方法、保护手段等双方的权利义务，以及出现相应法律风险时的责任承担。企业应对第三方定期监督，一旦发现第三方有违规行为，及时发出整改通知，或者终止与其合作。

如若第三方利用共享的数据进行违法犯罪行为,作为数据共享的企业也难逃惩罚。例如,第三方利用网络平台进行赌博活动或者开设赌场,企业作为平台提供方可构成开设赌场罪;而第三方利用网络平台传播淫秽视频和图片的,网络平台可构成传播淫秽物品牟利罪。在快播案〔(2015)海刑初字第512号〕中,快播公司虽然没有直接实施传播淫秽物品的行为,但是利用P2P技术提供了用户下载和上传淫秽视频的平台,并且提供缓存服务,由于放任淫秽视频在本平台上大量传播,已然构成传播淫秽物品牟利罪。在数据共享场景下,未经被收集者同意,不得向他人提供个人信息,即使是对原始数据进行清洗、匿名化处理后产生的衍生数据,也仍然不能免除信息保护义务,只有经过"去身份化"处理的信息确已不能识别到特定自然人,才能在无须再次征得个人同意的情况下流转和交易。

另外,企业将数据提供于第三方使用,还应当取得用户同意,因此企业向第三方提供个人信息,或者共享、交易、委托处理重要数据的,应当遵守以下规则:(1)向个人告知提供个人信息的目的、类型、方式、范围、存储期限、存储地点,并取得个人单独同意,符合法律、行政法规规定的不需要取得个人同意的情形或者经过匿名化处理的除外;(2)与数据接收方约定处理数据的目的、范围、处理方式,数据安全保护措施等,通过合同等形式明确双方的数据安全责任义务,并对数据接收方的数据处理活动进行监督;(3)留存个人同意记录及提供个人信息的日志记录,共享、交易、委托处理重要数据的审批记录、日志记录至少5年。

企业为订立、履行个人作为一方当事人的合同必须向第三方提供个人信息的,在采取适当的数据保护措施后无须取得个人单独同意。企业应通过完善的合作协议规范第三方对个人数据的使用。在该等协议中,企业同意向第三方提供的个人信息不得超出企业已征得个人信息主体同意或授权的范围;同时,企业应要求第三方严格按照企业的要求处理个人信息,通过合同条款规定第三方的责任和义务,包括:(1)第三方不得抓取未获得数据主体同意或授权的个人信息,也不得超出数据主体已经授权或同意的范围而使用数据；（2）第三方应协助企业响应个人信息主体基于法律规定而有权提出的请求，如访问数据、更正数据、删除数据、注销账户等；（3）第三方在处理个人信息过程中如果无法提供足够的安全保护水平或发生了安全事件，应及时采取相关措施，告知个人信息主体、通报企业并及时向有关主管部门报告；（4）第三方在与企业的合作关系解除时，不得再保存企业提供的个人信息。

（四）接收第三方提供数据制度

对于第三方提供共享的数据，企业也应与自行采集的数据同样进行分类管理。当第三方向企业提供数据时，根据《数据安全管理办法（征求意见稿）》《个人信息安全规范》等规定，企业从其他途径获得个人信息，与直接收集个人信息负有同等的保护责任和义务，因此企业应当核查引入第三方数据的必要性和可行性，并要求第三方就用户授权提供有效、充足的承诺与证明，确保第三方提供的个人信息来源的合法性。同时，可根据数据的类型采取文本审查、实质审查、全面审查等方式，以及委托中介机构进行尽职调查及安全审计。企业还应防止客户、第三方将数据用于违法犯罪活动，不得设立用于实施违法犯罪行为的网站、通信群组，确保所提供的网络产品和服务未设置恶意程序，不含有法律禁止发布的信息。

企业接收第三方提供的数据，不得超出约定的目的、范围、处理方式处理个人信息和重要数据，且不得从事数据法律法规禁止的行为。企业应对第三方开展尽职调查，内容包括但不限于以下方面：（1）要求第三方说明个人信息来源，确保个人信息来源的合法性；（2）对第三方与个人信息主体的协议进行审查，确认个人信息主体有授权第三方收集、使用并向企业提供其个人信息，并确认个人信息主体授权或同意的范围足够覆盖企业从第三方获取和使用个人信息的范围。

企业应通过完善的合作协议减少接收数据的风险，要求第三方承诺或保证以下内容：（1）其提供的数据是通过合法途径收集的，是真实、合法、有效的；（2）其提供该等数据的行为已经取得个人信息主体充分且完整的授权，足以支撑企业合法收集、使用、存储、处理该等个人信息；（3）企业不因使用、处理、复制、传输和/或以其他方式使用第三方提供给企业的个人信息而被要求承担任何的责任。

（五）跨境提供数据制度

对于企业跨境提供重要数据来说，企业是否承担重要数据处理者义务的第一步，即识别所处理的数据是否属于重要数据。《数据安全法》对重要数据的处理者规定了一系列的义务，包括数据的处理、安全保障、出境等多个方面。

第27条第2款规定："重要数据的处理者应当明确数据安全负责人和管理机构，落实数据安全保护责任。"

第30条规定："重要数据的处理者应当按照规定对其数据处理活动定期开展风险评估，并向有关主管部门报送风险评估报告。风险评估报告应当包括处理的重要数据的种类、数量，开展数据处理活动的情况，面临的数据安全风险及其应对措施等。"

第31条规定："关键信息基础设施的运营者在中华人民共和国境内运营中收集和产生的重要数据的出境安全管理，适用《中华人民共和国网络安全法》的规定；其他数据处理者在中华人民共和国境内运营中收集和产生的重要数据的出境安全管理办法，由国家网信部门会同国务院有关部门制定。"

第46条规定："违反本法第三十一条规定，向境外提供重要数据的，由有关主管部门责令改正，给予警告，可以并处十万元以上一百万元以下罚款，对直接负责的主管人员和其他直接责任人员可以处一万元以上十万元以下罚款；情节严重的，处一百万元以上一千万元以下罚款，并可以责令暂停相关业务、停业整顿、吊销相关业务许可证或者吊销营业执照，对直接负责的主管人员和其他直接责任人员处十万元以上一百万元以下罚款。"

*  数据四重性及其合规系统

《网络数据安全管理条例（征求意见稿）》和国家标准《信息安全技术重要数据识别指南（征求意见稿）》（以下简称《指南》）将重要数据定义为以电子方式存在的，一旦遭到篡改、破坏、泄露或者非法获取、非法利用，可能危害国家安全、公共利益的数据。值得注意的是，该《指南》明确重要数据不包括国家秘密和个人信息，但基于海量个人信息形成的统计数据、衍生数据有可能属于重要数据。该《指南》明确了识别重要数据的基本原则，提出了重要数据的特征，主要包括与经济运行相关、与人口与健康相关、与自然资源与环境相关、与科学技术相关、与安全保护相关、与应用服务相关、与政务活动相关等类别。

《网络数据安全管理条例（征求意见稿）》从总则、一般规定、个人信息保护、数据跨境安全管理、监督管理、法律责任等层面共计32次提到重要数据。该《征求意见稿》专设第四章"重要数据安全"，从数据安全管理机构职责和责任人要求、重要数据处理者备案内容、数据安全培训计划、采购安全可信的网络产品和服务、数据安全评估开展要求及报告内容、上报主管部门等细化重要数据的相关规定。另外，也提到数据处理者应当按照网络安全等级保护的要求，加强数据处理系统、数据传输网络、数据存储环境等安全防护，处理重要数据的系统原则上应当满足三级以上网络安全等级保护和关键信息基础设施安全保护要求，处理核心数据的系统依照有关规定从严保护。数据处理者应当使用密码对重要数据和核心数据进行保护。

因此，企业在进行数据跨境提供时仍应遵守"告知－同意"规则，取得个人的单独同意，关键信息基础设施运营者和达到规定数量的个人信息处理者还负有数据本地化存储义务，非经网信部门安全评估不得跨境提供。企业因业务等需要，确需向中华人民共和国境外提供数据的，应当符合法律法规关于跨境提供数据的规定，事先开展数据出境风险自评估；跨境提供个人信息的，应当向个人等告知境外数据接收方的名称、联系方式、处理目的、处理方式、个人信息的种类以及个人向境外数据接收方行使个人信息权利的方式等事项，并取得个人的单独同意。

### (六) 自动化决策制度

企业应当采取必要的安全保护措施收集、传输、存储、加工、使用、提供、公开个人信息数据；及时删除个人信息或者进行匿名化处理；应保障个人信息主体对其个人信息处理活动享有的知情权、决定权、查阅权、复制权、更正权、补充权、删除权等权利。个人信息的处理目的、处理方式和处理的个人信息种类发生变更的，数据处理者应当重新取得个人同意，并同步修改个人信息处理规则。依法无须取得个人同意的除外。在利用个人信息进行自动化决策时，应当保证决策的透明度和结果公平公正，并提供行使免受自动化决策权的便捷方式。

企业利用个人信息进行自动化决策，应当保证决策的透明度和结果公平、公正，不得对个人在交易价格等交易条件上实行不合理的差别待遇。通过自动化决策方式向个人进行信息推送、商业营销，应当同时提供不针对其个人特征的选项，或者向个人提供便捷的拒绝方式。通过自动化决策方式作出对个人权益有重大影响的决定，个人有权要求个人信息处理者予以说明，并有权拒绝个人信息处理者仅通过自动化决策的方式作出决定。

### (七) 用户画像制度

根据《信息安全技术 个人信息安全规范》（GB/T 35273—2020），用户画像指通过收集、汇聚、分析个人信息，对某特定自然人个人特征，如职业、经济、健康、教育、个人喜好、信用、行为等方面作出分析或预测，形成其个人特征模型的过程。其中直接使用特定自然人的个人信息，形成该自然人的特征模型，称为直接用户画像。使用来源于特定自然人以外的个人信息，如其所在群体的数据，形成该自然人的特征模型，称为间接用户画像。

算法推荐的核心就是用户画像，用户画像的本质是专门为用户建模，搭建用户个人的特征模型，以帮助推荐系统深入了解用户，实现个性化推荐、精准营销等功能。用户画像建立的核心是收集、汇聚、分析个人信息，即为用户"打标签"。通过对用户个人特征的要素分析（如职业、经济、健康、教育等），得到高度精练的特征化标识。标签打得越多，特征模型建模就越精细，用户画像也会越准确。模型搭建后，推荐系统根据用户模型将特定类型的内容定向推送至目标用户，实现个性化推送。

在打完标签，完成用户特征模型的初步构建后，用户的画像并不是一成不变的。一方面，用户的三大特征（人口学统计特征、行为特征、心理特征）可能会发生不同程度偏移，此时需要对用户标签、特征模型进行校正；另一方面，系统平台构建的用户画像颗粒度，会受到平台所掌握的用户信息数量的限制，平台需要不断地"试错"，根据用户对平台推荐内容的偏好度，不断调整用户画像；此外，一般的推荐算法模型很难能确保该算法函数上的自变量与因变量一一对应，平台只能在现有测试数据基础上，通过最小二分法、贝叶斯定理等数学原理找到与测试数据偏差最小、最适配的数学模型，并且算法模型生成后，平台还需要不断地提供新的数据对模型进行训练，通过机器学习等方式对算法模型进行调整，从而使算法模型不断完善，个性化推荐结果愈发精准。

随着网络技术的发展，网络平台企业可以通过算法推荐技术为用户精准地推送所感兴趣的内容，致使平台端企业的信息传播呈现出高度的个性化。平台商业模式似乎也从往日的用户主动搜索发展成现在的被动推送，平台企业基于此收获了大批流量。然而网络平台利用算法推荐技术向用户提供作品内容的行为，引发了越来越多的诉讼纠纷。因此，为保证用户画像合规，企业在用户画像中对个人信息主体的特征描述，不得包括以下信息：（1）包含淫秽、色情、赌博、迷信、恐怖、暴力的内容；（2）表达对民族、种族、宗教、残疾、疾病歧视的内容。

在业务运营或对外业务合作中使用用户画像，不得：（1）侵害公民、法人和其他组织的合法权益；（2）危害国家安全、荣誉和利益，煽动颠覆国家政权、推翻社会主义制度，煽动分裂国家、破坏国家统一，宣扬恐怖主义、极端主义，宣扬民族仇恨、民族歧视，传播暴力、淫秽色情信息；编造、传播虚假信息扰乱经济秩序和社会秩序。

除为实现个人信息主体授权同意使用目的所必需外，使用个人信息时应当消除明确身份指向性，避免精确定位到特定的个人。例如，为准确评估个人信用状况，可使用直接用户画像；用于推广商业广告时，则应使用间接用户画像。

（八）数据存储制度

1. 存储地点

随着数据技术的发展，我国法律更加倾向于将在我国境内收集和产生的个人信息存储在境内，以及将重要数据进行本地化储存。目前规定数据本地化存储的法律法规包括《个人信息保护法》《网络安全法》《国家安全法》《数据安全法》《关键信息基础设施安全保护条例》《数据出境安全评估办法（征求意见稿）》《汽车数据安全管理若干规定（试行）》等。

梳理上述法条可以得出一个结论，即目前立法者倾向于数据的本地化存储，特别是一些涉及国家主权、安全和发展利益的重要数据，这些数据一旦遭到篡改、破坏、泄露或者非法获取、非法利用，将对国家安全、公共利益或者个人、组织的合法权益造成重大危害。与这些数据相关的企业，需关注数据的本地化存储问题。

就个人信息而言，《个人信息保护法》第40条明确达到网信部门规定数量的个人信息需要进行境内存储，确需向境外提供的须进行安全评估，但具体标准目前尚未有更具体的规定。参考与安全评估制度配套的《数据出境安全评估办法》第4条的规定，某种程度上可以认为，当处理的个人信息数量达到100万人即为需要进行本地化存储的数量标准。第4条还规定"自上年1月1日起累计向境外提供超过十万人以上个人信息或者一万人以上敏感个人信息"须进行安全影响评估后才能出境，即意味着在完成安全评估之前，这些数据须进行本地化存储，否则可能面临合规风险。

就非个人信息而言，主要指向的是重要数据。根据《汽车数据安全管理若干规定（试行）》第3条，重要数据是指一旦遭到篡改、破坏、泄露或者非法获取、非法利用，可能危害国家安全、公共利益或者个人、组织合法权益的数据。该《规定》第11条要求重要数据应当在境内存储。企业应当根据自己的业务，与法条所列举的情形进行对比，对符合规定的部分进行本地化存储。此外，《数据安全法》第21条规定的核心数据和《保守国家秘密法》第2条规定的国家秘密是比重要数据更重要的数据，依据"举轻以明重"的法理，自应进行本地化存储。

2. 去标识化处理

《网络安全法》第42条第1款规定："网络运营者不得泄露、篡改、毁损其收集的个人信息；未经被收集者同意，不得向他人提供个人信息。但是，经过处理无法识别特定个人且不能复原的除外。"该条款确立了我国个人信息保护"告知"与"同意"的基础规则，同时作出除外的情形限定，即"经过处理无法识别特定个人且不能复原的除外"，这也是让个人信息数据实现正当共享使用路径的基础。对个人信息匿名化处理的具体规则和技术要求等，本条未作具体规定，应当遵守有关标准和技术规范要求。为了保护个人信息安全，同时促进数据的共享使用，2020年3月1日，《信息安全技术 个人信息去标识化指南》（GB/T 37964—2019）正式施行，这是个人信息领域最为重要的国家标准之一。

根据《个人信息去标识化指南》所载术语和定义，"去标识化"是指通过对个人信息的技术处理，使其在不借助额外信息的情况下，无法识别个人信息主体的过程，去除标识符与个人信息主体之间关联性。去标识化可以有效帮助企业降低收集、处理个人信息的合规风险，控制个人信息泄露的危害。根据《个人信息去标识化指南》对数据集进行去标识化，企业应满足我国法律法规和标准规范对个人信息安全保护的有关规定，并持续跟进有关法律法规和标准规范；坚持个人信息安全保护优先，企业应当根据业务目标和安全保护要求，对个人信息进行恰当的去标识化处理，在保护个人信息安全的前提下确保去标识化后的数据具有应用价值；另外，坚持技术和管理相结合，企业应当根据工作目标制定适当的策略，选择适当的模型和技术，综合利用技术和管理两方面措施实现最佳效果，管理措施包括设定具体的岗位，明确相应职责；对去标识化过程中形成的辅助信息（如密钥、映射表等）采取有效的安全防护措施等。

为避免数据合规风险，企业收集个人信息后，应立即进行去标识化处理，并采取技术和管理方面的措施，将可用于恢复识别个人的信息与去标识化后的信息分开存储并加强访问和使用的权限管理。

3. 存储期限

欧盟对于数据储存期限的问题，根据《通用数据保护条例》第5条，"允许以数据主体可识别的形式保存数据的时间不得超过处理目的之必要"，这一原则被称为"存储期限必要最短"，即保存期限最小化原则。在国内，公安部于2019年4月颁布的《互联网个人信息安全保护指南》规定："应对保存的个人信息根据收集、使用目的、被收集人授权设置相应的保存时限；应对保存的个人信息在超出设置的时限后予以删除。"虽然没有确立保存期限最小化原则，但本意是对数据保存期限的上限进行限制，对超出上限的数据要予以删除。

但实践中，为了方便个人信息主体查询及配合司法执法等情况，又对保存时间下限作出了规定，个人信息存储期限应为实现个人信息主体授权使用的目的所必需最短时间。法律法规另有规定或个人信息主体另行授权同意的除外。超出个人信息存储期限后，应删除个人信息或进行匿名化处理。下面列举我国部分法律法规要求存储的最短期限：

《网络安全法》第21条规定，网络运营者应当采取监测、记录网络运行状态、网络安全事件的技术措施，并按照规定留存相关的网络日志不少于6个月。

《电子商务法》第31条规定，商品和服务信息、交易信息的保存时间自交易完成之日起不少于3年。

《证券法》第 153 条规定，证券登记结算机构应当妥善保存登记、存管和结算的原始凭证及有关文件和资料，其保存期限不得少于 20 年。

《反洗钱法》第 19 条规定，客户身份资料在业务关系结束后、客户交易信息在交易结束后应当至少保存 5 年。

《医疗机构管理条例实施细则》第 53 条规定，医疗机构的门诊病历的保存期不得少于 15 年；住院病历的保存期不得少于 30 年。

《网络餐饮服务食品安全监督管理办法》第 15 条规定，网络餐饮服务第三方平台提供者和自建网站餐饮服务提供者应当履行记录义务，如实记录网络订餐的订单信息，包括食品的名称、下单时间、送餐人员、送达时间以及收货地址，信息保存时间不得少于 6 个月。

我国目前的法律框架下，由于规定的储存期限条文较为笼统，其他相关法律、行政法规、部门规章及规范性文件在某些具体条款设计时存在一定冲突，导致数据企业在限制数据主体权利及储存数据期限两个问题上存在一定的法律适用疑惑，建议相关数据企业在实践中应根据不同的行业及数据类型，在不违反上位法的前提下，也要注意满足各行业的规章及规范性文件要求。

4. 访问限制

企业设置数据访问制度，对被授权访问个人信息的人员，应建立最小授权的访问控制策略，使其只能访问职责所需的最小必要个人信息，且仅具备完成职责所需的最少的数据操作权限；对个人信息批量修改、拷贝、下载等重要操作设置内部审批流程；对安全管理人员、数据操作人员、审计人员的角色进行分离设置；因工作需要，需授权特定人员超权限处理个人信息的，须经 DPO 进行审批，并记录在册；对个人敏感信息的访问、修改等操作行为，应该控制角色权限并按照业务流程的需求触发操作授权，例如，收到客户投诉的，投诉处理人员才可以访问该个人信息主体的相关信息。

5. 安全措施

立法者出于数据安全的考虑，总体上是倾向于引导企业将数据进行本地化存储，这体现在如不进行本地化存储，将可能产生其他的合规要求（如进行安全评估、获取单独同意、进行备案等）。这在无形中可能会直接增加企业的合规成本，这也是企业在进行数据治理过程需要考虑的一个重要方面。企业可以考虑选择本地化存储路径的可能性，以节省时间成本和经济成本，充分发掘数据的潜在价值，但是企业应根据有关国家标准的要求，建立适当的数据安全能力，落实必要的管理和技术措施，防止个人信息的泄露、损毁、丢失、篡改。另外，我国的数据法立法正在进行当中，许多规定尚处于完善之中，需要企业持续关注。

（1）企业应当设立必要的安全管理措施。安全管理措施是企业为履行数据安全保护义务而采取的管理措施。企业未采取法定安全管理措施，即被认定为未履行安全管理义务，可能遭受行政或刑事处罚。这些安全管理措施主要包括：第一，设立数据合规安全负责人和管理机构，公开负责人的联系方式并报送职能部门；第二，合理确定内部从业人员的数据处理操作权限，并定期进行安全教育和培训；第三，定期对数据处理情况进行合规审计，加强风险监测；第四，成立主要由外部成员组成的独立机构对数据保护合规情况进行监督；第五，在处理敏感个人信息、利用个人信息进行自动化决策、向他人或境外提供个人信息、委托处理个人信息等场景下，应当事前进行个人信息保护影响评估，并报送评估报告；第六，建立安全投诉、举报制度，公布举报方式等信息，及时受理投诉和举报；第七，严格资质管理，如数据服务经营者依法取得经营业务许可或者备案；等等。

（2）企业还应采取安全技术措施。安全技术措施是指企业为保护数据安全所采取的必要技术措施，主要包括：第一，防范计算机病毒和网络攻击、网络侵入的网络运行安全技术措施；第二，检测、记录网络运行状态、网络安全事件的技术措施，留存网络日志不少于 6 个月；第三，防止未经授权访问以及个人信息泄露、篡改、毁损、丢失的安全技术措施，如加密、备份、去标识化等。一般而言，数据泄露和丢失的常见风险场景有数据存储的物理介质或逻辑映像失窃、内部管理员舞弊泄露数据、应用端的数据泄露等，企业应当采取必要的技术措施保障数据安全，为保护数据不泄露，需要采取数据加密措施；为保护数据不丢失，需要采取分类存储措施。

## 三、数据风险评估与处置制度

我国数据保护法律的合规流程性条款高度重视违法事件发生后的补救措施，企业在下列补救措施方面懈怠失职的，不仅构成合规管理失职行为，还会导致加重处罚。第一，发生或者可能发生个人信息泄露、篡改、丢失的，企业应当立即采取补救措施，并将信息种类、事件原因、可能造成的危害、补救措施、企业的联系方式等事项通知职能部门和个人。第二，网络经营企业发现网络产品和服务存在安全缺陷、漏洞等风险的，应立即采取补救措施，并按规定及时告知用户，保存有关记录，向主管部门报告。第三，网络经营企业对于违反法律、行政法规的信息，一经发现，应立即停止传输该信息，采取删除等处置措施，防止信息扩散。第四，制定数据安全事件应急预案，及时处置系统漏洞、计算机病毒、网络攻击、网络侵入等安全风险，发生危害数据安全事件时，应立即启动应急预案，采取相应的补救措施，并按规定向主管部门报告。因此，相关企业应当在企业内部建立风险评估制度、风险处置机制、监管部门数据调查应对制度和投诉举报制度。

（一）风险评估制度

在风险评估方面，相关企业应当建立个人信息保护影响事前评估机制。企业开展对个人权益有重大影响的个人信息处理活动，应当事前进行个人信息保护影响评估，这是《个人信息保护法》生效之后，企业开展个人信息处理业务的前置程序，应当引起企业重视。具体而言，企业在开展如下业务时应进行事前评估：处理敏感个人信息；利用个人信息进行自动化决策；委托处理个人信息、向其他个人信息处理者提供个人信息、公开个人信息；向境外提供个人信息等。评估内容包括：个人信息的处理目的、处理方式等是否合法、正当、必要；对个人权益的影响及安全风险；所采取的保护措施是否合法、有效并与风险程度相适应。还需要注意的是，相关评估报告应当至少保存三年。此外，还要评估个人信息保护风险识别与评估机制、个人信息保护合规审查与咨询机制、个人信息保护合规报告机制、个人信息安全工程"三同步"工作机制等。

企业在识别数据风险内容的基础上，可根据自身经营规模、组织体系、业务内容以及市场环境，分析和评估数据风险的来源、发生的可能性、后果的严重性等，并对数据风险进行分级。数据合规部门负责人应当根据风险评估结果对不同职级、不同工作范围的管理层与员工进行风险提示，降低管理层和员工的违法犯罪风险。

（二）风险处置机制

由于数据的完整生命周期都受到《数据安全法》的保护，数据安全问题若没有持续有效的事故处置机制去及时应对，很有可能发生来势汹汹的安全性事故，企业接下来要做的就是设计出反应及时、行之有效的事故应急机制。近几年"网络勒索"事件频发，如美国科洛尼尔输油管道公司遭到黑客攻击，黑客通过加密手段锁住了科洛尼尔管道运输公司计算机系统，并盗取机密文件，以此索要几百万美元的虚拟货币。对此，企业应当建立针对数据的安全事件应急响应机制，对各类安全事件进行及时响应和处置，保障企业数据安全，并能使相关业务快速恢复运营。

因此，企业应建立健全数据安全事件应急预案与风险处置机制，对识别和评估的各类数据风险设置恰当的控制和应对措施来降低风险，必要时停止相关风险行为。如果发生个人信息等数据泄露、篡改、丢失等事件的，数据处理者应当立即采取补救措施，并通知所在地区的数据监管部门。安全事件涉嫌犯罪的，应当及时向公安机关报案。评估发现可能已经发生数据违法行为，或者数据监管部门已立案并启动调查程序的，企业应当立即停止违法行为并与执法机构合作。企业积极配合调查或者主动消除、减轻违法行为危害后果的，可能会获得数据监管部门从轻或者减轻处罚。

企业构建事故应急机制，首先要在合规部门中设立专职负责数据安全事件管理和应急响应的岗位和人员，然后制作《数据安全事件管理规范》和《应急响应工作指南》，按照第一步已经完成的数据分类分级指南，由此定义数据安全事件类型，明确不同类别事件的处置流程和方法。应急响应机制应在企业运营过程中，随着实际经营情况不断调整、更新和完善，并定期组织员工开展应急演练活动，以此构建数据风险处置机制。

(三) 监管部门数据调查的应对制度

近几年国家网信办公室、工信部、市场监督管理总局、公安部等相关部门对数据合规的监管相当严格，且工信部严格的监管力度对一个企业的影响也不可预估。比如，此前科大讯飞的 APP 下架对其股市的影响非常大。再如"滴滴境外上市事件"导致滴滴 APP 的下架。

结合互联网同行的经验教训，从以往情况来看，监管的趋势呈现抽查常态化、多头管理、关注点不一、处罚措施力度大、管理检测手段多样性且越来越专业化等特点。同时，目前数据合规监管立法方面表现出持续周期长、立法更新快、涉及法律规范多且散落在各个法律法规中、法律与行标并行、责任形式多样（民事、行政与刑事责任均有涉及）等特点。对于数据相关企业而言，在数据合规过程中存在很多难点，如企业历史产品较多、上架渠道广泛，企业在数据合规中会出现排查难度高，无死角覆盖难度大等诸多问题。与此同时，第三方 SDK 管理问题、监管标准与解读标准差异也是数据合规需要重点关注的问题。基于此现状,各个企业更加需要关注数据合规和数据安全等问题。但数据合规是一件非常个性化与特定化的事情,每个公司业务情况不一样,管理标准也不尽相同。

为应对这些挑战,企业内部可以成立数据合规专项小组,从数据流程化与技术化管理、数据控制策略、整改数据重点监控、集团合规制度体系、培训与考核制度等方面建立配套的数据合规管理框架,通过与监管部门的及时沟通以及引入技术手段,重点排查数据合规问题,力争解决数据合规难点。当企业受到数据监管部门调查时,应通知管理层、法务负责人、数据合规负责人和相关业务工作负责人等,按照企业内部受调查操作流程妥善应对,进行内部初步调查,分析相关法律法规并评估数据违法行为成立的可能性与法律后果。企业应积极配合数据监管机构调查,不得拒绝提供有关材料、信息,或者提供虚假材料、信息,或者隐匿、销毁、转移证据,或者有其他拒绝、阻碍调查的行为。

(四)投诉举报制度

为了保障合规举报工作的顺利开展而搭建各种反映合规问题的途径和方式方法。企业合规举报渠道机制的建立健全是及时、有效地开展举报合规工作的基本前提。在具体的合规实践中,随着现代通信技术的不断发展,可将企业合规举报渠道大致分为:线下合规举报渠道和线上合规举报渠道两类。

其一,线下合规举报渠道主要是指在特定物理空间内设置举报工具。比如,在企业办公场所设立举报箱。对此,应充分考虑和理解举报人员的安全防范心理,举报箱设立的地点,在保证相关区域符合安全规定的前提下,应避免电子探头监控;也可考虑设置实名举报箱和匿名举报箱。

其二,线上合规举报渠道主要是指利用现代通信技术、互联网技术等来实施合规举报。比如,设立举报电话(或者录音电话)、传真、电子邮箱等。对于电话和传真,应与相关运营商协商,尽量研究技术手段，屏蔽来电显示等可以暴露举报人信息的内容，以减少匿名举报人的担心。企业建立便捷的数据安全投诉举报渠道，及时受理、处置数据安全投诉举报；并且公布接受投诉、举报的联系方式、责任人信息，每年公开披露受理和收到的数据安全投诉数量、投诉处理情况、平均处理时间情况，并且接受社会监督。

## 第四节 数据合规保障体系

### 一、合规咨询机制

企业建立数据合规咨询机制，管理层和各部门员工在工作中可以向数据合规管理部门咨询数据合规问题。数据合规管理部门应当不断学习、提升合规管理水平，也可以同外部机构开展数据合规咨询合作。

相关企业要促进数据合规咨询的规范化建设。企业数据合规咨询的规范化要求企业合规咨询应当按照一定的标准和流程来进行操作，符合程序正义的相关要求。企业合规咨询的规范化体现在以下几个方面：第一，合规咨询人员的规范化，即参与企业合规咨询的人员应当具备相应的资质和条件，而非随意参加；第二，合规咨询流程的规范化，即企业合规咨询应当按照设定的流程开展，尤其是对于正式的合规咨询而言，从合规议题的具体选定、合规咨询的发言顺序等应当严格规范进行，不得人为擅自改变；第三，合规咨询反馈的规范化，即合规咨询的最终结果应当按照规定要求在规定期限内向咨询对象予以反馈，对于正式的合规咨询还应当签名或者盖章。

## 二、发现机制

发现机制是数据合规管理部门通过日常监测和定期评估发现数据不合规行为的机制，可以通过设置日常的流程监控、内部审核、重点核查以及定期评估等方式发现企业及员工的违规行为，并及时按照合规计划采取相应的处置措施。例如，数据合规管理部门应定期向合规负责人汇报数据合规管理情况。当发生可能给企业带来重大数据合规风险的违规行为时，应当及时向合规负责人汇报，并提出相应的解决方案。

为更好地执行数据合规发现机制，企业应当建立个人信息处理活动强制记录机制。企业开展对个人权益有重大影响的个人信息处理活动，应对处理情况进行记录。记录的内容包括：处理个人信息的类型、数量、来源，个人信息的处理目的、使用场景及分级管理情况，共享、转让、委托处理、公开披露、出境提供等情况，个人信息处理活动各环节信息系统、组织和人员等。个人信息处理记录应当至少保存三年。另外，企业应当建立个人信息保护安全审计机制。企业应当定期对其处理个人信息遵守法律、行政法规的情况进行合规审计。审计内容包括：个人信息保护政策、相关规程和安全措施的有效性，个人信息处理活动监测记录情况，安全事件应急处置情况，个人信息违规使用、滥用及追责情况等。

## 三、激励和惩罚机制

企业应当建立数据合规考核机制，数据合规考核结果作为企业绩效考核的重要依据，与员工的评优评先、职务任免、职务晋升以及薪酬待遇等挂钩。对于严格遵守数据合规的管理层和员工，制定适当的激励措施使合规计划得到一致遵守和执行。对于不严格执行甚至违反合规计划的管理层和员工，采取适当的纪律措施进行惩戒，并根据违规程度采取不同的风险处置措施。

\* 数据四重性及其合规系统

企业可以对于符合条件的数据合规监督员予以精神层面、物质层面的激励与支持。在具体的合规实践中，企业合规举报激励机制一般分为精神层面的激励机制和物质层面的激励机制。之所以应当设立合规举报奖励机制，是因为有效的举报信息会使得企业避免、减少或者追回部分经济损失，或者避免、挽回了企业的信誉损失，维护了企业在市场上的美誉度，保障了企业在市场竞争中的份额，或者保护、增加了企业的交易机会等；此外，必要的合规举报奖励还可以激发企业员工以及第三方等对于合规举报工作的内心认可和积极支持。

### 四、培训机制

数据合规管理部门应当建立培训机制，定期为管理层、员工培训数据合规，使其充分了解数据法规、数据合规计划、岗位角色与职责等。鼓励企业管理层和其他员工作出并履行明确、公开的数据合规承诺，内容主要是知悉、愿意遵守数据合规计划，愿意承担违反数据合规承诺的后果，将数据合规文化作为企业文化建设的重要内容，践行合规经营的价值观，不断增强员工的数据合规意识。

### 五、信息化建设机制

《中央企业合规管理办法（公开征求意见稿）》第七章对企业"信息化建设"做出了具体规定，该办法要求企业加快建立合规管理信息系统，运用信息化手段将合规要求嵌入业务流程，实现对重点领域、关键节点的实时动态监测。企业可通过数据合规管理信息化建设，并运用大数据分析等工具，加强对经营管理行为中的数据合规的实时监控和风险分析。

# 第七章　按属性构建数据分类保护体系

据统计，2018年我国境内移动互联网应用（Mobile Application，APP）上架总量已近350万款，覆盖经济社会生产生活管理各个方面，有些APP存在违规或超范围收集个人信息问题，构成严峻的安全风险挑战。[1] 2021年国内移动互联网应用总量为252万款，应用商店分发总量达21 072亿次，[2] 在应用数量上有所下降的原因为：随着我国《网络安全法》《数据安全法》《个人信息保护法》出台和施行，APP数据合规问题面临前所未有的挑战，监管部门对一些违法APP采取了下架处理。APP客户端作为用户个人信息数据收集的主要入口之一，近年来违规收集个人信息、超范围收集个人信息等问题日益严峻，对国家安全、人民利益、网络产业健康有序发展造成严重风险挑战。

前文提到，大数据技术尚处于起步阶段，未来发展具有不确定性，这也是为什么现在的法律将数据确权问题做一个留白的表述，留待我国司法实践和商业实践不断探索积累经验，只因数据这种新型的生产要素有别于其他传统的生产要素。大数据作为数字经济生产要素的时候，具有其特殊性，主要的特殊性就在于信息数据的无限复制性。而大数据恰

---

[1] 中国信息通信研究院. 智能终端产业个人信息保护白皮书（2018年版）[R].
[2] 2021年互联网和相关服务业运行情况［EB/OL］. （2022-01-27）. [2022-09-05］. https：//www.miit.gov.cn/jgsj/yxj/xxfb/art/2022/art _ ed767eae07d9426b9f5da7319fae3e1c. html.

恰在不断流动、交换、传播使用的过程中，才能发挥更大的商业价值，而且在数据流通过程中所经历的不同主体对同一种数据资源的利用方式有很大不同，数据迸发出的商业价值同样也是千差万别的。因此，基于数据这些不同属性，不同主体应该从商业模式不断更新的角度，而不是在其发展初始阶段就对数据是否要确权、如何确权有一个明确的规定，搞不清楚数据未来的发展方向就过早地确权只会限制数据交易流通或者数据抓取等行为中数据的流动，因此，要在司法实践和商业实践中掌控数据权益保护和商业价值发挥之间的平衡。尽管目前我国法律没有对数据确权做出规定，并不意味着数据权益不重要，我们要继续在司法实践中不断完善我国的数据保护法律体系，这一切都是不确定的，我们只是在探索寻找最适合规制数据权益的方法，因此本章将进一步介绍按属性构建数据分类保护法律体系。

## 第一节　数据保护理论的现状及争议

　　数据作为新型生产要素，确权首先要确定其作为一种民事权利的客体，也就是民事权利和民事义务指向的对象，我们所说的权利客体一般具有独立性、有体性、有益性、可支配性等特点。从数据的性质来说，数据既不是传统民法中的有形物体，大多数也不是智力成果或权益，而是依附于网络空间的、由二进制代码组成的比特形式，数据的收集、存储、使用、流转都必须依赖网络空间来实现。因此，数据具有不同于传统民事权利客体的特点。首先，数据具有非独占性，大多数情况下它不会因为被某一主体收集而排斥其他主体收集，除非相关主体以类似商业秘密的方式进行保护，否则在大数据时代互联互通、数据共享的大背景下，数据能以不同表现形式为多方主体所共有。其次，数据在一定程度上具有多次利用价值，数据一般不会因为首次被分析处理而失去价值，个人数据信息作为原始数据一般可以为多种目的、多种方式来使用和开发，从而产生出很多增值服务或者衍生应用。最后，数据自身的有益性难以认定，数据财产的价值并非靠数据代码实现，而是通过数据控制者的收集、分析、处理来实现。数据不同于传统的生产要素所具有的特点意味着在保护模式上与其他生产要素存在巨大差异，目前学界和实务界对于保护模式存在很大争议。数据保护争议点主要有以下几种保护模式：第一是财产权保护，有学者认为数据作为一种新型数字资产可以进行交易，自然可以作为财产权进行保护；第二是侵权法保护，数据要素作为一种权益，当其受到侵害时适用传统侵权责任法；第三是知识产权法保护，其中又可以分为著作权法保护、专利法保护，对于数据收集整理汇编以后具有了一定的创造性适用著作权法保护，数据产生以及收集的方式是否涉及方法专利的问题需要进一步的探讨；第四是人格权保护，数据流动进程中的个人信息阶段具有人身和一定的财产属性，因此在一定程度上适用人格权相关法律规定；第五是反不正当竞争法的保护，从目前的实际案例来看，比较多的是不正当竞争法原则性条款的适用；还有商业秘密等方式进行数据保护，以上方法各有优缺点，下面简要分析以上方法的适用。

## 一、以财产权方式保护数据权益

理论界和司法界进行了多种探索以寻求保护数据权益，其中最具争议的观点即进行数据财产权构建，赋予数据以绝对财产权的地位，对其进行全方位保护。财产权，是指以财产利益为内容，直接体现财产利益的民事权利。财产权是可以以金钱计算价值的，一般具有可让与性，受到侵害时需以财产方式予以救济。财产权既包括物权、债权、继承权，也包括知识产权中的财产权利。将数据以财产权的方式进行保护，数据财产权益以数据无形财富为对象，让数据权益成为直接与经济利益相联系的民事权利，这意味着数据控制人同样拥有了数据所有权、数据继承权等。这种财产权确权模式的优势在于对数据保护的强度较高、范围较广。然而，其劣势也是不言而喻的。数据时代互联网领域的竞争错综复杂、变幻莫测，确权模式僵化、封闭的特点往往使其在司法实践中受挫。[1] 在网络空间，数据的传播范围极广，数据的无限复制性使得无法保证其数据原始性以及数据唯一性，如果数据控制者都对该数据主张所有权，这会导致数据司法机制和商业机制处于混乱状态。因此，从综合纠纷化解、利益博弈与价值实现等因素来看，赋予网络平台经营者数据产权的可能性不高。

## 二、以侵权法方式保护数据权益

侵权法是为保护民事主体的合法权益，明确侵权责任，预防并制裁侵权行为，促进社会和谐稳定而制定的法律。在没有法律具体规定数据确权的情况下，侵权法保护模式是数据保护的基本方式，侵权法通过"法益保护"模式可以有效实现数据权益保护的目的。从权益性质来说，私法上"法益保护"与"权利保护"的区别首要在于被侵害的对象是否属于法定的、类型化的权利，此外这种区别还在于适用法律的不同和损失性质的差别上。目前来看，企业数据属于非权利化的法益，依大陆法系法益保护原理，应适用相应的"权益保护性法律"，即以保护他人为目的的法律，同时应将法益被侵害所致损失转化为纯粹经济损失来认定，由受害人向侵权人主张赔偿。对数据权益侵权法保护所适用的"保护性法律"，包括以保护企业和用户安全控制数据的相关法律，如《网络安全法》《数据安全法》《个人信息保护法》中有关企业数据安全的规则，还包括我国《刑法》第 285 条、《电子商务法》和《电子签名法》中的有关企业数据安全的规定等。这些法律以公法为主，私法一般不直接涉及，除非数据之上存在隐私或商业秘密这些特定信息。就数据快速发展的现状来说，侵权法可以作为兜底性的法律来保护数据权益，但是有些行为是否侵害数据权益尚存在争议，还需要进一步探索确权性

---

[1] 李扬，李晓宇. 大数据时代企业数据权益的性质界定及其保护模式建构 [J]. 学海，2019 (4).

的法律规定来补充完善。而且以侵权法方式保护数据权益，导致数据不是一种法定的权利，只有当数据权益受到损害时才能以侵权法方式进行保护，不利于数据的流通和交易。

## 三、以知识产权法保护数据权益

当下数据权益保护模式呼声最高的就是以知识产权的方式来保护，有学者认为大数据的知识产权客体进路是无形财产权利不断演进和选择的结果，"知识产权说"提出数据是知识产权客体的合理扩张。[1] 新的财产形态不断出现并被作为财产[2]，同样知识产权的客体应追随时代脚步不断接纳新的财产形态，如商业方法专利、声音或气味商标、数码音乐等新型知识产权，数据作为新型无形财产，理应被接受作为知识产权的一种新的形式。郑成思先生则直接宣布知识产权客体的本质就是信息。[3] 科学与哲学上都认为客观世界是由物质、能量与信息三大基本要素构成，知识不是物质或能量，就只能是信息，但是数据作为真实存在的二进制代码，具有物质与信息的双重属性。大数据的根本特征表现在两个方面：电子数据是大数据的外在表达形式，但从根本上说大数据的本质还是信息。知识产权法的根本任务就是对信息财产的保护，信息产权不外是知识产权的扩展。知识产权的客体是反映客观事物的认知信息，向人们传递某种意义。[4] 具有产权意义的大数据必然与人的智慧活动密切相关，从知识产权法的进路分析，大数据属于知识产权新的财产形态，这是大数据本质为信息的逻辑结果，是民法财产体系类型化的表达，也是知识产权客体合理扩张的实践理性。

但是从大数据技术运行原理上说，知识产权保护范围不能完全覆盖

---

[1] 王广震. 大数据的法律性质探析——以知识产权法为研究进路 [J]. 重庆邮电大学学报（社会科学版），2017，29（4）.
[2] 冯晓青. 知识产权法哲学 [M]. 北京：中国人民公安大学出版社，2003.
[3] 郑成思. 知识产权法 [M]. 北京：法律出版社，2003.
[4] 郑成思，朱谢群. 信息与知识产权的基本概念 [J]. 科技与法律，2004（2）.

所有的数据信息。从本质上说，大数据需要保护的是对海量数据的整个运行以及应用过程，大数据作为信息数据和大数据技术的集合体，如果知识产权类数据侵权现象频繁发生，自然可以通过知识产权法律制度加以规制调整，但不宜直接将整个大数据体系纳入知识产权客体。大数据权益无法被知识产权完全囊括在内，数据与数据之间存在差别，大数据是信息和技术的集合体，是一个动态发展的技术过程，强调数据的规模性，注重数据的混杂性，不只是对大数据内容的选择和成果的编排。知识产权法保护智力成果独创性的价值取向，有些数据信息无法作为人类的智力成果进行知识产权保护，知识产权保护与大数据权益追求的综合价值取向存在一定差异。

### 四、以人格权的方式保护数据权益

个人信息数据中包含财产权和人格权双重属性，而其中具有商业价值易于流通交易的部分即为个人信息财产权。该权利并非用户具有绝对排他性的数据权利，而是在保护个人信息的基础上对数据商业价值享有的财产权利。个人信息可以识别个人身份及活动情况，其人格权属性不言而喻。现代社会所挖掘的个人信息内容已经涵盖生活的方方面面。从早期的表象数据（姓名、住址、电话）到如今的内在数据（个人偏好、个人需求）；从早期的静态数据到如今的动态数据，如行踪轨迹、实时行踪位置信息等，企业将收集到的个人信息及数据记录进行匿名化处理后，这些数据不再具有可识别性，从某种意义上说，用户作为数据的生产者也付出了汗水与劳动，在一定程度上具有个人身份的象征，从哲学角度上说好像存在人格权属性，又好像这些数据的人格权属性被抹除了，还是应该看个人在什么角度上去理解，单条数据信息没有多少商业价值，数据记录集合起来却是拥有巨大商业价值的无形财产，所以这些数据集合和个人隐私权不同，原始数据所有者个人数据的范围一般大于个人信息，个人信息的范围又大于个人隐私。数据信息虽然能够适用人格权、个人隐私权保护方式，但需要对传统人格权或隐私权的属性进行扩张解释。个人信息数据作为大数据的基石，在大数据发展的原始数据阶段，个人信息数据的内容承载的是与原始数据所有者相关的人格权。但是，数据同时具有财产权属性，片面强调以人格权的方式保护数据，必将会损害数据企业的权益，也不利于数据的流通和应用。

## 五、以反不正当竞争法来保护数据权益

以反不正当竞争法来保护企业数据权益是目前司法实践中最常用的手段。互联网企业基于其庞大的用户数据，可展现出巨大的商业效应。湖南省高级人民法院公布的《2021年度湖南法院知识产权司法保护状况》白皮书中，字节跳动诉百度搬运视频一案成为典型案例。白皮书称，百度公司利用技术手段，去除字节跳动的"西瓜视频"商标，搬运在"百度视频"中，构成不正当竞争和商标侵权，判决其赔偿损失120万元。通常而言，互联网企业的用户基数越大，获得的用户数据就越多，其运营成本越低，竞争优势越大，赢得的商业利益也越多。对企业而言，用户数据就是夺取市场份额的关键，其中蕴含着巨大的商业价值。从司法具体实践上看，对企业数据库的危害主要来自其他企业对其内容的非法复制、爬取以及与其进行竞争的数据库的搭便车行为，即不正当竞争行为。我国《反不正当竞争法》第2条规定："经营者在生产经营活动中，应当遵循自愿、平等、公平、诚信的原则，遵守法律和商业道德。本法所称的不正当竞争行为，是指经营者在生产经营活动中，违反本法规定，扰乱市场竞争秩序，损害其他经营者或者消费者的合法权益的行为。"《反不正当竞争法》并未直接明确规定通过技术手段或其他措施获取并利用他人实际控制数据的行为构成不正当竞争，当非法夺取数据权益的行为符合《反不正当竞争法》第2条的原则性规定时，就可能构成不正当竞争。我国《反不正当竞争法》第2条以其兜底性、包容性的特质，为处理网络平台数据权益保护相关问题提供了可行路径。这一兜底性条款被用作保护网络平台运营者数据权益的主要途径。

然而，由于该兜底性条款本身并未明确提供网络平台数据权益保护

的正当性认定标准,过度引用该兜底性条款存在架空《反不正当竞争法》上明确规定的不正当竞争行为并使得法定类型之外的不正当竞争行为无限膨胀之危险。❶ 该兜底性条款的原则性保护模式也备受理论质疑。2017 年修订的《反不正当竞争法》增设了互联网专项条款,试图用案例群类型化的思路来解决兜底性条款缺乏预见性的难题。仔细考究该条款不难发现,互联网专项条款除将其调整的不正当竞争行为限定在互联网环境下之外,与兜底性条款并无实质差异。特别是该条款的前 3 项具有类型化下分类不互斥、分类不周延的致命性缺点,第 4 项本身在字面上就没有划清正当与不正当的界限。❷ 这导致法院在依此判断网络平台数据权益是否应受保护、如何保护等问题上仍存在较大的不确定性。因此,长期使用该兜底性条款来保护数据权益只会使得司法裁判自由度扩大,难以形成统一裁判规则,数据技术的快速发展与法律滞后性之间的矛盾不能仅由反不正当竞争法来规制。但在"以反不正当竞争法来保护数据权益"的主张下,保护的是市场公平竞争的秩序,该种权益无法在现有交易平台中进行交易。正是因为数据没有明确的权利边界,难以形成统一的交易规则来规范数据交易,所以,目前我国虽然出现不少数据交易场所,但数据交易量不多,没有达到预期。

当然还有学者主张的其他保护方式:一是"合同法说",根据数据的无形性和非独占性,认为同一数据上可能存在多个权利,不符合民法中的一物一权原则,应结合数据的工具意义,从合同法的角度出发认定大数据交易的法律性质。❸ 二是"新兴权利批判说",认为应对新的社会问题,更应重视既有权利的重要性,而不是创设新兴权利。❹

从上述数据保护的理论现状可知,现有的学术观点主张企业数据以财产权的方式进行保护,或以侵权法的方式进行保护,或知识产权方式

---

❶ 张建文. 网络大数据产品的法律本质及其法律保护——兼评美景公司与淘宝公司不正当竞争纠纷案 [J]. 苏州大学学报(哲学社会科学版), 2020, 41 (1).
❷ 孔祥俊. 论新修订《反不正当竞争法》的时代精神 [J]. 东方法学, 2018 (1).
❸ 梅夏英. 数据的法律属性及其民法定位 [J]. 中国社会科学, 2016 (9).
❹ 陈景辉. 权利可能新兴吗?——新兴权利的两个命题及其批判 [J]. 法制与社会发展, 2021, 27 (3).

进行保护，或以人格权的方式进行保护，或以反不正当竞争的方式进行保护，等等。这些观点都比较片面，没有发现数据的四重性，数据在不同阶段处于不同的状态。实际上，数据在不同阶段分别具有个人信息、企业数据、公共利益和国家安全四重属性。数据以网络空间为基石，具有四重属性，数据法律关系涉及四个主体。因此，要以网络空间为基石，从个人信息层面、企业数据层面、政府机关层面和国家层面，构建数据分类保护体系。

## 第二节　以网络空间为基石

数据存储于网络空间中，以网络空间为基石。要以网络空间为基点，构建保护数据的法律体系。网络空间是正在快速发展的一项新技术，目前仍依赖于人工智能、大数据、云计算、区块链、虚拟现实、增强现实、数字孪生等多种技术的汇聚整合。一方面，在多个场景应用的不断推动下，不同网络技术在组合、融合的过程中，很可能给网络空间带来从量变到质变的技术革新，从而推动新的技术变革。另一方面，各类技术原本自有风险也会随之叠加，催生新型网络风险。如网络空间革新后会带来架空国家网络主权权威、危害个人以及国家数据安全的风险。网络空间既定规则穿过现实的物理层面上的国界线，实际影响多个国家的用户，可能会导致架空国际上各国家和政府对网络与数据主权的权威。此外，在网络空间安全生态里，一般网络空间里的侵犯公民个人信息、黑客攻击破坏事件仍可能出现。考虑到网络空间生产生活场景越来越丰富，用户活动轨迹全过程数字化记录在企业数据库，而且有关数据信息破坏性事件的突发性可能更强、波及面更广、危害性更大。网络空间本身的跨国传播特性，也会带来频繁的用户数据出境安全问题。另外，随着NFT（非同质代币）、虚拟货币等新型数字财产有了更广泛的投资交易空间，网络空间容易为新形式的洗钱、赌博、诈骗、传销等违法犯罪活动提供通道。完善网络空间方面的法律法规,已成为当下保护数据安全的关键所在。

## 一、网络空间配套法律体系建构

就现有的配套法律法规来说,从某种程度上看,与数据相关的收集、加工、存储、应用、交易、提供、传输、管理等所有活动均在网络空间环境下开展,网络空间是数据的基石和前提条件,那么我们应制定一部"网络空间法"为基本法律,然后再配套《网络安全法》《数据安全法》《个人信息保护法》《数据交易法》《电子商务法》《关键信息基础设施安全保护条例》等法律法规,构建完整的数据部门法律体系。

习近平总书记强调,网信事业代表着新的生产力、新的发展方向,应该也能够在践行新发展理念上先行一步。❶ 数据作为信息革命时代的基础性能源角色已经得到高层的明确认可,既然是新型生产要素,就必须像其他基础性资源一样投入市场,资源流动才能创造价值,要做到这一点的重要前提是要有完善、科学的数据治理规则,《数据安全法》正是在规则层面对这个问题的一次及时回应,其第7条明确指出"保障数据依法有序自由流动,促进以数据为关键要素的数字经济发展",从而实现了在政策和立法层面的高度统一。网络空间作为数据传播流通的基石,数据的流动与发展离不开网络空间,数据权益的有效维护少不了安全有序的网络空间的保驾护航。除了规制网络空间活动的法律法规以外,还要在技术层面规范网络技术相应的行为规范。

## 二、从技术层面规范网络行为

网络技术最底层的逻辑可以分为物理层、规则层、内容层。就物理

---

❶ 习近平. 在网络安全和信息化工作座谈会上的讲话(2016年4月19日)[N]. 光明日报,2016-04-26(02).

层来说，关键信息基础设施是维护网络技术安全整体向好的技术要点。关键信息基础设施是指公共通信和信息服务、能源、交通、水利、金融、公共服务、电子政务、国防科技工业等重要行业和领域的，以及其他一旦遭到破坏、丧失功能或者数据泄露，可能严重危害国家安全、国计民生、公共利益的重要网络设施、信息系统等。从规则层来看，就是要规范互联网行为活动。从内容层来看，数据是网络空间的实质性内容，是网络空间的核心。

（一）从物理层规范网络行为

当前，关键信息基础设施面临的网络安全形势日趋严峻，网络攻击威胁上升，事故隐患易发多发，安全保护工作还存在法规制度不完善、工作基础薄弱、资源力量分散、技术产业支撑不足等突出问题，亟待建立专门制度，明确各方责任，加快提升关键信息基础设施安全保护能力。《数据安全法》第 31 条规定："关键信息基础设施的运营者在中华人民共和国境内运营中收集和产生的重要数据的出境安全管理，适用《中华人民共和国网络安全法》的规定；其他数据处理者在中华人民共和国境内运营中收集和产生的重要数据的出境安全管理办法，由国家网信部门会同国务院有关部门制定。"

一方面，我国要规范发展关键信息基础设施安全评估体系，检查评估指引网络安全方向。现阶段，关键信息基础设施标准化体系的构建和已有安全联盟组织的形成，有助于推动专业化的关键信息基础设施安全评估体系的形成和落地。首先，可以通过网络安全评估将同步促进标准化试点和完善网络更迭工作，以此推进关键信息基础设施安全能力的提升。其次，我国网信部门可以通过持续化的检查评估工作，可进一步总结关键信息基础设施保护实践经验，这也将对我国的关键信息基础设施安全建设和发展方向提供指导。另一方面，对提供网络技术发展的企业来说，要探索建立健全网络安全保护制度和责任制，实行网络技术企业"一把手负责制"，明确企业运营者主要负责人负总责，为了保证关键信

＊ 数据四重性及其合规系统

息基础设施保障人财物投入。网络技术企业要设置专门网络安全管理机构，切实履行安全保护职责，积极参与本单位与政府网络安全和信息化有关的决策，并对机构负责人和关键岗位人员进行安全背景审查，以确保网络技术与数据的绝对安全。网络服务提供者要对关键信息基础设施每年进行网络安全检测和数据泄露风险评估，及时发现并整改问题，按要求向网信机构数据保护工作部门报送情况。另外，关键信息基础设施发生重大网络安全事件或者发现重大网络安全威胁时，相关网络技术企业要按规定向网络空间保护工作部门、公安机关报告。相关企业优先采购安全可信的网络产品和服务，并与服务提供者签订安全保密协议；可能影响国家安全的，应当按规定通过网信部门以及国家安全部门的安全审查。

（二）从规则层规范网络行为

网络空间的规则层是协调管理互联网行为的"法律层"，至少包括三个方面，即认证规则、兼容规则和互联规则，❶ 具体表现为各种协议、算法等。这一层面的主要司法矛盾纠纷与互联网的使用、发展密切相关。如在网络中双方利用规则的冲突导致的纠纷，其中包括利用数据技术过度收集、分析、使用个人数据信息纠纷，利用爬虫技术自动获取和使用数据信息纠纷，利用消费记录行为倾向分析信息实施"数据用户画像""大数据杀熟"等歧视性行为纠纷等。此类竞争行为大多表现为计算机系统"自动化"实施，线下经营主体对产生矛盾纠纷的直接行为并不参与，但行为的对象无差别遍及全网，没有采取技术阻断的用户都有可能受其影响。腾讯公司与360公司"扣扣保镖"软件不正当竞争纠纷就是典型案例。

另外，还有因创设规则与破坏规则引起的纠纷，随着网络技术的不断发展，规则层显现的纠纷将呈现类型化、复杂化。构建网络空间规则层数据保护体系已迫在眉睫，我国《数据安全法》首次确立了"数据分

---

❶ 高全喜. 虚拟世界的法律化问题[J]. 现代法学，2019，41（1）：64-66.

类分级保护制度",《网络安全法》要求网络运营者按照网络安全等级保护制度采取相应措施,保障各主体数据安全;《数据安全法》在此基础上更加聚焦数据安全层面,并且给出了具体的制度设计:将个人或者企业数据按照在我国经济社会发展中的重要程度,以及根据数据一旦遭到篡改、破坏、泄露或者非法获取、非法利用,对国家安全、公共利益或者公民、组织合法权益造成的危害程度,对数据实行分类分级保护,并确定重要数据目录,加强对重要数据的保护。同时,要求数据企业在规则层数据分类保护上形成一致意见,首先形成互联网数据企业针对数据分类保护的自治公约,禁止开发使用破坏网络空间数据安全的技术应用,如有违反,采取相应适合的惩罚措施,在网络空间规则层上共同维护数据安全。在政府监管层面,《数据安全法》要求各地区、各部门应当按照数据分类分级保护制度,对数据企业严格监管,确定本地区、本部门以及相关行业、领域的重要数据具体目录,对列入目录的数据进行重点保护。在规则层构建数据合规法律体系,数据有了商业价值和战略意义之后,对于数据的使用不再是无头绪的野蛮式开发,而是要对数据采取分类分级保护,采取对应的保护措施,这对于掌握数据的企业而言是一项必须面对的合规成本。当然,《数据安全法》对合规工作如何展开给出了更实操的指引性规定,第 27 条要求开展数据处理活动要遵守法律、行政法规和国家标准的要求,建立健全规则层全流程数据安全管理制度,积极组织开展企业数据安全教育培训,并且采取相应的技术措施和其他必要措施,保障数据安全。

(三)从内容层规范网络行为

网络空间的内容层实际上就是数据的集合。大数据、人工智能可以创制新的算法,其信息处理能力和学习能力超过人类历史上任何物化的存在。人工智能依托大数据计算,获得了模仿人类智能的新拓展;互联网依托人工智能,实现代码、算法和规则的新拓展。数据的获取和使用正在不断挑战人格权的边界,企业还在为用户数据的归属争论不休。企业收集的数据信息一般就储存在网络空间的内容层，对数据的保护自然离不开对网络空间内容层的严格规制。

首先，针对当前的网络空间的复杂形势，要加强依法治理、风险治理和综合治理，形成依规治理网络空间法律体系。我国可以通过明确细化《网络安全法》《数据安全法》《个人信息保护法》等网络治理领域法律的延伸运用，由此为网络空间发展画清红线、指明方向。深入、动态、全面评估网络空间内容层在主要应用场景下的具体风险，调查网络技术相关产业的发展情况及趋势，研究制定和储备针对性、前瞻性数据法律政策，积极争取掌握未来网络技术在数据层面竞争赛场的规则制定权和国际话语主导权。另外，还要加强网络技术规制，推动适应网络空间发展的合规技术、监管技术。

其次，紧跟数据时代潮流，积极推动网络空间国际法律体系建设。面对国际网络黑手对我国网络空间内容层的恶意攻击，我们要充分利用全球数据资源，提前在国际上布局网络技术确定性高的关键环节，加大对芯片、GPU等关键技术的投入，以此掌握国际数据话语权。我们可以提前部署面向国际网络空间的科技前沿体系，加大相关信息数据投入，加快相关科技设施和能力建设。另外，还要坚持网络空间数据开发，重点选择以商贸、旅游、文化、教育等为代表的有益领域，积极落地网络空间虚拟现实、增强现实的应用场景。通过网络空间应用探索让文化活起来，推动实体经济和数字经济深度融合发展，让网络空间的数据"取之于民，用之于民"，在数据依规治理的同时造福人类。

最后，面对鱼龙混杂的网络世界，提高全民防范意识才是维护网络数据安全的关键所在。据专业调查报告显示，1/3的数据安全事件与企业安全管理疏忽或员工网络安全意识薄弱有关。[1] 新冠肺炎疫情使得远程办公成为新时代的"新常态"，随之而来"人的漏洞"将成为更大的数据泄露的风险点。近年来，网络黑客的网络攻击方法不断升级，侵袭

---

[1] 2020年国家网络安全宣传周"以人民为中心"构筑安全网络空间［EB/OL］. http://gdee.gd.gov.cn/ztzl_13387/2020wlxc/content/post_3115261.html.

方式日益精密化、多样化，组织化、专业化的黑客组织不断利用人员疏漏发动网络攻击，对国家安全、社会利益、公民合法权益造成严重威胁。提升全民网络安全、数据安全意识，才能有效填补网络空间数据安全的缺口和短板，也是当前网络安全工作的紧迫任务。

随着互联网技术的发展，网络环境的巨大改变深刻影响着社会观念的重构，因此我们还要建立和维护网络空间之数字信任。网络空间中，人们基于主体身份具有可识别性、可认证性，在网络空间行为轨迹亦具有可留痕、可追溯的特点，同时对自身行为的利弊形成预期，这一过程即是"数字信任"形成的全过程。因此，提升对数据管理、数据使用以及衍生技术的信任是数据治理的重要目标，❶ 司法审判要秉持数字信任理念，以夯实网络社会的信用基础，这需要几代人的接续努力，共同维护风清气正的网络空间。

## 第三节 个人信息层面的保护

我国《个人信息保护法》的出台，外界普遍认为我国之所以要加强数据隐私保护，一方面是为了保护我国快速增长的互联网行业继续向前发展，并使其个人数据信息收集符合法律法规；另一方面是为了避免涉及国家安全的重要数据信息在海外流动。另外，对于个人数据隐私权的承认，是保护个人信息不被泄露的关键一步。如果法律没有为个人信息设定一个具体定义，很多涉及个人信息的民事纠纷都很难解决，因为没有办法提起诉讼。《个人信息保护法》的出台也使得我国成为少数几个建立个人信息数据隐私法律框架的国家之一。我国法律在个人信息保护某些方面规定得不够全面，《个人信息保护法》的出台在一定程度上可以让法院裁判类似个人信息保护的案件时有法可依。

---

❶ 沈岿. 数据治理与软法［J］. 财经法学，2020（1）.

\* 数据四重性及其合规系统

## 一、我国个人信息保护现状

我国《个人信息保护法》虽然已经出台，但是在实际生活中个人数据信息仍然存在巨大泄露风险与隐患。在网络侵犯个人信息权益的案例中，大多数发生在应用软件不规范收集个人数据信息上，如移动应用违规收集、过度收集个人数据信息等问题通常伴随着隐私政策冗长、强制"一揽子同意"、过度索取权限、滥用移动终端系统授权等现象。

首先，就用户服务协议来说，应用软件个人信息隐私政策和用户协议告知内容冗长烦琐且晦涩难懂。目前，应用软件服务提供商通常使用隐私政策或用户协议等方式，告知用户应用软件收集使用个人数据信息的目的、方式和范围等。但是一般应用软件隐私政策长的接近 2 万字，短的也有六七千字，平均字数在 1 万左右，按照每分钟 300 字的阅读速度，读完全文平均需要 30 分钟以上。用户普遍反映存在读不完、找不到、看不懂等问题，重点阅读内容如没有重点标记更是令人反感。面对市场化程度和规范程度都较低的应用软件，上万的文字体量、层层嵌套的文件体系和章节架构、晦涩难懂的文字描述，使得隐私政策和用户协议都形同虚设，格式条款般的协议条款难以担当告知用户的责任。对于用户来说，勾选接受隐私政策和用户协议以安装使用应用软件实属无奈之举，如果不同意应用软件就不会提供服务。

其次，移动软件对个人不规范使用还表现在申请授权上，应用软件将申请开放权限打包一揽子征得用户同意。应用软件在早期的时候业务功能比较单一，通常在首次安装开始使用时，一次性告知需要开放的权限并征得用户同意，同时索取系统权限。随着互联网空间业态的不断丰富发展，应用软件的业务功能也在不断增加，应用软件所收集使用的个人数据信息边界不断扩大。当前应用软件首次下载并启动时，普遍采用弹窗一站式服务，一揽子征得用户的权限同意。用户不同意将无法使用该应用软件，或者仅能使用浏览模式。在权限获取一揽子同意的模式下，不区分首屏功能和其他业务功能、不区分必要信息和非必要信息。

## 第七章　按属性构建数据分类保护体系 *

具体来看，一方面对于多业务功能的应用软件来说，用户通常只能接受使用所有的业务功能，应用软件开发者只需增加告知条款，形式上具备相关的业务功能，就可以无所顾忌地收集各种用户数据信息；另一方面对于具备垄断地位的应用软件，用户别无选择，只能勾选同意所有个人数据信息被收集。在这种一揽子同意的模式下，用户除了依靠系统权限给予开关选项的节制外，基本丧失了选择"否"的权利。

最后，市面上应用软件的应用权限滥用现象严重，超范围收集现象在软件服务上频频发生。应用软件在告知并征得用户同意后，系统权限成为应用软件收集个人信息的关键管控手段。❶ 现有权限管控粒度过粗，权限申请目的告知不同步、权限行为记录不完善等因素导致应用软件过度申请权限、滥用系统授予的权限。应用软件过度滥用获取的权限主要表现在三个方面：一是在没有相关合理业务场景时，提前索取权限以备使用；二是有合理业务场景，借机多索取应用收集权限；三是索取权限后，超范围使用已授权限以赋予其他功能。软件权限过度滥用用户易感知，评测时却存在主观判定难的情况。因此，网信相关部门在规制互联网企业合法经营时，有必要制定应用权限最小化规范，引导应用软件开发者遵循合法正当必要原则申请使用权限，清晰即时告知权限申请目的，而且运行过程中最小化使用权限，事后自行留存权限行为记录等。

因此，应用软件服务商应按照《个人信息保护法》的要求制定最小必要收集个人信息方案，切实维护良好的社会风尚。应用软件在收集使用个人数据信息时，普遍包含告知、同意、权限索取、权限使用四个环环相扣、互相影响的关键环节。❷ 在规制应用软件过度收集个人信息时，为破解上述应用软件存在一揽子告知同意、过度滥用权限的难题，有必要拆分首屏和其他业务功能或服务，区分不同业务功能或服务的必要信息和非必要信息，优化告知、同意、权限索取的时机和方式，规范权限使用最小化的操作范围、数据范围、收集频次、收集深度等，进而提出

---

❶ 钟越，付迪阳. Android 应用程序隐私权限安全研究［J］. 信息安全研究，2021（7）.
❷ 宁华，王艳红，王宇晓. APP 个人信息安全现状问题及应对策略［J］. 质量与认证，2020（4）.

应用软件最小必要收集个人信息方案。另外，我国相继出台《数据安全法》和《个人信息保护法》，体现出加强数据和个人信息保护的立法态度，司法机关也将更加严厉打击侵害公民个人信息、侵害数据权属的各类不法行为。同时，建议相关行业主体更加重视数据安全和个人信息保护，不仅不越权获取个人信息和关键数据，更要注重数据和个人信息保护工作。

在《个人信息保护法》立法之后，相关部门还需要制定详细的法规，说明如何保护这些权利。在民法典立法中，涉及个人信息保护条款时，就有法律专家指出，我国需要对违规或泄露行为设定更严厉的惩罚，才能对个人信息权益提供有效的保护。❶ 而此前我国的法律没有为个人信息提供足够保护力度的一个原因，就是法律法规没有对违规收集个人信息、不当使用个人信息数据的企业采取更严厉的惩罚措施。司法机关在企业发生个人信息泄露事件上的判决并不一致，则是另一个需要关注的问题，这种难题不仅发生在我国，国外也屡见不鲜。2017年有42名消费者起诉了美国电商巨头亚马逊在中国的分公司，称他们的个人资料被亚马逊泄露给了电信诈骗犯。其中一名消费者表示他接到过一个诈骗电话，对方给出了他在亚马逊上购买物品的确切订单号，并宣称他的订单出现了问题，并假意为他提供退款服务，从而诱使这名消费者点击进入了伪装成亚马逊官网的一个钓鱼网站，导致该名消费者损失24.7万元。然而，法院两次驳回了这些消费者的起诉。❷ 从关于此案的裁判文书来看，法院虽然认定亚马逊及其中国分公司未尽到个人信息安全保障义务，但由于这个案件当时正在由警方进行刑事层面的调查，在调查结束之前与案件有关的事实和证据还无法查清，法院认为不宜先行做出民事判决，可在刑事调查查明案情后再另行起诉。法院这样的处理将令其他公司不再重视个人信息保护或数字安全。从裁判文书来看，上面全

---

❶ 民法典确立数据隐私权引发外媒关注：将保护中国数据在海外流动［EB/OL］.［2022 - 09 - 25］. https：//3w. huanqiu. com/a/9eda3d/9Cakrnkr9L7? agt = 11.

❷ 42名消费者起诉亚马逊：官网被植入钓鱼网站，多人被诈骗［EB/OL］.［2022 - 09 - 25］. https：//www. thepaper. cn/newsDetail_forward_1860186.

是亚马逊一方辩解的说辞，即因为案件所涉事实没有查清，所以不能证明亚马逊一方应该承担消费者损失的责任。虽然我国法律在个人信息保护某些方面规定得不够全面，《个人信息保护法》的出台在一定程度上可以让法院裁判类似个人信息保护的案件时有法可依。

在侵犯个人信息、违规收集使用个人信息的案例中，最典型的是杭州中级人民法院审理的"人脸识别第一案"（［2020］浙01民终10940号），这一案件多少推动了我国《个人信息保护法》的出台。2019年4月27日，浙江理工大学副教授郭某在杭州野生动物世界办理了一张1360元的双人年卡。园方明确承诺在该卡有效期一年内通过验证年卡及指纹入园。2019年10月17日，郭某收到来自杭州野生动物世界的一条短信：园区年卡系统已升级为人脸识别入园，原指纹识别已取消，未注册人脸识别的用户10月17日之后将无法正常入园，需要尽快携带年卡到园区年卡中心办理升级业务。郭某认为面部特征等个人生物识别信息属于个人敏感信息，一旦泄露、非法提供或者滥用将极易危害包括原告在内的消费者的人身和财产安全。因此，2019年10月28日，郭某向杭州市富阳区人民法院提起诉讼，要求被告确认告示和短信通知中相关内容无效、退还年卡卡费、赔偿交通费并删除原告个人信息等。被告杭州野生动物园负责人表示，人脸识别可以有效提升消费者的入园速度，并承诺对收集的人脸信息加强保护，不会用作除进出园以外的其他用途。法院最终判决杭州野生动物世界赔偿郭某合同利益损失及交通费共计1038元，并且删除郭某办理指纹年卡时提交的包括照片在内的面部特征信息以及收集的指纹信息。

生物识别信息作为较敏感的个人信息，深度体现自然人的生理和行为特征，具备较强的人格属性，这些敏感信息一旦被泄露或者非法使用，可能会导致个人受到歧视或者人身、财产安全受到危害，故应当更加谨慎处理和严格保护。杭州野生动物世界要求郭某激活人脸识别，实际上是欲利用收集的照片扩大信息处理范围，不仅超出了事前收集目的，也表明其存在侵害郭某面部特征信息之人格利益的可能与危险。人脸识别技术在国内较受争议的原因：一方面，人们对人脸识别技术的发展水平、安全程度乃至其中涉及的信息收集、处理实践知之尚浅；另一方面，从登机、检票入口的刷脸身份验证，到公司入口的门禁系统、小区门口的快递柜刷脸取件，人脸识别技术的应用已经在国内随处可见，在某些方面可能称得上泛滥，但是现实生活中泄露个人数据信息的事件依然层出不穷，普通大众也是因社会上这种不良风气带来的危害而显得更加小心翼翼。在个人信息数据收集方，要依据最小必要原则，评估是否必要在业务中应用人脸识别技术，能不用就不用，用错了引起用户不满意还要引来诉讼纠纷。数据收集方可以引入第三方个人信息收集评估机制，将收集到的个人信息应用于此在效率和成本上可以带来哪些价值，应当只有在评估结果为必要时才加以采集，在收集前，还要注意需获取数据主体的明示同意，以及应考虑如何获取数据主体的同意才能最大限度地规避法律风险。另外，公民个人享有隐私权和保护个人信息的权利。数据收集者也有责任保护个人信息资料，未经同意不得获取、披露或交易有关资料。学界已经认识到个人信息安全与数字经济发展之间的兼容性问题。有学者提出，应建立以"三方平衡"为基础的"两头强化"方案，即"强化对个人敏感信息的保护"，"强化对个人一般信息的利用"，以期最大限度地调和个人信息保护与企业信息利用之间的矛盾。❶在平衡个人数据信息权益与企业发展之间的矛盾上，我国可以参考国际上的一般做法，在国际法层面与大多数国家尽量保持一致，可以适时推出我国个人信息保护模式，在国际上确立相关话语权。

## 二、个人信息保护之域外经验

各国对个人信息保护的理念不同，从而采取了不同的立法例对个人信息进行保护。例如，美国以隐私权的方式对个人信息进行保护，认为个人信息属于个人隐私的范畴。又如，德国直接对个人信息进行保护，

---

❶ 张新宝. 我国个人信息保护法立法主要矛盾研讨［J］. 吉林大学社会科学学报，2018，58（5）：46.

## 第七章 按属性构建数据分类保护体系 *

认为个人信息属于一般人格权的范畴。《中华人民共和国民法典》第1034条规定，法律应保护自然人的个人信息。可见，我国《民法典》借鉴了德国的做法，将个人信息归属为一般人格权，个人信息具有人格权属性，强调保护的是人格。个人信息具有较强的人身属性，个人信息能"识别"特定的个人，与特定的个人相"关联"。能识别特定个人身份的任何生物性、物理性的数据、文件、档案等资料均可能成为个人信息。包括身份证号码、工作情况、家庭现状、财产状况、身体健康等各方面的相关信息均属于个人信息的范畴。因此，无论以隐私权的方式对个人信息进行保护的模式，还是直接对个人信息进行保护的模式，数据在个人信息层面，都应以人格权的方式对个人信息进行保护。

在域外经验借鉴上，国际上比较认同美国和欧盟个人数据信息采取的保护模式，二者在个人信息保护模式上存在较大差异：美国主要采用个人信息"分散立法保护模式"，而欧盟主要采取个人信息"统一立法保护模式"。具体来说，美国的"分散立法保护模式"也可被称为隐私权保护模式或行业自律保护模式，是指在隐私保护法的基础上，针对某一特定行业或领域的个人信息保护问题，专门制定单行法，可以看出美国对隐私与个人信息的差异没有做太大的区分。所谓"分散立法保护模式"，要从其国情与立法层面分别来看，一方面体现为美国缺乏统一的适用于各个州、各个行业、各个领域的个人信息保护立法，另一方面体现为美国没有统一的个人信息保护执法机构和监管机构。与美国相反，欧盟的"统一立法保护模式"，是指通过制定统一的法律制度来对个人数据信息进行保护。所谓"统一立法保护模式"，也从两方面来看，一方面体现为《通用数据保护条例》是适用于各行各业且贯穿于个人信息保护各环节的系统法律规范，另一方面体现为欧盟要求其各成员国建立统一、独立、权威的数据监管机构。从欧盟《通用数据保护条例》来看，现代社会对个人数据信息保护越来越重视，当下社会正逐渐从"身份互联"时代迈入"数据互联"时代，加强个人信息保护已成为时代关注焦点和国内外立法重点。在具体立法方面，美国加利福尼亚州于2018年颁布的《消费者隐私法案》改变了美国长期以来的个人信息自律保护模式。《消费者隐私法案》的出台弥补了美国在数据隐私专门立法方面的空白，它旨在加强加利福尼亚州消费者隐私权和数据安全保护，被认为是美国当前最严格的消费者数据隐私保护立法。欧盟在 1995 年《个人数据保护指令》的基础上于 2016 年通过了《通用数据保护条例》，将个人数据信息视为基本人权，因对个人数据保护采取强监管措施而被称为"史上最严个人数据保护条例"。

### 三、构建个人信息保护的多元化法治体系

构建公私法协同推进个人信息保护的多元化法治体系。就《个人信息保护法》性质来说，已经超越了私法保护的范围，所以我国大多学者主张对个人信息立法采取综合保护说。该观点认为，当今的个人信息保护立法模式已经超越了传统的公私法二分的立法模式，故应当采用综合立法保护模式，即融合公法、私法、社会法保护模式，既确认个人信息权利，又确保个人数据信息安全。即使在制定了统一的个人信息保护法的背景下，也应采取公私法协同推进的多元化法治路径，充分发挥各部门法的功能，建立个人信息保护综合治理模式，实现个人信息保护法律体系内部的统一和协调。而且，《个人信息保护法》除规定了在平等主体之间处理个人信息问题的具体规则之外，还直接规定了国家机关处理个人信息的基本规范，这是公法关系在个人信息保护领域的延伸和体现。因此，个人信息保护法并非单纯的私法或公法，而是具有社会法的属性。另外，我国个人信息保护立法的健全与完善，既要坚持立足国情与借鉴国际经验相结合，建立健全适应我国个人数据信息保护和数字经济发展需要的法律制度，又要坚持问题导向性和立法前瞻性相结合，处理好《个人信息保护法》与其他法律的衔接问题，包括处理好《个人信息保护法》与《民法典》《消费者权益保护法》《网络安全法》《数据安全法》等已经出台的法律之间的关系，细化和充实关于个人信息保护的制度和规则。

推动个人信息保护与数据经济发展相结合的法律体系建构。在大数

## 第七章 按属性构建数据分类保护体系 *

据飞速发展的时代,个人信息私权保护与数据共享应并行不悖,应将数据财产权与个人信息自决权相区分,以"场景"或"情境"为核心,对个人信息权益进行个别化保护。❶ 在互联网时代,以数据为载体的个人信息既具有独立的人格权属性,亦具有鲜明的财产权属性,即同时具有"信息自决权"和"数据财产权"两个面向。我国需要进一步明确个人信息主体享有哪些具体人格性权利,具体而言,我国的个人信息权利包括但不限于个人信息主体在信息收集、保存、利用中的知情权、同意权。另外,为遏制数据企业非法收集、使用个人信息,还需要完善个人信息侵权法律责任制度。"基于交易成本、估价成本、行为模式预期等经济效率的综合考量,应当重构我国个人信息保护的救济规则",即"对自然性个人信息适用财产规则,对社会性个人信息与复合性个人信息适用责任规则,对社会性个人信息与复合性个人信息适用责任规则,并结合行业规则的逐步完善,建立'去身份化'的行为指引,实现理论构想、法律规范与社会实践的逐步统一"。❷ 另外,我国立法机关应坚持对敏感个人信息和非敏感个人信息进行区别化对待的基本立场,对侵犯敏感个人信息的行为,施以更重的法律责任。如确有必要,还需要确立个人信息保护领域的惩罚性赔偿责任制度,从而弥补传统侵权责任机制中损害填补责任的不足。

另外,是否侵犯个人信息权益,应严格遵循网络侵权责任的构成要件,正确把握互联网、大数据技术的特征,妥善处理好民事权益保护与信息自由利用之间的关系,这样既规范了互联网秩序,又保障了互联网发展。在大数据技术高速发展的当下,我们既要看到其对数字生产、数字生活带来的有利影响因素,也要注意到其带来的个人信息与数据泄露的风险。归根结底,此类风险的大小取决于大数据与人工智能的技术发展能力、使用意图和价值取向。因此,在互联网时代,有必要规制大数

---

❶ 张忆然. 大数据时代"个人信息"的权利变迁与刑法保护的教义学限缩——以"数据财产权"与"信息自决权"的二分为视角 [J]. 政治与法律, 2020 (6).

❷ 曹博. 论个人信息保护中责任规则与财产规则的竞争及协调 [J]. 环球法律评论, 2018, 40 (5).

据及人工智能的发展，提高数据收集使用的安全性，另外还要增强网络技术自身的"免疫功能"。同时要对网络空间进行安全、伦理上的限制，建立起全方位的、立体性的数据保护法律体系，由政府、企业、个人多方参与的信息保护法律体系。我们需要认识到，不了解数据泄露风险就不能真正了解大数据和网络空间。

## 第三节 企业数据层面的保护

伴随着大数据时代的来临，以及当前如火如荼的企业数字化转型，数据正在成为企业最具价值的资产。然而面对呈现指数级增长的海量数据，如何保护并运用好自身的数据资产，也成为摆在无数企业面前的难题。

### 一、企业数据保护现状

当前，数据作为互联网企业的基础性核心资源，其带来的流量变现、大数据分析等价值正日益凸显，已然成为企业的一项无形资产。在数据活动大量进行，企业越发注重数据保护的情形下，互联网数据纠纷层出不穷。个人信息与企业数据是数据流动体系中两个重要的方面，数据收集以及数据权益归属问题一直是当下最热门的话题。我国《网络安全法》和《个人信息保护法》中都明确了"知情同意规则"，即网络平台原则上应当通过与用户签订协议的方式获取个人数据。为解决个人信息保护与数据共享之间的冲突，应通过"商品化权"先将数据中的财产属性转化为财产利益，[1]也就是说，仅转让数据中部分财产利益，而保留其中的人格权部分。个人数据也可能是个人"数字劳动"的产物，凝

---

[1] 王利明. 论人格权商品化 [J]. 法律科学（西北政法大学学报），2013，34（4）.

结了个体的劳动与付出。❶ 若直接将数据权属配置给原始数据主体，则否定了后续数据处理人的价值，这也不符合当下数据传播流通的价值所在。也有学者提出，所有网络平台数据权益应直接由个人与平台共有，在这种数据权益共享的局面下，虽然平衡了用户个人与企业平台各自的利益，但是从本质上说，数据权益共享的模式会使个人和平台很容易形成制约关系，如果任意一方拒绝授权则数据资源不能得到再次流转，从而妨碍数据流通与数据共享，企业数据价值无法显现。

从司法实践来看，企业从用户那里收集的数据信息权益归属于企业还是用户，判决大多倾向于企业。在淘宝诉美景公司案中，法院借鉴知识产权法基本原理中的"额头出汗"原则，认为淘宝公司在数据存储、分析的过程中付出了努力，理应对衍生"数据池"享有使用并收益的权利。新浪微博诉脉脉案二审判决指出，"网络平台提供方可以就他人未经许可使用其经过用户同意收集并使用的用户信息的行为，主张权利"。新浪微博基于自身的运营行为而获得的数据信息，由此产生的数据用益权理当受到法律保护。数据用益权归属网络平台的分配规则能够保证网络平台充分利用网络用户的"认知剩余"，从而在原始数据主体和数据实际控制者之间达到利益平衡。从以上两个案例可以看出，为促进数据流通，企业对其收集的用户数据信息享有数据用益权。数据用益权，是指在个人信息财产权的基础上，对数据进行集成、分析以获得财产性利益的权利。该权利的前提是对个人数据去标识化处理，以保证数据生产者的隐私安全。在所有权上设立用益权的理论基础是权利分割思想，即财产权的（完全）权利人可以从其权利中分离出用益权能与变价权能，以所有权为例，其为物上最初的全面权利，限定物权则是从所有权派生而来，因此让所有权承受负担与分割。❷ 因此，企业对收集到的个人信息进行匿名化处理，从而使这些信息不具有可识别性，企业将该数据权中的人身权与财产权分离，可基于数据用益物权主张对数据的权利。

---

❶ 丁晓东. 数据到底属于谁？——从网络爬虫看平台数据权属与数据保护［J］. 华东政法大学学报，2019，22（5）.

❷ 申卫星. 论数据用益权［J］. 中国社会科学，2020（11）.

\* 数据四重性及其合规系统

  企业数据争议焦点归根结底是数据权益归属问题。一种观点主张对数据设立独立的财产权,强调数据财产权益归自然人所有并受自然人所控制;限制和制约企业对数据的利用、交易等行为。由于数据交易而产生的使数据商品化的现象将会严重损害个人隐私,因此,在法律上应与现行无形的财产权分开,对作为新型生产资料的数据,应设立独立的财产权,即数据权。从价值顺序角度出发,这种新型的财产权的出发点是人而不是物,数据主体对数据应享有优先权。另一种观点的提出者以企业界为代表,他们认为收集并应用用户个人信息的主体控制着其所收集得到的数据,并对该数据享有所有权。部分互联网企业认为,如果用户数据没有被采集,不以数字化的形式存在,根本就不存在数据权利一说。况且,企业为数据的采集和管理投入巨大成本,其合法权利应当得到法律认可。以上两种观点具有不同的价值导向,前者从用户个人立场出发,数据的财产权归用户个人所有,限制和制约企业对数据的利用和交易;后者以企业为优先项,主张企业对数据享有绝对的所有权,不限制企业对数据的处理活动,使外界的干扰最大限度地减少。

  如承认个人对其个人信息商业价值的财产权,个人信息的价值则取决于双方当事人的协商,理论上其交易价格不至于使得任何一方的处境因此变得更加不利,信息主体就可以根据市场和自己的需要主动对其个人信息的商业价值进行使用。❶ 可见,现有关于企业数据保护的观点,以财产权的方式进行保护的观点居多。在企业数据没有法律权利外衣的情形下,侵权法通过"法益保护"模式可以有效实现数据保护的目的。私法上"法益保护"与"权利保护"的区别首要在于被侵害的对象是否属于法定的、类型化的权利,此外这种区别还在于适用法律的不同和损失性质的差别。企业数据在性质上属于非权利化的法益,如果依大陆法系法益保护原理,就应适用相应的"保护性法律",即以保护他人权益为目的的法律,同时应将该法益被侵害所致损失后果作为纯粹经济损失

---

❶ Guido Calabresi, A. Douglas Melamed. Property Rules, Liability Rules, and Inalienability: One View of the Cathedral [J]. Harvard Law Review, 1972 (1089).

来认定，由受害人向侵权人主张赔偿。对企业数据侵权法保护所适用的"保护性法律"，包括以保护企业和用户安全控制数据的相关法律，如《网络安全法》《数据安全法》《个人信息保护法》中有关企业数据安全的规则，还包括我国《刑法》第285条、《电子商务法》和《电子签名法》中有关企业数据安全的规定等。

在数字经济时代，商业秘密日渐成为经营者进行市场竞争的重要资源，对于推动企业研发创新，提升市场核心竞争力，推进科技强国具有重要意义。中共中央、国务院印发的《关于新时代加快完善社会主义市场经济体制的意见》中提出，加快建立知识产权侵权惩罚性赔偿制度，加强企业商业秘密保护，完善新领域新业态知识产权保护制度。同时涉及新领域新业态下数据经营信息的保护、企业商业秘密的保护、知识产权侵权惩罚性赔偿的适用的案件已经层出不穷。因此，我国要以网络空间为基石，从数据的四重属性和四个主体出发，以商业秘密的方式保护企业数据会更加合理，理由如下：

（1）经营信息和技术信息均属于商业秘密的范畴，而数据的实质内容也为信息，二者具有同一性。

（2）商业秘密属于知识产权的一种类型，可以多次许可给不同的人使用，数据也可以与多人进行共享，不会因为共享人数而影响数据的使用，在这一属性上，二者也相匹配。

（3）非公知性系商业秘密的构成要件之一。于2020年9月10日颁布的《最高人民法院关于审理侵犯商业秘密民事案件适用法律若干问题的规定》第4条第2款规定，对从公共领域获得的信息进行整理、改进、加工等处理后形成的新信息，符合相关法律规定的，可以构成不为公众所知悉的信息。企业合法收集个人信息，并进行匿名化（脱敏）处理（相当于整理、改进、加工）后就形成了企业数据，企业数据与个人信息的形态不相同，不能再"识别"特定的个人，形成了新的信息，符合非公知性要件的规定。

（4）保密性和商业价值性也是商业秘密的构成要件。企业数据存储于网络空间中，可以对企业数据采取密码管理、物理隔离、访问权限设计、签署保密协议等保密措施，使企业数据满足保密性要件的要求。而企业数据一般都具有价值，因此能满足商业价值性要件的要求。

就商业秘密来说，商业秘密法保护的是权利人占有信息的事实状态，因此权利人需要投入高昂成本，保持数据秘密状态。随着数据的许可使用和流转范围扩大，保密成本成倍增加，使得商业秘密的保护稍显不足。❶ 此外，在实践中，网络平台数据并不限于权利人采取保密措施的数据，其还包括公众可获取的网络平台公开数据，显然后者无法被纳入商业秘密的保护范畴。虽然商业秘密可能不是保护企业数据最佳方式，但是在现阶段大数据背景下，目前以商业秘密的方式保护企业数据是最好的选择。

企业数据权益侵权方面最典型的司法案例是新浪微博诉脉脉不正当竞争案❷，脉脉非法抓取、使用新浪微博平台用户数据，通过脉脉用户手机通讯录中的联系人，非法获取、使用这些联系人与新浪微博用户的对应关系。法院最终判决脉脉构成不正当竞争，但非常遗憾，新浪微博并未以商业秘密的方式来保护其拥有的数据。

从司法案例来看，一些司法案例将企业数据作为商业秘密来保护，取得了良好效果。杭州互联网法院对一起涉网络主播平台中奖数据商业秘密纠纷案作出判决，认定被告行为构成侵犯商业秘密，判决其赔偿原告损失 300 万元。❸

原告杭州某网络公司从事网络主播运营活动，旗下有两款直播平台。被告汪某曾任原告公司旗下某平台运营总监一职，并与原告签订保密协议。原告直播平台的经营模式为：平台主播与注册用户进行互动，用户通过现金充值获得平台内的虚拟货币，通过消费虚拟货币"购买"对应价值的"礼物"，并打赏给心仪的主播。主播获得礼物后可兑换成收益，按照约定比例向公司分成。为鼓励用户参与互动，平台在打赏环节设置中奖程序。后台会抽取一定比例的打赏金额归入奖池，一定周期

---

❶ 卢扬逊.数据财产权益的私法保护［J］.甘肃社会科学，2020（6）.
❷ （2015）海民（知）初字第 12602 号判决书.
❸ （2021）浙 01 民终 11274 号.

内,后台会根据程序算法随机生成中奖礼物数量索引,当某个用户打赏的礼物数量刚好累积到相应倍数的中奖数量索引,就会被系统判定为中奖。中奖用户将获得对应的虚拟货币作为奖励。通过后台权限,公司高管可登录平台账号查看中奖实时数据。

原告诉称,被告在职期间,利用自身账号权限,登录查看、分析后台数据,掌握中奖率高的时间点,通过关联多账号进行"刷奖"。被告离职后入职同行业其他公司,但仍获取原告公司员工胡某账号,继续登录后台进行"刷奖"。被告自述以此获利200余万元。原告认为,被告上述行为侵犯原告商业秘密,导致平台其他注册用户基本无法中奖,用户充值大幅减少、用户流失,情节恶劣。原告主张适用惩罚性赔偿,以被告获利金额的1.5倍为计算依据,要求被告赔偿损失390万元。被告辩称,被告不属于反不正当竞争法中的竞争者,不存在侵权行为,原告诉请金额并无依据。

法院经审理认为,原告在该案中主张的后台中奖实时数据和通过中奖数据得出的中奖概率数据,构成商业秘密。被告在自身非法获利的同时,损害平台经营秩序和竞争优势,构成侵犯原告商业秘密,并确认适用惩罚性赔偿,判决被告赔偿原告经济损失300万元。该案通过商业秘密路径保护网络平台数据类经营信息,同时适用惩罚性赔偿,在切实打击恶意侵害数据产权行为的同时,推动新时代新领域数据类商业秘密的保护。另外,该案中有争议的地方在于原告后台中奖实时数据构不构成商业秘密,被告的行为是否构成侵犯商业秘密,被告是否具有恶意以适用惩罚性赔偿。

(1) 原告主张的后台中奖实时数据构成商业秘密。相关数据系原告通过设定中奖算法,由程序分配中奖索引,结合用户打赏实时产生。从保密性上来说,公司对相关账号设置查看权限,与员工签订保密协议,及时注销离职员工账号,使得该数据具有保密性。从非公知性上说,后台数据处于非公开状态,原告对此投入了人力、物力和财力,并进行了一定程度的收集、汇总、整合,使得该数据具有非公知性。从中奖数据商业价值上来说,原告通过跟踪和挖掘数据,可了解用户的打赏习惯和消费水平，及时调整中奖机制，优化经营资源，提高用户的黏性，获取流量，数据本身可具备商业利益。并且，中奖数据的具体设置往往是经营者通过权衡用户的中奖比例与公司收益做出的，其中包含的中奖分配和相关排列组合信息，以及反映的中奖场景，这也体现了经营者特定的经营策略及其产生的经营效果，对于企业经营具有重要的参考价值，由此可获得相应竞争优势。因此，法院认定涉案数据具备秘密性、保密性、商业价值，构成商业秘密。

（2）被告行为构成侵犯商业秘密。被告曾任原告公司高管职务，其于任职期间登录权限账号查看后台数据，本为职责需要，并不违法。然而其明知公司不允许，仍违反保密协议，通过查询后台数据，推算中奖概率，关联多项账号，择机打赏以获得平台高额奖金，不正当地使用商业秘密。离职以后入职相同行业的另一家公司，在自身账号已被注销的情形下，仍非法获取他人账号登录后台，继续利用后台信息"刷奖"，降低平台其他用户中奖概率，破坏平台打赏环节的运行机制，扰乱平台经营秩序。

（3）该案应适用惩罚性赔偿。被告在职期间及离职后通过高管权限账号获取后台数据，亦自述知晓其行为违反公司规定以及会对原告平台造成影响，但仍实施该行为，主观故意明显；被告在一年多时间内多次登录后台实施侵权行为，侵权次数频繁、持续时间长、侵权获利高，且通过关联多账号充值，利用数十名主播提现，涉及范围广；特别是被告离职后已入职同行业其他公司，其账号被注销，仍登录原公司后台查看数据，属情节严重。据此，法院最终认定该案应适用惩罚性赔偿，并以侵权获利 1.5 倍确定赔偿金额。

数字经济时代，数据成为经营者重要的生产要素。《最高人民法院关于审理侵犯商业秘密民事案件适用法律若干问题的规定》第 1 条特别列举"数据"作为经营信息的一种，给企业以及司法机关提供了从商业秘密的角度保护数据的新思路。以上案例明确了数据类经营信息构成商业秘密的认定思路，从该路径提供了司法实践样本。《反不正当竞争法》在商业秘密条款共列举了四项具体行为表现，判决中针对被告汪某在职期间与离职后的行为分别进行认定，适用了其中三项规定。汪某行为本有悖于职业道德，更为反不正当竞争法提倡的诚实信用和商业道德所谴责。判决中通过适用惩罚性赔偿，在保护企业数据信息、营造良好的营商环境的同时，打击员工利用职务便利侵犯企业商业秘密的行为。在具体适用中充分考虑数据信息和行业特征，以及被告主客观各项因素，合理确定赔偿基数和倍数。通过争议梳理和法律适用，为完善新业态知识产权保护、维护市场经济运行、把握数字经济发展规律提供司法助力。

## 二、推动构建个人信息保护与企业数据保护融合发展的法律体系

推动企业数据赋权，构建企业数据有力保护机制。应赋予企业数据收益权，推动企业数据的利用和流转。企业数据是企业通过合法形式收集和取得的各类数据，其权属性质既有可能是完全权属，也有可能是有限权属，还有可能是无权属。权属性质的不同会导致管理和使用数据的目的和方式不同。在信息社会，数据的价值骤升，已经成为与资本、技术、劳动力、土地等同等重要的生产要素。因此，我国应进一步明确关于数据的权属规则、分配规则、交易规则、安全规则、监管规则。在赋予企业数据收益权的同时，不影响适用商业秘密来保护企业数据，同其他权利属性一样，企业数据只要具备了商业秘密保护要件，便可以适用保护企业数据。

对企业数据权益的保护，理论界和学界都有较大的争议，不过选择通过权利法还是行为法的路径进行保护不是问题的关键，最重要的在于界定清楚对方企业进行数据爬取这种行为的合法与非法的边界。从功能的角度说，知识产权和反不正当竞争法并不是泾渭分明的法律领域，其中一个很重要的面向就是禁止搭便车的行为。现在的数据爬取问题，本质上就是一种要在多大程度上禁止搭便车的行为。如果用竞争法来保护企业数据，最高人民法院确立了适用《反不正当竞争法》第2条的三要件：法律对该种竞争行为未做出特别规定；其他经营者因该行为受到实

＊ 数据四重性及其合规系统

际损害；该竞争行为违反诚实信用原则和公认的商业道德而具有不正当性。但是在司法实践中兜底性条款的适用，容易使法官具有较大自由裁量权，司法裁判的不一致使得其权威性大打折扣。在所有传统信息私益的保护方式中，商业秘密应是最接近企业数据保护目的的选项。企业数据中有相当部分本身即构成传统法律中的"商业秘密"，如企业收集到的用户或客户数据、交易记录、经营信息、行程记录等；企业数据通常都被有效存储于平台服务器的私人空间，为保密措施所覆盖，致使他人大规模获取甚为困难，客观上也使企业数据因此具有一定的保密性；企业数据具有特定的适用语境和归集、整理和筛选方式，使得大数据集合中数据条目信息的存在状态与公共领域的分散数据形态有很大差别，这更加符合商业秘密保护的秘密性要求；一些特定行业平台（如航空公司和医疗机构等），数据集合构成商业秘密的集合，适用商业秘密保护。

　　建立完善的隐私保护制度和企业数据保护制度，形成个人信息保护与企业数据保护融合发展的法律体系。企业在收集用户数据信息时，要对日常工作中能够接触到人脸数据或其他生物特征数据的人员进行背景调查；在隐私政策中说明生物特征数据的收集、使用、存储、共享等实践，并向用户完整、充分地告知；通过弹窗展示等显著方式获取用户的授权同意。另外，识别性因素是处理好用户主体的权益保护和企业数据利用关系的重要基石。一方面，对于网络服务提供者收集、利用用户的姓名、地址、电话号码、身份证号码、IP 地址等识别特定主体身份的信息，应当对网络服务者施加严格的限制，采取"知情同意"的强保护模式；另一方面，当网络服务者并非追求特定信息主体"一对一"利用个人信息时，在收集、存储、处理和利用用户的信息过程中已经采取匿名化处理的购物情况、网页浏览记录、工资信息、社交网络的喜好等行为数据，因缺乏与主体的对应性，并不是隐私范畴，应当侧重对匿名信息的利用，最大限度地促进商业和公共管理的价值发挥为导向。

　　匿名隐私信息不需要采取"知情同意"的强保护模式，但并非不受法律保护，其原理在于，在大数据时代，信息技术的高度发达使这些匿名隐私信息定向依赖的是设备信息或者浏览器标识，这些标识通常不会与身份证号码或者姓名对应。但是，存在一些技术手段可以将一些本来不敏感的信息加工之后变成敏感信息甚至推断出隐私信息的可能性，这些信息如果被恶意使用，的确会侵害个人隐私。因此，在未来的信息保护立法中，应当对这类匿名化处理的信息提供低于"知情同意"的"弱保护模式"。这种保护措施主要表现为：互联网企业应当对用户信息尽到善良管理人义务，在理念上将保障用户隐私权作为最重要发展规划，采取技术措施和其他必要措施，确保信息安全，防止匿名用户信息泄露、丢失或被反向破解。在发生或者可能发生信息泄露、丢失的情况时，应当立即采取补救措施。互联网企业收集、使用匿名用户信息，亦应当遵循合法、正当、必要的原则，明示收集、使用信息的目的、方式和范围。

## 第四节　政府机关层面的保护

公共通信、交通、金融等重大民生领域的数据通常涉及公共利益，只有政府机关才具备维护这些公共数据的能力，相关部门应当担负起维护公共数据利益的责任。例如，国家网络信息部门、国务院电信主管部门、公安部门等负责网络安全和相关监督管理工作，而网络安全通常涉及重大公共利益。又如，国家网络信息部门、国务院网络安全部门、县级以上地方人民政府有关部门等负责个人信息保护和监督管理工作，个人数据信息同样涉及重大公共利益。此外，在现行法律中，《网络安全法》《数据安全法》《个人信息保护法》均贯彻了由政府机关对数据公共利益保驾护航的思想，规定政府机关具有维护数据安全的义务。因此，政府机关要创造条件保护数据信息，即从公法的角度对数据加以保护，制定相应的行政法规对涉及公共利益的数据进行保护和管理，对违反法律规定的主体可以处以罚款、警告等行政处罚。

\* 数据四重性及其合规系统

## 一、公共利益数据保护现状

从古代到现代，从农业文明到工业文明，再到现在的数据文明，在大数据时代，很难想象古代通缉犯人使用的是人工画像，这个人工画像到底像不像全由画家说了算，技术发展到今天，模糊的社会将一去不复返，我们的现实社会因数据的存在而变得越来越清晰。我们已经看到现在的社会，社交、电子商务、交通物流、餐饮服务等互联网公司已经建立起一个又一个数据库，有了公司企业的这种在先经验，在不久的将来，政府也要拥有属于自己的数据库平台，数据库平台收集的个人信息在确保绝对安全的情况下供政府部门使用，政府承担着比公司企业更为艰巨的责任，显然比公司企业掌握的数据在数量上更多、在涉及的范围上也会更广。在公共数据安全问题上也无形中给政府部门施加了很大压力，作为服务型政府，应当肩负起保证公共数据安全的责任。

政府公共服务管理部门收集并存储了最大数量的个人数据信息，网络黑客如果攻破公共管理部门的网站盗取大量个人信息，后果将不堪设想，但是信息管理部门出手打击黑客并重新维护系统具有滞后性，在等待修复的过程中不断有信息被泄露，造成恶性循环。原本公共管理服务部门在服务大众的过程中往往收集和存储了公民的大量详细个人信息，如税务部门收集纳税人信息，治安管理部门收集公民身份信息，教育部门收集学生学籍考试信息，医疗部门存储着患者疾病用药等方面的隐私数据，近年来，个人信息泄露事件频繁发生，最典型的案例就是徐某某电信诈骗案。

徐某某被电信诈骗后因过度抑郁而导致心源性休克去世，但申请国家奖助学金这些个人信息是如何泄露的呢？原来网络黑客在测试网站漏洞时找到了山东考生信息。该黑客利用网站漏洞获取到权限后，在数据库中找到了山东高考考生的信息并将信息下载。黑客把考生个人信息当成私藏的战利品在网上贩卖，以0.5元左右一条的价格贩卖考生信息，贩卖了十万余条高考考生信息。而购买者购买学生信息的一个重要原因

## 第七章 按属性构建数据分类保护体系 ＊

就是学生信息的成本比较低。另外,教育网站因为服务器版本内核较低,存在很多安全漏洞,网站维护人员没有及时更新,给黑客非法获取网站后台数据库提供了可乘之机。

不要等到悲惨事情发生以后才想起来填补漏洞,相关部门在个人信息安全保护方面应具备前瞻性。我们应当严禁任何单位和个人非法获取、非法出售、非法向他人提供公民个人信息。对泄露、买卖个人信息的违法犯罪行为,坚决依法打击。对互联网上发布的贩卖信息、软件、木马病毒等要及时监控、封堵、删除,对相关网站和网络账号要依法关停,构成犯罪的依法追究刑事责任。在当下,大数据和云计算的出现更为网络服务提供商大规模地收集公民个人信息提供了可能,因而收集和存储公民个人信息的公共管理部门以及其他私企运营单位也要加强行业自律,切实保护个人信息安全。数据运营单位要加强内部人员管理,加强对信息系统维护,可以根据数据库内容给员工设置分级权限,以提升员工责任意识和法律意识,另外还可以设立信息泄露追责机制,以防止重要内部信息泄露。

我国法律规定个人信息不受非法泄露和侵害,任何组织、个人不得非法收集、使用、加工、传输他人个人信息,不得非法买卖、提供或者公开他人个人信息,即使在涉及重大医疗卫生公共利益时,也要切实加强个人信息保护,避免网络暴力事件的发生。即使新冠肺炎疫情期间防疫部门在向社会公布感染者或者密接者个人信息时,也要坚持必要性最小化原则,遵守我国个人信息保护的相关规定,另外,为震慑不法分子在网络随意公开感染者个人信息,公安机关还要依法严厉打击查处此类恶意泄露个人信息的行为,以维护网络社会安全。

### 二、积极构建公共利益数据保护体系

政府数据管理部门要落实数据保护责任,构建数据保护体系。我国《个人信息保护法》除规定了在平等主体之间处理个人信息问题的具体规则之外,还直接规定了国家机关处理个人信息的基本规范,这是公法

关系在个人信息保护领域的延伸和体现。例如，广州创新设置首席数据执行官，试点推行首席数据官制度。随着《广州市推行首席数据官制度试点实施方案》正式印发，数据保护官制度也开始施行，广州首席数据官职责主要侧重个人企业数据安全保护、要素配置流通、数据资源共享开放与开发利用等数据治理工作。广州将由分管政务数据管理的市领导担任市首席数据官，高位推动数据资源管理和融合创新工作。为确保首席数据官制度更具可操作性、更具执行力，广州还创新设置首席数据执行官协助市首席数据官开展工作，数据保护体系初步形成，政府相关部门要加强与数据技术企业的联系与合作，实时检查维护数据保护系统，让网络黑客无缝可钻。

　　浙江省也出台了《公共数据保护条例》，以维护公共数据安全与推动公共数据运用之目标，该条例出台目的是要着重处理好数据改革与数据立法、保障公共数据充分流通与个人信息有效保护、维护公共数据高效利用与保障数据安全等方面的关系。《公共数据保护条例》还通过建立公共数据充分共享机制、构建公共数据有序开放制度、设立公共数据授权运营制度等措施，不断推动数据保护与数据运用相结合、经济社会发展和数据治理能力现代化。公共数据，是指本省国家机关、法律法规规章授权的具有管理公共事务职能的组织以及供水、供电、供气、公共交通等公共服务运营单位，在依法履行职责或者提供公共服务过程中收集、产生的数据信息。《公共数据保护条例》从明确公共数据定义范围、平台建设规范、收集整合规则、共享开放机制、授权运营制度、安全管理规范等方面对公共数据保护、发展、管理作出了具体规定。

　　数据共享助力政府治理高效协作的同时，也要切实维护公共数据安全，构筑公共数据泄露防护体系。《公共数据保护条例》将公共数据分为无条件共享、受限共享和不共享数据三类，明确公共数据以共享为原则、不共享为例外。为保障"应共享尽共享"原则的落实，规范共享属性确定程序，规定列入受限共享数据的，应当说明理由，列入不共享数据的，应当提供法律依据，同时明确共享数据的审核时限和审核程序，以提高数据共享的及时性。授权运营推动数据创造价值。由此可见，

## 第七章　按属性构建数据分类保护体系 ∗

《公共数据保护条例》将公共数据作为生产要素进行流通，数据流通无可厚非，关键问题是这些公共数据要流向哪里，公共数据流通时如何保证公开透明，若个人信息泄露导致严重后果相关部门该如何承担责任，如何确保公共数据彻底安全，这些都是我们在维护公共数据安全，切实可能遇到并且要考虑充分的问题。公共数据在政府内部流通，可以降低成本，提高工作效率，为群众谋福祉，而不是冒着公共数据泄露的风险去赚"合理收益"。为充分释放数据红利，更好培育大数据相关产业，可以出台条例规定政府可以授权符合安全条件的单位运营公共数据，授权运营单位对利用公共数据分析加工形成的数据产品和服务可以获取合理收益。同时规定授权运营协议应当明确数据安全要求，授权运营单位应当依托公共数据平台加工数据，不得向第三方提供授权运营的原始数据，并要求省有关部门制定授权运营具体办法，明确授权运营单位的安全条件和运营行为规范等内容，保障授权运营过程中的数据安全。

互联网开放化的趋势无法逆转，我们似乎应该在公共数据保护和发展之间寻求平衡，有时过于强调网络数据的公共性，数据领域会失去法律秩序，导致数据黑产、数据泄露等野蛮行为的泛滥。例如，如果将网络用户的个人购票信息归属于公共所有，大量爬虫会恶意爬取"铁路12306"应用软件的车票信息，从而导致系统崩溃，影响用户正常使用。同时，互联网巨头公司依托其海量的数据存储和强大的数据抓取、分析能力，在数据自由市场中会无限增强自己的数据垄断能力，也会形成数字霸权，不利于中小型企业健康发展。因此，如果将数据财产权完全归属于公共所有，将会破坏数字市场秩序，不利于个人信息保护，从而阻碍数字经济发展。

## 第五节　国家层面的保护

有些数据关系到国家利益与国家安全，需要针对涉密数据本身在国家层面出台一系列保护措施。现行有效的《网络安全法》《个人信息保护法》《数据安全法》等网络信息安全相关法律均将维护国家安全作为立法目的之一，当数据（如中国人类基因数据）涉及国家安全时，就应从国家安全的角度对该数据进行保护。因此，我们需要完善现有的法律法规，明确涉及国家安全的数据种类以及国家层面应采取的数据保护措施。

## 一、国家安全相关数据保护现状

我国《网络安全法》第 37 条规定："关键信息基础设施的运营者在中华人民共和国境内运营中收集和产生的个人信息和重要数据应当在境内存储。因业务需要，确需向境外提供的，应当按照国家网信部门会同国务院有关部门制定的办法进行安全评估；法律、行政法规另有规定的，依照其规定。"这标志着我国正式开始基于网络主权原则对数据跨境传输进行法律限制，明确了各大跨国公司在国内运营业务必须依法合规，体现了《网络安全法》以国家安全为导向，及以国家安全促发展，以发展促数据安全的立法目的。另外，我国应当制定相应的法律法规要求跨国企业在本国收集的数据只能存储在国内的数据库，不可流动传递到国外，否则跨国企业将面临严厉制裁。如特斯拉上海超级工厂数据中心落成，用于存储中国运营数据。特斯拉中国同时表示，按照《上海市数据中心建设导则（2021 版）》相关要求，特斯拉已经完成数据中心相关审批备案要求，并建成特斯拉上海超级工厂数据中心，用于存储工厂生产等中国运营数据。这给我国的跨国企业数据流通开了个好头，跨国企业收集国内的数据储存在国内，防止重要数据外泄，切实维护我国国家安全。

针对以数据为内容的网络空间数据治理，国家层面应当采取严厉保护措施。美国、北约、欧盟分别以《网络空间国际战略》《塔林手册》《欧盟网络安全战略》提出了网络空间治理的规则，主张互联网自由和网络空间法治，积极发展和建立对其有利的网络空间治理的相关国际秩序。我们要充分认识到西方发达资本主义阵营在技术和话语权方面具有明显的优势，网络空间成了其宣传意识形态和价值观的重要渠道，所以我们需要深刻理解网络空间治理与国家利益密切相关，例如要防止某些西方发达国家利用网络窃听技术对其他国家领导人和他国国民进行监听，切实维护国家安全。因此，为了全世界人民的福祉、共同构建网络人类命运共同体，我们需要提出网络空间主权的主张，倡导世界各国共同制定网络安全、网络军备竞赛等网络空间治理的国际法行为准则，同时需要呼吁各国不要利用网络空间实施敌对行动、侵略行为，避免对国际和平和网络数据安全造成威胁。

## 二、构建国际数据保护法律体系

我国要构筑全方位、多层次的数据保障体系，推动国际数据主权建设，切实维护国家数据安全。第一，在意识上，我国需要意识到数据主权治理事关国家总体安全，积极主动系统地制定数据主权总体战略目标、阶段性目标和具体实施路径；第二，在制度上，在国内完善数据安全相关立法，同时在国际上努力推动双边与多边协议与数字主权国际公约的制定，我国需全力推动全球数据主权治理；第三，在组织实施上，要明确监管部门职责，完善数据信息基础设施建设，我国要为数据技术的创新、数字产业的发展提供良好基础；第四，在市场上，我国可以依托数据市场主体全面开放合作，在数字领域加强与其他国家的合作交流，消除贸易壁垒，积极构建网络人类命运共同体，积极推进中国科技企业全球化布局，在保障国家数据安全的基本前提下努力实现数字时代的互利共赢。

在网络空间治理中，我国要以和平、主权、共治、普惠的基本原则积极参与国际网络空间治理，并要主张数据主权。其中，数据主权包括平等权、管辖权、自卫权等，要平等地参与国际数据处理事务，对国际网络空间一定范围内的数据纠纷具有管辖权，当我国数据安全遭到其他国家网络黑手攻击时，可以行使自卫权予以反击。我国要倡导、积极参与网络空间新疆域专门性国际条约的制定，以更好地保护本国数据安全。

# 参考文献

## 一、专著、报告类

[1] 陈甦. 民法总则批评注（下册）[M]. 北京：法律出版社，2017.

[2] 于金葵. 知识产权制度的本质 [M]. 北京：知识产权出版社，2011.

[3] 吴军. 智能时代：大数据与智能革命重新定义未来 [M]. 北京：中信出版社，2016.

[4] 周鲠生. 国际法（上卷）[M]. 北京：商务印书馆，1981.

[5] 张新宝. 民法总则释义 [M]. 北京：中国人民大学出版社，2017.

[6] 刘志云. 现代国际关系理论视野下的国际法 [M]. 北京：法律出版社，2006.

[7] 赵理海. 海洋法问题研究 [M]. 北京：北京大学出版社，1996.

[8] 江平. 民法学 [M]. 北京：中国政法大学出版社，2000.

[9] 尹田. 民法典总则之理论与立法研究 [M]. 北京：法律出版社，2010.

[10] 周忠海. 国际法 [M]. 北京：中国政法大学出版社，2017.

[11] 中国信息通信研究院. 智能终端产业个人信息保护白皮书 [R]. 北京：中国信息通信研究院，2018.

[12] 冯晓青. 知识产权法哲学 [M]. 北京：中国人民公安大学出版社，2003.

[13] 郑成思. 知识产权法 [M]. 北京：法律出版社，2003.

## 二、期刊文章

[1] 陈杰,王倩,王婷云,等. 企业数据保护与应用合规建设思路探讨 [J]. 数字通信世界,2022(3):146-148.

[2] 郎平. 数字革命视域下网络空间治理路径探究 [J]. 人民论坛,2022(4):41-43.

[3] 罗会钧,查云龙. 北极治理"内卷化"与中国应对 [J]. 中国海洋大学学报(社会科学版),2021(4):81-90.

[4] 陈景辉. 权利可能新兴吗?——新兴权利的两个命题及其批判 [J]. 法制与社会发展,2021,27(3):90-110.

[5] 钟越,付迪阳. Android 应用程序隐私权限安全研究 [J]. 信息安全研究,2021,7(3):287-292.

[6] 张志军,刘惠荣. 当前国际法跨学科人才培养的新任务新课题——基于深海、极地、外空、网络等"战略新疆域"的思考 [J]. 人民论坛·学术前沿,2021(3):108-111.

[7] 李刚,张钦坤,朱开鑫. 数据要素确权交易的现代产权理论思路 [J]. 山东大学学报(哲学社会科学版),2021(1):87-97.

[8] 卢扬逊. 数据财产权益的私法保护 [J]. 甘肃社会科学,2020(6):132-138.

[9] 申卫星. 论数据用益权 [J]. 中国社会科学,2020(11):110-131,207.

[10] 陈晓勤. 需求识别与精准供给:大数据地方立法完善思考——基于政府部门与大数据相关企业调研的分析 [J]. 法学杂志,2020,41(11):91-101,129.

[11] 李学峰,陈吉祥,岳奇,等. 南极特别保护区体系:现状、问题与建议 [J]. 生态学杂志,2020,39(12):4193-4205.

[12] 齐力. 企业如何开展数据治理和提升数据治理水平 [J]. 中国对外贸易,2020(8):24-25.

[13] 张忆然. 大数据时代"个人信息"的权利变迁与刑法保护的教义学限缩——以"数据财产权"与"信息自决权"的二分为视角 [J]. 政治与法律,2020(6):53-67.

[14] 周汉华. 个人信息保护的法律定位 [J]. 法商研究,2020,37(3):44-56.

[15] 宁华,王艳红,王宇晓. APP 个人信息安全现状问题及应对策略 [J]. 质量与认证,2020(4):33-35.

[16] 张建文．网络大数据产品的法律本质及其法律保护——兼评美景公司与淘宝公司不正当竞争纠纷案［J］．苏州大学学报（哲学社会科学版），2020，41（1）：35-46，191．

[17] 蔡培如，王锡锌．论个人信息保护中的人格保护与经济激励机制［J］．比较法研究，2020（1）：106-119．

[18] 沈岿．数据治理与软法［J］．财经法学，2020（1）：3-12．

[19] 丁晓东．数据到底属于谁？——从网络爬虫看平台数据权属与数据保护［J］．华东政法大学学报，2019，22（5）：69-83．

[20] 李传军．网络空间全球治理法治化问题探究［J］．广东行政学院学报，2019，31（5）：5-11．

[21] 李扬，李晓宇．大数据时代企业数据权益的性质界定及其保护模式建构［J］．学海，2019（4）：180-186．

[22] 房绍坤，曹相见．论个人信息人格利益的隐私本质［J］．法制与社会发展，2019，25（4）：99-120．

[23] 高全喜．虚拟世界的法律化问题［J］．现代法学，2019，41（1）：58-74．

[24] 曹博．论个人信息保护中责任规则与财产规则的竞争及协调［J］．环球法律评论，2018，40（5）：86-102．

[25] 毋雪妮．经济全球化和传统主权国家关系研究［J］．青年与社会，2018（27）：119．

[26] 张新宝．我国个人信息保护法立法主要矛盾研讨［J］．吉林大学社会科学学报，2018，58（5）：45-56，204-205．

[27] 李伟民．"个人信息权"性质之辨与立法模式研究——以互联网新型权利为视角［J］．上海师范大学学报（哲学社会科学版），2018，47（3）：66-74．

[28] 程啸．论大数据时代的个人数据权利［J］．中国社会科学，2018（3）：102-122，207-208．

[29] 陈宗章．网络空间正义及其实现［J］．探索，2018（1）：173-179．

[30] 方滨兴．定义网络空间安全［J］．网络与信息安全学报，2018，4（1）：1-5．

[31] 孔祥俊．论新修订《反不正当竞争法》的时代精神［J］．东方法学，2018（1）：64-80．

[32] 孔庆江．深海资源开发：国际投资法新疆域［J］．人民论坛·学术前沿，2017（18）：22-28．

[33] 孔令全. 数字时代的数字劳动和数字治理 [J]. 厦门特区党校学报, 2017 (4): 43-46.

[34] 策马入林. 网络治理: 从监管监督到自扎篱笆 [J]. 网络传播, 2017 (7): 24-25.

[35] 王广震. 大数据的法律性质探析——以知识产权法为研究进路 [J]. 重庆邮电大学学报 (社会科学版), 2017, 29 (4): 58-63.

[36] 梅夏英. 数据的法律属性及其民法定位 [J]. 中国社会科学, 2016 (9): 164-183, 209.

[37] 张新宝, 许可. 网络空间主权的治理模式及其制度构建 [J]. 中国社会科学, 2016 (8): 139-158, 207-208.

[38] 谢永江. 网络空间的法律属性 [J]. 汕头大学学报 (人文社会科学版), 2016, 32 (4): 34-39.

[39] 陶盈. 我国网络信息化进程中新型个人信息的合理利用与法律规制 [J]. 山东大学学报 (哲学社会科学版), 2016 (2): 155-160.

[40] 王志强, 江樱. 信息实时化管理体系的研究与实践 [J]. 大众用电, 2015 (S2): 150-152.

[41] 韦知天. 全球的使命用大数据阻止下轮 MERS 爆发 [J]. 世界博览, 2015 (13): 22-24.

[42] 程道华, 何奇松. 太空军事化、武器化及其治理 [J]. 国际关系研究, 2014 (6): 50-61, 149.

[43] 李伯军. 太空战阴霾下的太空安全与国际法 [J]. 武大国际法评论, 2014, 17 (1): 21-45.

[44] 沈逸. 后斯诺登时代的全球网络空间治理 [J]. 世界经济与政治, 2014 (5): 144-155, 160.

[45] 王利明. 论个人信息权的法律保护——以个人信息权与隐私权的界分为中心 [J]. 现代法学, 2013, 35 (4): 62-72.

[46] 王利明. 论人格权商品化 [J]. 法律科学 (西北政法大学学报), 2013, 31 (4): 54-61.

[47] 徐崇利. 软硬实力与中国对国际法的影响 [J]. 现代法学, 2012, 34 (1): 151-160.

[48] 苏梅花. 论商业秘密的国际保护 [J]. 经济研究导刊, 2011 (19): 98-100.

[49] 齐爱民. 个人信息保护法研究 [J]. 河北法学, 2008 (4): 15-33.

[50] 冯晓青. 网络环境下的著作权保护、限制及其利益平衡 [J]. 社会科学, 2006 (11): 96-103.

[51] 何赟. 论国际技术转让中对商业秘密的保护 [J]. 宁波教育学院学报, 2006 (1): 19-22.

[52] 郑成思, 朱谢群. 信息与知识产权的基本概念 [J]. 科技与法律, 2004 (2): 39-45.

## 三、外文文献

[1] Karen Eltis. Breaking Through the "Tower of Babel": A "Right to be Forgotten" and How Trans-systemic Thinking Can Help Re-conceptualize Privacy Harm in Age of Analytics [J]. Fordham Intellectual Property, Media and Entertainment Law Journal, 2011, 69.

[2] Vgl. Christoph Mallmann, Datenschutz in Verwaltungsinformationssystemen [M]. München: R. Oldenbourg, 1976.

[3] Guido Calabresi, A. Douglas Melamed. Property Rules, Liability Rules, and Inalienability: One View of the Cathedral [J]. Harvard Law Review, 1972 (1089).